AF888847

Schriften zum Internationalen und
Europäischen Strafrecht

Herausgegeben von

Professor Dr. Martin Heger, Humboldt-Universität zu Berlin
Professor Dr. Florian Jeßberger, Universität Hamburg
Professor Dr. Frank Neubacher, M.A., Universität zu Köln
Professor Dr. Helmut Satzger, LMU München
Professor Dr. Gerhard Werle, Humboldt-Universität zu Berlin

Band 23

Prof. Dr. Florian Jeßberger/Wolfgang Kaleck/
Prof. Dr. Tobias Singelnstein

Wirtschaftsvölkerstrafrecht

Ursprünge | Begriff | Praxis | Perspektiven

Nomos

Die Deutsche Nationalbibliothek verzeichnet diese Publikation in der Deutschen Nationalbibliografie; detaillierte bibliografische Daten sind im Internet über http://dnb.d-nb.de abrufbar.

ISBN 978-3-8487-2073-6 (Print)
ISBN 978-3-8452-6298-7 (ePDF)

1. Auflage 2015
© Nomos Verlagsgesellschaft, Baden-Baden 2015. Printed in Germany. Alle Rechte, auch die des Nachdrucks von Auszügen, der fotomechanischen Wiedergabe und der Übersetzung, vorbehalten. Gedruckt auf alterungsbeständigem Papier.

Vorwort

Am 10. und 11. Oktober 2014 fand in Berlin das Symposium „Perspektiven eines Wirtschaftsvölkerstrafrechts" statt. Der vorliegende Band enthält die Referate und Diskussionsbeiträge dieses Symposiums.

Danken möchten wir an dieser Stelle in erster Linie den Teilnehmerinnen und Teilnehmern des Symposiums für ihre Vorträge und die rege Beteiligung an der Diskussion. Dank gebührt ferner Charlotte Bellof, die in organisatorischer Hinsicht wesentlich zum Gelingen der Veranstaltung beigetragen hat.

Die Redaktion dieses Bandes lag in den umsichtigen Händen von Janosch Kuner. Bei der Schlussredaktion tatkräftig mitgewirkt haben Dominique Grüter, Anja Hauth, Simon Rau, Verena Voß und Charlotte Wendland. Ihnen allen sei ebenfalls herzlich gedankt.

Alle in diesem Band zitierten Internetseiten wurden zuletzt am 31. August 2015 aufgerufen.

Hamburg und Berlin, im September 2015

Florian Jeßberger,
Wolfgang Kaleck,
Tobias Singelnstein

Inhalt

II. Teil: Befragungen

Strafrechtliche Grundlagen

Kriminologie

Wirtschaftsstrafrechtswissenschaft

Einführung

Zur Einführung

Florian Jeßberger

I. Begriff

Im Zentrum dieses Bandes steht ein Begriff, der bislang noch wenig Kontur aufweist: das Wirtschaftsvölkerstrafrecht[1]. Der Begriff markiert die Regelungsmaterie im Schnittfeld von unternehmerischem Handeln und völkerstrafrechtlicher Konstellation. Genauer: Das Wirtschaftsvölkerstrafrecht betrifft die Frage, wie Straftaten gegen das Völkerrecht, also Völkermord, Verbrechen gegen die Menschlichkeit, Kriegsverbrechen und das Verbrechen der Aggression, die unter Beteiligung von privaten Wirtschaftsunternehmen begangen werden, (Individuen) strafjuristisch zugerechnet werden können. Es geht damit, wie *Stefan Kirsch* es kürzlich formuliert hat, um die völkerstrafrechtlichen Risiken unternehmerischen Handelns.[2] Ob und unter welchen Voraussetzungen sich solche Risiken realisieren oder sich realisieren sollten, ist eine bislang kaum geklärte Frage.

Rechtssystematisch läßt sich das Wirtschaftsvölkerstrafrecht als Teil des Völkerstrafrechts[3] begreifen. Es bezeichnet einen Sektor des Völkerstrafrechts, der sich mit spezifischen Handlungen (und damit in der Regel auch mit spezifischen Akteuren) befasst. Es sind drei Merkmale, die diese Handlungen typischerweise kennzeichnen: ihr Bezug zum Wirtschaftsleben, also ihr Zusammenhang zur Erzeugung, Bearbeitung oder zum Absatz von Produkten oder zur Erbringung von Dienstleistungen; ihre (zumindest scheinbare) Legalität; und der Umstand, dass sie im Zusammen-

---

1 Vgl. bereits *Jeßberger*, Die I.G. Farben vor Gericht, Von den Ursprüngen eines „Wirtschaftsvölkerstrafrechts", Juristenzeitung 2009, S. 924 ff. Der Begriff ist inzwischen verschiedentlich aufgegriffen worden, etwa von *Naucke*, Der Begriff der politischen Wirtschaftsstraftat (2012) und *Heyer*, Grund und Grenze der Beihilfestrafbarkeit im Völkerstrafrecht (2013).

2 *Kirsch*, Völkerstrafrechtliche Risiken unternehmerischer Tätigkeit. Neue Zeitschrift für Wirtschafts-, Steuer- und Unternehmensstrafrecht 2014, S. 212 ff.

3 Zum Begriff *Werle*, Völkerstrafrecht, 3. Aufl. (2012), Rdn. 86.

hang mit der Ausübung eines anerkannten Berufes stehen.[4] Dabei verhält sich das Wirtschaftsvölkerstrafrecht zum Völkerstrafrecht *anders* als das Wirtschaftsstrafrecht zum allgemeinen Strafrecht: Es geht dem Wirtschaftsvölkerstrafrecht nicht um den strafrechtlichen Schutz besonderer, dezidiert wirtschaftsbezogener Rechtsgüter (z.B. des Wettbewerbes oder der Volkswirtschaft).[5] *Sub specie* Wirtschaftsvölkerstrafrecht geschützt werden vielmehr die allgemeinen völkerstrafrechtlichen Rechtsgüter, insbesondere der Weltfrieden und die internationale Sicherheit als fundamentale Interessen der Völkergemeinschaft,[6] gegen bestimmte Angriffe, nämlich solche, die durch ihren Bezug zum Wirtschaftsleben gekennzeichnet sind.

Wirtschaftsvölkerstrafrecht meint nicht, jedenfalls nicht nur und sicher nicht in erster Linie „völkerrechtliches Unternehmensstrafrecht". Eine Verbandsverantwortlichkeit kennt das geltende Völkerstrafrecht nicht.[7] Zwar ist die Einführung einer Bestimmung über die Strafbarkeit juristischer Personen auf der Staatenkonferenz in Rom, aus der letztlich das Statut des Internationalen Strafgerichtshofes hervorging, erwogen worden.[8] Auch hat die völkerrechtliche Diskussion um ein Unternehmensstrafrecht vor kurzem einen neuen Impuls erhalten, als der Sondergerichtshof für den Libanon festgestellt hat, dass die Strafbarkeit juristischer Personen auf dem Sprung („on the verge") dazu sei, den Rang eines allgemeinen

---

4 Dieser eher phänomenologische Ansatz greift Elemente des (wirtschafts-) kriminologischen Begriffs des Wirtschaftsstrafrechts auf; dazu *Wittig*, Wirtschaftsstrafrecht, 3. Aufl. (2014).

5 Vgl. näher zum herrschenden, strafrechtsdogmatisch fundierten bzw. rechtsgutsbezogenen Begriff des Wirtschaftsstrafrechts *Wittig*, Wirtschaftsstrafrecht, 3. Aufl. (2014) Rdn. 26 ff.

6 Näher *Werle*, Völkerstrafrecht, 3. Aufl. (2012), Rdn. 39 ff.

7 Zum Stand der Diskussion *Thurner*, Internationales Unternehmensstrafrecht (2012), insbes. S. 231 ff. und *Adam*, Die Strafbarkeit juristischer Personen im Völkerstrafrecht (2015), der im Ergebnis freilich einen allgemeinen Rechtsgrundsatz annehmen möchte. Siehe ferner *Weigend*, Societas delinquere non potest? A German Perspective, Journal of International Criminal Justice 6 (2008), S. 927 ff. und *F. Meyer*, Multinationale Unternehmen und das Völkerstrafrecht, Schweizerische Zeitschrift für Strafrecht 131 (2013), S. 56 ff.

8 Vgl. nur *Clapham*, The Question of Jurisdiction Under International Criminal Law Over Legal Persons, in Kamminga/Zia-Zafiri (Hrsg.), Liability of Multinational Corporations under International Law (2000), S. 139 ff.

Rechtsgrundsatzes des Völkerrechts zu erlangen.[9] Und auch in Deutschland, das zu den (weniger werdenden) Staaten zählt, die im innerstaatlichen Recht die Strafbarkeit auf natürliche Personen beschränkt haben,[10] ist die Frage durch eine Gesetzesinitiative Nordrhein-Westfalens jüngst wieder auf die Tagesordnung gelangt.[11] Ungeachtet all dieser Entwicklungen gilt: Weder ist das Wirtschaftsvölkerstrafrecht begrifflich auf die Frage der völkerrechtlichen Verantwortlichkeit juristischer Personen beschränkt noch geht es in den Beiträgen dieses Bandes gerade darum. Gegenstand der Beiträge ist vielmehr die (*de lege lata* allein erhebliche) Strafbarkeit einzelner Verantwortungsträger in Unternehmen.

Abzugrenzen ist der Begriff des Wirtschaftsvölkerstrafrechts von zwei benachbarten Gebieten: dem (staatlichen) Wirtschaftsstrafrecht in seinen internationalen Bezügen auf der einen und dem hier so genannten Transnationalen Wirtschaftsstrafrecht auf der anderen Seite. Diesen beiden Materien ist gemeinsam, dass sie – im Gegensatz zum Wirtschaftsvölkerstrafrecht – Angriffe gegen die spezifischen Rechtsgüter des Wirtschaftslebens (z.B. Vermögen, Eigentum, Wettbewerb, Markt) betreffen. Dabei läßt sich das Transnationale Wirtschaftsstrafrecht als Teil des Transnationalen Strafrechts[12] begreifen, umfasst also diejenigen strafrechtlichen Bestimmungen des Völker(vertrags)rechts, die Angriffe gegen Rechtsgüter des Wirtschaftslebens pönalisieren bzw., genauer, die den (Vertrags-)Staaten

---

9 Vgl. STL (AP), B. v. 2. Oktober 2014 (New TV S.A.L. et al.): „Corporate liability for serious harms is a feature of most of the world's legal systems and therefore qualifies as a general principle of law. Where States still differ is whether such liability should be civil or criminal or both. However, the Appeals Panel considers that, given all the developments outlined above, corporate criminal liability is on the verge of attaining, at the very least, the status of a general principle of law applicable under international law".

10 Zu dieser Einordnung neben der erwähnten Entscheidung des Libanon-Gerichtshofes (Fn. 9) etwa *Adam*, Die Strafbarkeit juristischer Personen nach Völkerrecht (2015), passim. Kritisch *Schünemann*, Die aktuelle Forderung eines Verbandsstrafrechts – Ein kriminalpolitischer Zombie, Zeitschrift für Internationale Strafrechtsdogmatik 2014, S. 1, 12 („oberflächliche Ineinssetzung höchst unterschiedlicher Gesetzesformulierungen").

11 Kritischer Überblick zur Diskussion bei *Schünemann*, Die aktuelle Forderung eines Verbandsstrafrechts – Ein kriminalpolitischer Zombie, Zeitschrift für Internationale Strafrechtsdogmatik 2014, S. 1 ff.

12 Zum Begriff des „transnational criminal law" grundlegend *Boister*, An Introduction to Transnational Criminal Law (2012).

aufgeben, innerstaatlich entsprechende Strafnormen zu schaffen.[13] Das Wirtschaftsstrafrecht in seinen internationalen Bezügen betrifft dagegen diejenigen Bestimmungen des staatlichen, etwa des deutschen Wirtschaftsstrafrechts, die entweder überstaatliche Rechtsgüter schützen (z.B. die finanziellen Interessen der Europäischen Union) oder die in anderer Weise ein internationales Element, beispielsweise einen Begehungsort im Ausland, aufweisen.[14]

Ungeachtet dieser vorläufigen Notizen steht eine Systematisierung des Rechtsstoffes noch aus. Dies belegen nicht zuletzt die Beiträge dieses Bandes. Sicher ist jedenfalls, dass sich für das Wirtschaftsvölkerstrafrecht viele Fragen stellen, die auch in den genannten, benachbarten Rechtsbereichen virulent werden und auf die sich dort Antworten finden, die möglicherweise für die anstehende Auseinandersetzung mit dem Wirtschaftsvölkerstrafrecht fruchtbar gemacht werden können: Dies sind beispielsweise Fragen der grenzüberschreitenden Verfolgung von Straftaten bzw. der Verfolgung grenzüberschreitender Straftaten; dies sind Fragen der strafrechtlichen Zurechnung im Kontext arbeitsteilig organisierter, scheinbar sozialadäquater („neutraler") Handlungsstrukturen, bei denen Ausführungs-, Informations- und Entscheidungsherrschaft regelhaft auseinanderfallen; und dies sind Fragen, die sich aus der besonderen Zusammensetzung (Herkunft, Bildung, Zugang zu Ressoucen etc.) der Gruppe der (tatsächlichen oder potenziellen) Täter ergeben („white collar crime").

II. Ausgangspunkt

Es sind vier Beobachtungen, die den Ausgangspunkt der Beiträge dieses Bandes bilden. Sie lassen sich knapp wie folgt formulieren:

Erstens: Im Zuge der engmaschiger werdenden Vernetzung nationaler Wirtschaftsräume („Globalisierung des Wirtschaftslebens") sind Unternehmen und Unternehmer zunehmend in menschenrechtlich prekäre, nicht

---

13 Beispiele hierfür bilden etwa das Übereinkommen der Vereinten Nationen gegen Korruption vom 31. Oktober 2003 (BGBl. 2014 II, S. 762 f.) oder das Übereinkommen über den Schutz der finanziellen Interessen der Europäischen Union vom 27. Juli 1995 (BGBl. 1998 II, S. 2322).

14 Vgl. hierzu *Tiedemann*, Das internationale Wirtschaftsstrafrecht, Ay¢e Nuho°lu (Hrsg.), Feridun Yenisey'e Armağan (Festschrift for Feridun Yenisey), Band II (2014), S. 1973 ff.

selten auch potenziell strafrechtlich relevante Aktivitäten verwickelt.[15] Dies betrifft inzwischen nicht mehr nur weltweit tätige, transnationale Konzerne, sondern auch mittelständische Unternehmen. Für öffentliche Debatten in Deutschland gesorgt haben zuletzt etwa der Verkauf von Überwachungstechnik an Diktaturen, der Einkauf von Rohstoffen und Dienstleistungen aus Kinderarbeit sowie Brände in auch für den deutschen Markt produzierenden Textilfabriken mit vielen Toten. Oft bilden wirtschaftliche Interessen den Motor für die Begehung von Völkerrechtsverbrechen. Typischerweise sind Unternehmen Teil der „Infrastruktur", die erforderlich ist, um Völkerrechtsverbrechen zu begehen, indem beispielsweise Geschäftsbeziehungen zu Unrechtsregimes unterhalten, Waffen oder sonstigen Waren an Konfliktparteien geliefert oder Rebellengruppen Rohstoffe oder Abbaulizenzen für natürliche Ressourcen abgekauft werden.

Die zweite Beobachtung lautet: Die völkerstrafrechtliche Praxis interessiert sich nicht für diese Ausprägung von Makrokriminalität. Bislang haben sich die internationalen Strafgerichte, aber auch die staatlichen Gerichte und Staatsanwaltschaften, soweit diese Völkerrechtsverbrechen verfolgen, – mit plausiblen Gründen – darauf konzentriert, solche Personen zu verfolgen, die sich als militärische oder politische Funktionsträger an der Begehung von Völkerrechtsverbrechen beteiligt haben. Verantwortungsträger in Wirtschaftsunternehmen sind von einer Strafverfolgung hingegen bisher verschont geblieben – von wenigen, namentlich in einigen Nürnberger Nachfolgeprozessen (*Flick*, *Krupp*, *IG Farben*, *Röchling*) und vor einigen staatlichen Gerichten (z.B. *van Anraat*, *Kouwenhoven* in den Niederlanden) verhandelten Ausnahmen abgesehen.[16] Auch der Internationale Strafgerichtshof hat bislang kein einschlägiges Verfahren durchgeführt; dies, obwohl der damalige Chefankläger, *Moreno Ocampo*, vor inzwischen zehn Jahren hatte mitteilen lassen, die Anklagebehörde werde sich auch mit den wirtschaftlichen Zusammenhängen des Krieges im Kon-

---

15 Exemplarisch etwa die Fallstudien in Brot für die Welt u.a. (Hrsg.), Transnationale Unternehmen in Lateinamerika: Gefahr für die Menschenrechte? (2011). Siehe ferner Report of the Special Representative of the Secretary-General on the issue of human rights and transnational corporations and other business enterprises vom 23. Mai 2008, UN-Doc. A/HRC/8/5/Add. 2 sowie die umfangreichen Materialien des Business & Human Rights Ressource Center mit Sitz in London (http://business-humanrights.org).

16 Näher hierzu die Beiträge von *Priemel* (S. 25 ff.) und *Kaleck* (S. 83 ff.) in diesem Band.

go befassen, und zwar auch dann, wenn die Verantwortlichen außerhalb Kongos angesiedelt seien – was als direkter Hinweis auf die Verstrickung US-amerikanischer und europäischer Unternehmen verstanden werden durfte. Folgen hatte diese Ankündigung keine.

Hier knüpft die dritte Beobachtung an, die auf die initiale Phase der Kristallisation des Völkerstrafrechts verweist: Nürnberg.[17] Insbesondere *IG Farben*, *Krupp* und *Flick* stehen bis heute emblematisch für den Versuch, unternehmerisches Handeln großflächig mit dem Instrumentarium des Völkerstrafrechts zu erfassen, als Angriffskrieg, als Verbrechen gegen die Menschlichkeit, als Kriegsverbrechen. „Wenn die IG Farben auch nicht in den Reihen der Wehrmacht marschierte, so lag sie jedenfalls nicht weit zurück" – mit diesen Worten brachte das US-amerikanische Militärtribunal die Verstrickung der wirtschaftlichen Eliten in den nationalsozialistischen Staat und seine Angriffskriege auf den Punkt – eine Verstrickung, die den Anlass dazu gab, die individuelle Verantwortlichkeit der führenden Manager des Konzerns zu untersuchen und letztlich festzustellen. So standen in Nürnberg staatliche und wirtschaftliche Macht, soweit sich dies im totalitären Staat überhaupt trennen ließ, nebeneinander vor Gericht. *Diese* Entwicklungslinie des Völkerstrafrechts, die strafjuristischen Bemühungen, die Verstrickung von Industrie und Wirtschaft in die NS-Verbrechen sichtbar zu machen, war lange Zeit verschüttet und ist es im Grunde bis heute. Im Zuge der Renaissance des Völkerstrafrechts seit Beginn der 1990er Jahre hat eine bemerkenswerte Entkoppelung stattgefunden: Nicht nur sind, wie erwähnt, Verantwortungsträger in Unternehmen für ihre Beteiligung an Völkerrechtsverbrechen seither nicht mehr verfolgt worden. Verloren gegangen ist auch das programmatische Element des „Modells Nürnberg", welches darauf abzielte, die Verstrickung aller gesellschaftlicher Eliten – eben auch der wirtschaftlichen Eliten – in das makrokriminelle Geschehen durch das Völkerstrafrecht sichtbar zu machen.

Die vierte Beobachtung betrifft das geringe Interesse einiger derjenigen Wissenschaften und sozialen Praxen an der völkerstrafrechtlichen Konstellation, zu deren „Kerngeschäft" die Beschäftigung mit Fragen der

17 Zu den „Ursprüngen eines Wirtschaftsvölkerstrafrechts" *Jeßberger*, Die I.G. Farben vor Gericht, Von den Ursprüngen eines „Wirtschaftsvölkerstrafrechts", Juristenzeitung 2009, S. 924 ff. *Priemel* weist in seinem Beitrag (S. 25 ff. in diesem Band) zu Recht darauf hin, dass sich erste Ansätze bereits in der Zeit nach dem Ersten Weltkrieg ausmachen lassen.

strafrechtlichen Verantwortlichkeit gehört. Während der menschenrechtliche Diskurs, etwa unter dem Schlagwort der *corporate social responsibility*, in vollem Gange ist[18] und die (inzwischen als eigene Disziplin etablierte) Völkerstrafrechtswissenschaft einige Fragen des Wirtschaftsvölkerstrafrechts immerhin in Ansätzen aufgegriffen hat,[19] sind die Fragen des Wirtschaftsvölkerstrafrechts aus den Perspektiven der Wirtschaftsstrafrechtswissenschaft, der Kriminologie, der strafrechtlichen Grundlagenfächer und der Praxis der Strafverteidigung bisher noch kaum bearbeitet.

III. Anlass

Den unmittelbaren Anstoß, sich mit dem Wirtschaftsvölkerstrafrecht in dem vorliegenden Format zu befassen, gab die Schrift *Wolfgang Nauckes* über den „Begriff der politischen Wirtschaftsstraftat".[20] Dieser, im Jahr 2012 erschienenen Text hat die Herausgeber des vorliegenden Bandes aus unterschiedlichen Gründen bewegt. *Naucke* zieht dort die Parallele von dem, was er politische Wirtschaftskriminalität nennt, zur Staatskriminalität und fragt, „ob es nicht parallel zum Völkerstrafrecht gegen Staatsführer ein nationales und schließlich internationales Strafrecht gegen politische Wirtschaftsführer geben kann, in Ansätzen schon gibt und schließlich sorgfältig positiviert geben muss."[21] Natürlich gehen *Nauckes* Ansatz und Ambition damit über das hinaus, was eben als Gegenstand der Beiträge des vorliegenden Bandes formuliert wurde. Der von *Naucke* entwickelte Begriff der „politischen Wirtschaftsstraftat" ist nicht deckungsgleich mit demjenigen des Wirtschaftsvölkerstrafrechts. Es geht *Naucke* nicht, jedenfalls nicht nur, um die Implementierung des Völkerstrafrechts für Sachverhalte mit Wirtschaftsbezug, sondern letztlich um die Entwicklung eines neuartigen Strafrechts für, wie er es nennt, „wirtschaftsverstärkte Krimina-

---

18 Exemplarisch aus dem inzwischen unübersehbaren Schrifttum etwa *Ratner*, Corporations and Human Rights, Yale Law Journal 111 (2001), S. 443 ff.; *Ruggie*, Just Business (2013) sowie *Nowrot*, Normative Ordnungsstruktur und private Wirkungsmacht (2006).

19 Vgl. etwa die Beiträge in *Jeßberger/Geneuss* (Hrsg.), Transnational Business and International Criminal Law, Special Issue des Journal of International Criminal Justice, 8 (2010), S. 695 ff. sowie die in Fn. 1 und 2 genannten Beiträge.

20 *Naucke*, Der Begriff der politischen Wirtschaftsstraftat – eine Annäherung (2012).

21 *Naucke*, Der Begriff der politischen Wirtschaftsstraftat – eine Annäherung (2012), S. 9.

lität". Darüber muss man nachdenken und darüber kann – und muss – man streiten; und so finden sich auch pointierte Auseinandersetzungen mit den *Naucke*'schen Thesen in diesem Buch. Unabhängig davon jedoch, ob man *Nauckes* Positionen teilt, gaben sie doch den wesentlichen Impuls dafür, sich nun mit den auch von ihm aufgeworfenen Fragen näher zu befassen.

IV. Format

Erklärungsbedürftig ist schließlich das Format dieses Sammelbandes. Der Band ist in zwei Hauptteile gegliedert. In einem ersten Block („Grundlegungen") werden aus historischer und strafjuristischer Sicht die Fundamente des Wirtschaftsvölkerstrafrechts ermittelt. Zugleich wird ein Überblick über die Ansätze zur strafrechtlichen Erfassung unternehmensbezogener Makrokriminalität seit 1945 gegeben. Von diesem Ausgangspunkt aus werden in einem zweiten Block („Befragungen") vier Perspektiven einbezogen, die zum Generalthema bislang wenig oder nicht Stellung bezogen haben: die strafrechtlichen Grundlagenfächer, die Kriminologie, das Wirtschaftsstrafrecht und die praktische Perspektive der Strafverteidigung. Die Leitfrage lautet: Was gibt es aus der jeweiligen Fachperspektive zu bedenken und beizutragen? Dies meint der vielleicht ungewöhnliche Titel der „Befragungen". Ziel ist es, den Blick „von außen" auf das Wirtschaftsvölkerstrafrecht zu richten. Es kommen deshalb in erster Linie gerade nicht diejenigen zu Wort, die sich aus völkerstrafrechtlicher oder menschenrechtlicher Perspektive schon eingehend mit Fragen des Wirtschaftsvölkerstrafrechts befasst haben.[22] Nicht zuletzt soll diese „Außenansicht" einen Beitrag dazu leisten, die unterschiedlichen Fachdisziplinen miteinander ins Gespräch zu bringen.

---

22 Für eine „Innenansicht" aus Sicht der Völkerstrafrechtswissenschaft vgl. etwa die Beiträge in *Jeßberger/Geneuss* (Hrsg.), Transnational Business and International Criminal Law, Special Issue des Journal of International Criminal Justice 8 (2010), S. 695 ff.

I. Teil: Grundlegungen

Die Nürnberger Nachfolgeprozesse gegen deutsche Industrielle – ein modellhaftes Strafverfolgungsprogramm?

Mehr Exempel als Modell. Die Nürnberger Prozesse gegen deutsche Industrielle und die Ursprünge des Wirtschaftsvölkerstrafrechts

Kim Christian Priemel

I. Rufe nach Recht

Es mag kaum mehr als ein historischer Allgemeinplatz sein, dass die vergangenen drei Jahrzehnte im Zeichen von Privatisierung (staatlicher Vermögenswerte), Liberalisierung (von Kapitalmärkten, Handelsschranken etc.) und Globalisierung (von Waren-, Informations- und Migrationsströmen usw.) standen, doch zugleich mehren sich die Stimmen, die in der Trias der Prozessbegriffe zugleich die Boten einer distinkten Epoche sehen. Von der Ära des „digitalen Finanzmarktkapitalismus" ist allenthalben die Rede, gar von einer „neuen Ordnung auf dem alten Kontinent".[1] Doch anders als bei früheren, modernisierungstheoretisch aufgeladenen Paradigmen mischen sich in die gegenwartsnahen Periodisierungsvorschläge Beobachtungen, dass der Glaube an das Heilsversprechen unaufhörlich wachsenden Wohlstandes – des größten Glücks für die größtmögliche Zahl von Menschen – der Erkenntnis zunehmender sozialer Ungleichheit und schärferer inner- wie auch zwischenstaatlicher Konflikte gewichen ist.[2] Damit einher geht das Unbehagen ob der „Unregierbarkeit"[3] einer globalen, multipolaren Welt mit Räumen, die nicht (mehr) national- und (noch) nicht suprastaatlich reguliert sind. Die Abwesenheit von Recht, oder zumindest seiner effektiven Durchsetzung, erscheint denn auch Wis-

1 *Doering-Manteuffel/Raphael*, Nach dem Boom. Perspektiven auf die Zeitgeschichte seit 1970, 2. Auflage (2010); *Ther*, Die neue Ordnung auf dem alten Kontinent. Eine Geschichte des neoliberalen Europa (2014); vgl. ferner: *Wirsching*, Der Preis der Freiheit. Geschichte Europas in unserer Zeit (2012); *Süß/Frei* (Hrsg.), Privatisierung. Idee und Praxis seit den 1970er Jahren (2012).

2 Paradigmatisch zuletzt *Judt*, Ill Fares the Land (2010) und *Streeck*, Gekaufte Zeit. Die vertagte Krise des demokratischen Kapitalismus (2013).

3 Zur Debatte siehe *Dean*, Governmentality. Power and Rule in Modern Society, 2. Auflage (2010); *Offe*, Herausforderungen der Demokratie. Zur Integrations- und Leistungsfähigkeit politischer Institutionen (2003), besonders S. 42-61.

senschaftlern diverser Disziplinen seit den frühen 2000er Jahren als zentrale Herausforderung. Heterodoxe Ökonomen verweisen sorgenvoll auf die „gradual evolution of the modern corporation into organizations with the power to re-shape in their favour a changing and varied history of precarious balancing acts between public and private interests in advanced capitalist economies".[4] Historiker wie der unlängst verstorbene *Christoph Buchheim* folgern aus der Beteiligung deutscher Unternehmen an den Verbrechen des nationalsozialistischen Deutschlands die Notwendigkeit eines „an der Würde des Menschen orientierten, rechtsstaatlichen Rahmens", um die genuine Amoral der kapitalistischen Ordnung zu kompensieren.[5]

Der Ruf von Ökonomen und Historikern nach dem Recht, um Unternehmen und insbesondere ihre multinationale Subspezies auf buchstäblich legale Weise einzuhegen, findet ein noch weit breiteres Echo in der juristischen Debatte, getragen von Rechtswissenschaftlern und -praktikern, *International Relations scholars* und Menschenrechtsaktivisten. Schwerpunkte und Interessen sind dabei divers: Zivil- und Strafrecht stehen nebeneinander (und überlappen sich auf Gebieten wie dem Wettbewerbsrecht);[6] Gerechtigkeit erscheint mal als *equity*, das heißt in verteilungspolitischer, mal als *justice*, also in strafrechtlicher Gestalt;[7] und der Fokus auf private Unternehmen reflektiert vielfach das Bemühen, den völker-

4 *Blankenburg/Plesch/Wilkinson*, Limited liability and the modern corporation in theory and in practice, Cambridge Journal of Economics 34 (2010), S. 821 ff. (821).

5 *Buchheim*, Unternehmen in Deutschland und NS-Regime 1933-1945. Versuch einer Synthese, Historische Zeitschrift 282 (2006), S. 351 ff. (389).

6 Eine weitere Überschneidung stellte der Versuch dar, mittels des Alien Tort Statute in den USA internationale strafrechtliche Tatbestände mit nationalen zivilrechtlichen Mitteln prozessual zu erfassen, der durch die Kiobel-Entscheidung des Supreme Court 2013 unterbunden wurde; vgl. *Lustig*, Three Paradigms of Corporate Responsibility in International Law. The Kiobel Moment, Journal of International Criminal Justice 12 (2014), S. 593 ff; *Bilsky,* Transnational Holocaust Litigation, European Journal of International Law 23 (2012), Nr. 2, S. 349 ff.; *Stephens*, The Curious History of the Alien Tort Statute, Notre Dame Law Review 89 (2014), S. 1467 ff.; *Moyn*, Why the Court Was Right About the Alien Tort Statute. A Better Way to Promote Human Rights, Foreign Affairs, abrufbar unter <www.foreignaffairs.com/articles/139359/samuel-moyn/why-the-court-was-right-about-the-alien-tort-statute>, kritisch dazu: *Wilson*, Kiobel Guest Post: A Rejoinder to Samuel Moyn, abrufbar unter <http://opiniojuris.org/2013/06/13/kiobel-guest-post-a-rejoinder-to-samuel-moyn>.

7 Hingegen verknüpft *Naucke*, Der Begriff der politischen Wirtschaftsstraftat – Eine Annäherung (2012), diese Ebenen und dies zudem gleichermaßen syn- wie diachron, allerdings um den Preis historischer Kontextualisierung.

rechtlichen Beitrag zur Fortschreibung ökonomischer wie machtpolitischer Ungleichheiten zwischen globalem Norden und Süden in den Blick zu nehmen.[8]

Auf der Suche nach historischen Vorbildern, Modellen und Präzedenzen verweist die völkerstrafrechtliche Debatte beständig und bisweilen beinahe rituell, zugleich jedoch oft allzu flüchtig auf die Nürnberger Kriegsverbrecherprozesse der Jahre 1945-49.[9] Auf den ersten Blick ist dieser Rekurs evident, fanden sich unter den über 200 Angeklagten vor dem Viermächte- sowie den folgenden amerikanischen und französischen Tribunalen doch annähernd zwei Dutzend Unternehmer, die prominente deutsche Firmen – heute spräche man von *global players* – repräsentierten: die schwerindustriellen Konzerne der *Fa. Friedrich Krupp* und der *Friedrich Flick KG*, mit der *I.G. Farbenindustrie AG* das weltweit größte chemische Unternehmen sowie die *Dresdner Bank AG* als eine der (damals noch Berliner) Großbanken; mit den *Reichswerken „Hermann Göring"* wurde ferner der größte Staatskonzern des Dritten Reiches berücksichtigt. Oft übersehen wird der 1946 vor einem britischen Militärgericht in Hamburg verhandelte Fall gegen Inhaber und leitendes Personal der *Tesch & Stabenow GmbH*, jener Firma, die das Schädlingsbekämpfungsgas Zyklon B vertrieben und an das Vernichtungslager Auschwitz geliefert hatte.[10]

---

8 Unter der Masse an Veröffentlichungen vgl. beispielhaft die Beiträge im Journal of International Criminal Justice 8 (2010) und in *Anghie/Rchimni/Mickelson/Okkaftor* (Hrsg.), The Third World and International Order. Law, Politics and Globalization (2003); sowie den viel diskutierten Band von *Anghie*, Imperialism, Sovereignty and the Making of International Law (2005).

9 Vgl. etwa die knappen Verweise bei *Ramasastry*, Corporate Complicity: From Nuremberg to Rangoon. An Examination of Forced Labor Cases and Their Impact on the Liability of Multinational Corporation, Berkeley Journal of International Law 20 (2002), S. 91 ff.; *Stewart*, Atrocity, Commerce and Accountability. The International Criminal Liability of Corporate Actors, Journal of international criminal Justice 8 (2010), S. 313 ff.; *Stewart*, A Pragmatic Critique of Corporate Criminal Theory. Lesson from the Extremity, New Criminal Law Review 16 (2013), S. 261 ff. Ausführlicher die Fallstudie von *Jeßberger*, Dic I.G. Farben vor Gericht. Von den Ursprüngen eines „Wirtschaftsvölkerstrafrechts", JZ 2009, S. 924 ff.

10 Für eine knappe zeitgenössische Zusammenfassung siehe Law Reports of Trials of War Criminals. Selected and prepared by the United Nations War Crimes Commission, vol. 1, London: His Majesty's Stationery Office (1947), S. 93-103. Die einzige historische Studie zum Fall ist noch immer *Ebbinghaus*, Der Prozeß gegen Tesch & Stabenow. Von der Schädlingsbekämpfung zum Holocaust, *1999.* Zeitschrift für Sozialgeschichte des 20. und 21. Jahrhunderts 13 (1998), S. 16 ff. Jour-

Jenseits des Rubrums „Unternehmer vor Gericht“[11] erscheint jedoch durchaus nicht ausgemacht, ob und inwieweit ein künftiges internationales Wirtschaftsstrafrecht sich auf Nürnberg als Präzedenzfall berufen kann oder im historischen Vorläufer ein nachahmenswertes oder doch zumindest adaptierbares Modell findet. Mit dieser Unterscheidung zwischen Modell und Präzedenz ist der erste Fluchtpunkt der folgenden Ausführungen umrissen, der auf die Frage zielt, wer in Nürnberg Gegenstand der strafrechtlichen Verfolgung war: Unternehmen oder Unternehmer, juristische oder natürliche Personen oder gar – eine Abstraktionsebene weiter – die Repräsentanten einer distinkten, nationalen Wirtschaftsordnung. In engem Zusammenhang damit steht die zweite analytische Perspektive, die der Vortrag mit Blick auf den spezifisch transitionalen Kontext der Verfahren einnimmt. An die Entscheidung, wer angeklagt wurde, knüpfte sich die Frage der Beweisführung und der Narrative, die – im kontradiktorischen Verfahren des angloamerikanischen Modells besonders scharf ausgeprägt – Anklage und Verteidigung den jeweiligen Richtern anboten. Die Spannungen zwischen den didaktischen Ambitionen der Anklage, der Notwendigkeit, eine plausible, kohärente und konsistente Erzählung über die jüngste Vergangenheit zu entwerfen, sowie dem prozessualen Erfordernis, individuelle Schuld nachzuweisen, kennzeichneten die Nürnberger Verfahren und werfen die Frage auf, was idiosynkratisch, was typisch war. Aus oder von „Nürnberg“ zu lernen, mag daher weniger leicht sein als gedacht oder erhofft.

nalistisch aufbereitet: *Kalthoff/Werner*, Die Händler des Zyklon B (1998). Vgl. auch den späteren bundesdeutschen Fall wegen Beschaffung des Gases für das KL Majdanek: LG Bielefeld vom 03. Mai 1989, 10Ks 130Js 11/84Z, in: Rüter/de Mildt (Hrsg.), Justiz und NS-Verbrechen. Sammlung deutscher Strafurteile wegen nationalsozialistischer Tötungsverbrechen 1945-1999, Bd. 47. Die vom 05. Oktober 1985 bis zum 27. Mai 1989 ergangenen Strafurteile, lfd. Nr. 898-908, S. 689 ff.

11 *Ahrens*, Unternehmer vor Gericht. Die Nürnberger Nachfolgeprozesse zwischen Strafverfolgung und symbolischem Tribunal, in: Lillteicher (Hrsg.), Profiteure des NS-Systems? Deutsche Unternehmen und das Dritte Reich (2006), S. 128 ff.

II. Ökonomische Akteure vor Gericht: Kriegswirtschaft und Wirtschaftskrieg

Die Debatte darum, privatunternehmerische Akteure völkerstrafrechtlich zu verfolgen, ist in mancher Hinsicht ein Nebenprodukt bereits des Ersten, nicht des Zweiten Weltkrieges, geboren aus dem Konzept des Totalen Krieges, der zuvorderst ein Wirtschaftskrieg sein sollte.[12] Die fundamentale Einsicht, dass eine maximale Mobilisierung ebenso wie die äußerste Ausbeutung und/oder Zerstörung feindlicher Ressourcen Voraussetzung für die Kriegsführung waren, verlieh nicht nur wirtschaftlichen Zusammenhängen eine neue Brisanz,[13] sondern katapultierte auch ökonomische Akteure an zentrale Schaltstellen der Kriegsorganisation. Der Wall Street-Bankier *Bernard Baruch* avancierte in den USA zum Symbol dieser neuen Dimension der Kriegsführung in gleich zwei Weltkriegen, in Deutschland verband sich seit 1914 *Walter Rathenaus* Name wie kein zweiter mit der Idee einer umfassenden Kriegswirtschaftsorganisation, die militärische Befehlsstruktur und privatwirtschaftlicher Expertise koppelte. Eigentümerunternehmer wie angestellte Manager – *Florian Klöckner*, *Robert Röchling* und andere klingende Namen – erhielten Uniformen und militärischen Rang und brachten im Gegenzug Know-how und Netzwerkzugang ein.[14] Die Verbindung überdauerte auch das Kriegsende, maßgeblich im Kontext des Versailler Vertrages, der mit den Gebietsabtretungen in Ost und West vor allem schwerindustrielle Interessen tangierte und dessen kontroverse Reparationsregelung unter Hinzuziehung ganzer Stäbe von Vertretern der Privatwirtschaft ausgehandelt (und in den Dawes- und

---

12 Zum Konzept vgl. *Chickering*, Total War. The Use and Abuse of a Concept, in: Boemeke/Chickering/Förster (Hrsg.), Anticipating Total War: The German and American Experiences, 1871-1914 (1999), S. 13 ff.

13 Zu den britischen Planungen im Vorfeld des Ersten Weltkrieges siehe *Lambert*, Planning Armageddon. British Economic Warfare and the First World War (2012).

14 *Cuff*, The War Industries Board. Business-Government Relations during World War I, Business History Review (1973); *Gall/Rathenau*, Portrait einer Epoche (2009), S. 175-207; grundsätzlich noch immer: *Feldman*, Army, Industry and Labor in Germany 1914-1918 (1966) und *Michalka*, Kriegsrohstoffbewirtschaftung, Walter Rathenau und die „kommende Wirtschaft", in: Michalka (Hrsg.), Der Erste Weltkrieg. Wirkung, Wahrnehmung, Analyse (1994), S. 485 ff.

Young-Plänen der 1920er Jahre in ähnlichen Arrangements nachverhandelt) wurde.[15]

Ihre Integration in staatliche Behörden und ihre Betrauung mit hoheitlichen Aufgaben machte die Unternehmensakteure indes auch zu sichtbaren Gegnern. Die Rufe der deutschen Industrie danach, das „Menschenbassin" Belgien zu öffnen, mithin Zwangsarbeiter zu rekrutieren,[16] wurden auf Seiten der Entente-Mächte ebenso wenig überhört wie man dort übersah, dass Industrielle in Waffenröcken gleichermaßen den Dienst für das Vaterland wie für die eigene Firma versahen. Nach Kriegsende unternahmen die französischen Behörden daher den Versuch, die Brüder *Hermann* und *Robert Röchling* vom gleichnamigen saarländischen Stahlkonzern wegen Plünderung, Verwüstung und Hehlerei vor ein Kriegsgericht in Amiens zu bringen. Zwar konnte sich *Hermann Röchling* der Verhaftung entziehen, wurde aber mit seinem Bruder in Abwesenheit zu einer zehnjährigen Haftstrafe und der Zahlung von jeweils zehn Millionen Francs verurteilt. Auch *Robert* wurde kurze Zeit später entlassen und die Summe offenbar nie gezahlt. Dennoch war das Verfahren in mehr als einer Hinsicht bemerkenswert. Erstens dokumentierte die Strafverfolgung der *Röchlings* das auf französischer Seite ausgeprägte Misstrauen gegenüber der deutschen Schwerindustrie im Allgemeinen wie auch den Beginn einer langjährigen Privatfehde der Saardynastie mit den Pariser Behörden; zweitens unterschied insbesondere das Strafmaß mit der hohen Geldbuße kaum zwischen den beiden Unternehmern und dem von ihrer Familie kontrollierten Unternehmen; und drittens wurde der Prozess von Amiens zwar auf Grundlage des *Code Pénal* geführt, thematisierte aber zugleich Völkerrecht, wenn die von den *Röchling*-Brüdern im Krieg vorgenommenen Requisitionen für widerrechtlich erklärt wurden.[17]

---

15 Siehe die Beiträge in *Boemeke/Feldman/Glaser*, The Treaty of Versailles. A Reassessment after 75 Years (1998) und *Gomes*, German Reparations 1919-1932. A Historical Survey (2010).

16 Vgl. *Thiel*, „Menschenbassin Belgien". Anwerbung, Deportation und Zwangsarbeit im Ersten Weltkrieg (2007) und *Rawe*, „...wir werden sie schon zur Arbeit bringen!". Ausländerbeschäftigung und Zwangsarbeit im Ruhrkohlenbergbau während des Ersten Weltkrieges (2005).

17 Das Urteil von Amiens, Frankfurter Zeitung vom 9. Januar 1920. Eine knappe Übersicht bietet *Horch*, Röchlings Verbrechen oder: Der deutsche Imperialismus vor Gericht, Saarbrücker Hefte 92 (2004), S. 15 ff. (15 f.), eine wissenschaftlichen Ansprüchen genügende Studie fehlt jedoch. *Grimm*, Politische Justiz, die Krankheit unserer Zeit. 40 Jahre Dienst am Recht (1953), S. 38-40, gibt die Sicht des

Die *Röchlings* sollten indes nicht die einzigen Industriellen auf französischen Anklagebänken bleiben. Im Nachgang der belgisch-französischen Ruhrbesetzung von 1923 fanden sich sowohl *Gustav Krupp von Bohlen und Halbach* mit einigen Direktoren des Konzerns als auch eine Reihe von Bergbaumanagern, angeführt durch *Fritz Thyssen*, mit Vorwürfen konfrontiert, sich gegen die Besatzungsmacht aufgelehnt (und damit gegen den Versailler Vertrag verstoßen) zu haben. Die Prozesse in Essen und Mainz wurden erneut nach französischem Strafrecht gehalten, doch insbesondere das Mainzer Verfahren gegen die Zechenmanager beschritt ausdrücklich völkerrechtliches Terrain: Die Anklage verwies auf das französische Militärstrafgesetzbuch ebenso wie auf die Haager Landkriegsordnung von 1899 sowie auf die Klauseln der Pariser Vorortverträge. In beiden Fällen wurden die Anklagten verurteilt und in beiden Fällen ebenso schnell wieder entlassen, um die mühsame Annäherungspolitik *Gustav Stresemanns* und *Aristide Briands* nicht zu gefährden.[18] Doch war mit den *Röchling-*, *Krupp-* und Ruhrbergbau-Prozessen eine doppelte Fährte ausgelegt: zum einen die Frage, welche Pflichten Privatunternehmern völkerrechtlich erwuchsen und ob sie für Verstöße belangbar waren, insbesondere dann, wenn sie hoheitliche Funktionen ausübten oder staatliche Weisungen befolgten; zum anderen der Eindruck, dass Staat und Privatwirtschaft im Deutschen Reich keineswegs so eindeutig getrennt waren, wie es

---

Strafverteidigers der Röchlings wieder. Obschon weitgehend korrekt auf der Tatsachenebene, sind Grimms Erinnerungen einseitig und unübersehbar nationalistisch gefärbt. Grimm übernahm in der Folge weitere Mandate für deutsche Industrielle und erlangte Bekanntheit durch seine Auftritte in Feme-Prozessen. Als prominenter Anwalt und Mitglied des völkischen Spektrums sollte Grimm im Dritten Reich eine herausgehobene Stellung einnehmen und nach 1945 als notorischer Holocaustleugner von sich reden machen. Vgl. zu seiner Person: Grunwald, Courtroom to Revolutionary Stage. Performance and Ideology in Weimar Political Trials (2012), S. 47, 84, 89, 143, 149 f., 206, 221.

18 Zum tödlichen Zusammenstoß Essener Arbeiter mit den Besatzungstruppen, der den Krupp-Fall auslöste, siehe *Wisotzky*, Der „blutige Karsamstag" 1923 bei Krupp, in: Krumeich/Schröder (Hrsg.), Der Schatten des Weltkriegs. Die Ruhrbesetzung 1923 (2004), S. 265 ff. Eine Materialsammlung wurde von den Verteidigern, darunter renommierte Ordinarien, zusammengestellt: *Finger/Grimm/Nagler/Oetker*, Der Krupp-Prozess (1923), S. 92-100. Zum Mainzer Fall entsprechend: Der Mainzer Kriegsverbrecherprozeß gegen die rheinisch-westfälischen Bergwerksvertreter Fritz Thyssen, Generaldirektor Kesten, Generaldirektor Wüstenhöfer, Generaldirektor Tengelmann, Bergassessor Olfe, Generaldirektor Spindler (1923), S. 10-16. Vgl. *Brakelmann*, Zwischen Mitschuld und Widerstand. Fritz Thyssen und der Nationalsozialismus (2010), S. 12-22.

liberalkapitalistische Modelle vorsahen, vielmehr ein dichtes korporatives Geflecht neben ökonomischem Einfluss auch politische und rechtliche Mitverantwortung implizierte.

Einen Krieg später sollten die westlichen Alliierten zu eben diesen Fragen – und überdies zu denselben Angeklagten – zurückkehren. Im Zuge der alliierten Debatte um die Strafverfolgung von Kriegsverbrechern, die mit der *St. James Declaration* der europäischen Exilregierungen 1942 eingesetzt und mit der *Moscow Declaration* der britischen, sowjetischen und US-Regierungen (1943) und der darin enthaltenen Ankündigung, „axis criminals“ zur Rechenschaft zu ziehen, Fahrt aufgenommen hatte,[19] waren auch ökonomische Akteure in den Fokus gerückt. Juristen verschiedener Provenienzen – vom amerikanischen Kriminologen *Sheldon Glueck* über den sowjetischen Völkerrechtler *Aron N. Trainin* bis zum exilierten polnischen Schöpfer des Genozid-Begriffs, *Raphael Lemkin* – thematisierten noch während des Krieges die Implikation von Unternehmen in die deutschen und japanischen Verbrechen.[20] Die prominente Rolle, die insbesondere *Krupp* und *I.G. Farben* in der alliierten Propaganda spielten, verstärkte zusätzlich den Eindruck, neben den politischen und militärischen Verantwortlichen auch den „generals in gray suits“, wie es ein Nürnberger Ankläger später formulieren sollte,[21] mit juristischen Mitteln begegnen zu müssen. *Clement Attlee*, der im August 1945 *Churchill* als Premier ablöste, hatte bereits während des Krieges insistiert, exponierte deutsche (Schwer)Industrielle für ihre Unterstützung *Hitlers* zur Rechenschaft zu ziehen: „Some should be executed as an example to the others. All should be deprived of their property“.[22]

In den Londoner Verhandlungen im Sommer 1945 bestand zwischen den nunmehr vier Alliierten – die rekonstituierte französische Republik war kooptiert worden – weitgehende Einmütigkeit darüber, auch Unternehmer in dem geplanten Prozess vor dem Internationalen Militärtribunal

---

19 *Kochavi*, Prelude to Nuremberg. Allied War Crimes Policy and the Question of Punishment, Chapel Hill (1998), S. 18-21, 57 f.

20 Dazu *Priemel*, “A Story of Betrayal”. Conceptualizing Variants of Capitalism in the Nuremberg War Crimes Trials, Journal of Modern History 85 (2013), S. 69 ff. (87 f.).

21 *DuBois*, The Devil’s Chemists (1952), S. 321.

22 Memorandum by the Deputy Prime Minister and Lord President of the Council. Treatment of Major Enemy War Criminals, 26. Juni 1944, National Library of Wales, Frederick Elwyn Jones Papers, C1; vgl. *Overy*, Interrogations. Inside the Minds of the Nazi Elite (2002), S. 30.

einzubeziehen. *Krupp*, verschiedene Vorstandsmitglieder der *I.G. Farben* sowie der dank seines apokryphen Bestsellers *I Paid Hitler* inzwischen weltbekannte *Fritz Thyssen* zählten zu den früh gehandelten Namen.[23] Insbesondere das US-amerikanische Anklageteam um *Robert H. Jackson*, den von *Harry S. Truman* persönlich nach London delegierten *Supreme Court* Richter, setzte sich zum Ziel, Private unter allen vier Anklagepunkten vor Gericht zu bringen: Verbrechen gegen den Frieden, Kriegsverbrechen, Verbrechen gegen die Menschlichkeit und Verschwörung. Aus amerikanischer Perspektive war dies nur folgerichtig. Wollte man eine über viele Jahre verfolgte Verschwörung des NS-Regimes, einen Weltkrieg zu beginnen und Kriegs- ebenso wie Menschheitsverbrechen zu verüben, gerichtlich nachweisen, so führte kein Weg an der Rüstungswirtschaft vorbei: ohne lange, intensive und vor allem gezielte Vorbereitung war ein Totaler Krieg nicht denkbar. Zudem waren die unter dem Versailler Vertrag illegale Aufrüstung und die Pläne für die gewaltsame Expansion in Europa ebenso gut nachweisbar wie die Spendenzahlungen an diverse NS-Organisationen und Individuen; der „Freundeskreis des Reichsführers SS" war da nur ein besonders eklatanter Fall. Und mochten auch die geflossenen Summen letztlich irrelevant für Machtergreifung und -konsolidierung sowie ihre Verwendung unverdächtig gewesen sein, erschienen sie doch als monetarisiertes Wirtschaftsplebiszit zum Regime und seiner Politik. Skepsis äußerten allerdings Mitglieder des britischen Teams. Mit Blick auf die Nominierung *Gustav Krupps* gab der vom britischen Außenministerium zur *British War Crimes Executive* abgestellte Historiker *E. J. Passant* zu be-

---

23 Thyssen schied jedoch bald schon wieder aus, da seine offene Unterstützung für Hitler bis Mitte der 1930er Jahre konterkariert wurde durch den Umstand, dass er sich als einziger deutscher Unternehmer 1939 gegen den Krieg ausgesprochen hatte und dafür erst exiliert und später inhaftiert worden war. Eine Ende Juni, Anfang Juli 1945 erstellte Zehnerliste von Jacksons Mitarbeiter Francis Shea nannte je fünf Vertreter der staatlichen Wirtschaftsverwaltung – Walther Funk, Fritz Sauckel, Hjalmar Schacht, Albert Speer und Paul Körner – und der Privatwirtschaft, Alfried Krupp von Bohlen und Halbach, Friedrich Flick, Hermann Schmitz, Hermann Röchling und Kurt von Schröder. Von der ersten Fünfergruppe wurden vier vor dem International Military Tribunal angeklagt, Körner in den folgenden Prozessen; aus der zweiten Gruppe schaffte es nach dem Krupp-Fiasko niemand in das erste Verfahren, doch mit Ausnahme Schröders wurden alle in den späteren Prozessen angeklagt; Tentative Memorandum for Mr. Justice Jackson, 23. Juli 1945, abgedruckt in: Bähr/Drecoll/Gotto u.a., Der Flick-Konzern im Dritten Reich (2008), S. 880 ff.; vgl. dazu *Drecoll*, Flick vor Gericht. Die Verhandlungen vor dem alliierten Militärtribunal 1947, in: ebd., S. 559 ff. (589 f.).

denken, auch *Vickers* und *Baldwins* hätten den britischen Tories Geld gestiftet, *DuPont* sowohl den amerikanischen Republikanern als auch den Demokraten. „Why“, nahm *Passant* die zeitgenössische Figur der *merchants of death* auf, „are not the directors of those firms, ‘merchants of human blood’, here in the Dock beside Krupp?“[24] Für die amerikanische Seite war die Antwort eindeutig: weil weder *Vickers* noch *DuPont* an der Vorbereitung eines Angriffskriegs mitgewirkt oder Kriegsverbrechen von Plünderung bis zum Zwangsarbeitereinsatz begangen hatten. Entsprechend wurde *Gustav Krupp*, der das Unternehmen zwischen 1933 und 1943 geführt hatte, in die Anklageschrift für das *International Military Tribunal* aufgenommen. Nachdem sich jedoch herausstellte, dass der Seniorchef des Familienunternehmens prozessunfähig war und sowohl die britischen Ankläger als auch das Tribunal einmütig eine schlichte Substitution durch *Alfried Krupp*, seit 1943 Alleineigentümer des Konzerns, ablehnten, schlug *Jackson* – der *Truman* dezidiert zugesagt hatte, auch Unternehmer vor Gericht zu stellen[25] – eine Erweiterung der Angeklagtenliste um *Krupp jun.* und zwei *Farben*-Manager vor. Als auch dieser Schritt am Widerstand der übrigen Alliierten scheiterte, die weitere Verzögerungen des Prozessbeginns fürchteten, fand das erste und prominenteste Nürnberger Tribunal ohne privatwirtschaftliche Beteiligung statt.[26]

Damit war die deutsche Unternehmerschaft indes nicht aus der Verantwortung entlassen, im Gegenteil. Aus dem *Krupp*-Fiasko speisten sich die Planungen für die nachfolgenden Prozesse, die – angesichts britischer wie amerikanischer Abneigung gegen weitere interalliierte Tribunale – von den einzelnen Besatzungsmächten in je eigener Verantwortung, jedoch mit

---

24 Memorandum. Keitel, Dönitz, Schacht and Krupp as War Criminals, 15. August 1945, The National Archives, Kew, (TNA), LCO 2/2980. Dass die britischen Behörden die Strafverfolgung von Unternehmern keineswegs grundsätzlich ablehnten, zeigte der von der britischen Militärjustiz verantwortete Tesch-Prozeß in Hamburg. Das auf Grundlage des Royal Warrant gehaltene Verfahren sollte der einzige westalliierte Prozess sein, in dem Unternehmer zum Tode verteilt wurden.

25 *Jackson*, Report to the President, 6. Juni 1945, in: Marrus (Hrsg.), The Nuremberg War Crimes Trial 1945-46. A Documentary History (1997), S. 40.

26 Zur Entscheidung, Gustav statt Alfred Krupp anzuklagen, und der nachfolgenden Debatte von Anklägern und Richtern siehe *Bloxham*, „The Trial that Never Was“. Why There Was No Second International Trial of Major War Criminals at Nuremberg, History 87 (2002), S. 41 ff.; *Priemel*, Tradition und Notstand. Interpretations- und Konfrontationslinien im Fall Krupp, in: Priemel/Stiller (Hrsg.), NMT. Die Nürnberger Militärtribunale zwischen Geschichte, Gerechtigkeit und Rechtschöpfung (2013), S. 434 ff.

Kontrollratsgesetz Nr. 10 auf einheitlicher Grundlage durchgeführt wurden.[27] Namentlich die amerikanischen und französischen Anklagebehörden priorisierten dabei die sogenannten Wirtschaftsprozesse, um das vom *International Military Tribunal* hinterlassene Desiderat zu beheben. Während die französischen Staatsanwälte den in Rastatt eingesetzten Besatzungsgerichthof zum Standort ihrer Verfahren machten und unter Leitung des vor dem *International Military Tribunal* für die Plünderungsanklage zuständigen *Charles Gerthoffer* erneut den *Röchling*-Konzern ins Visier nahmen,[28] blieben die US-Ankläger vor Ort. *Jackson* bestellte bereits zu Beginn des Jahres 1946 seinen Mitarbeiter *Telford Taylor*, bis dahin für die Anklage des deutschen Generalstabs zuständig, zu seinem Stellvertreter und Nachfolger. Mit dem Anfang Oktober ergangenen Urteil im ersten Verfahren, übernahm *Taylors* Stab, das *Office, Chief of Counsel for War Crimes (OCCWC)*, die alleinige Verantwortung in Nürnberg und reichte noch im selben Jahr die ersten Anklageschriften ein. Zwar wurde das ursprünglich von *Taylor* avisierte breite Programm von mindestens zwanzig Einzelprozessen mit rund 400 Angeklagten angesichts teils unzureichender Beweislage, vor allem aber aufgrund von Geld- und Personalmangel sowohl bei den Anklägern als auch bei den Richtern und der darin zum Ausdruck kommenden schwindenden Unterstützung für das Prozessprogramm in Washington sukzessive reduziert und dabei auch Verfahren gegen Unternehmensvertreter erheblich beschnitten. Doch unter den verbleibenden zwölf Prozessen, die zwischen Dezember 1946 und Juni 1949 vor den *Nuernberg Military Tribunals* stattfanden, nahmen die der deutschen Wirtschaft gewidmeten Fälle eine herausgehobene Position ein. Drei Verfahren widmeten sich ausschließlich industriellen Komplexen – Fall 5 (*Flick*), Fall 6 (*I.G. Farben*) und Fall 10 (*Krupp*) –, und im Wilhelmstraßen-Fall 11 fanden sich mit dem *Dresdner-Bank*-Direktor *Karl Rasche*

---

27 Zu Kontrollratsgesetz 10 siehe *Heller*, The Nuremberg Military Tribunals and the Origins of International Criminal Law (2011), S. 107-109. Die britischen Behörden machten weder im Fall Tesch noch im Manstein-Prozess 1949 von der Norm Gebrauch; die Verfahren in der Sowjetischen Besatzungszone beriefen sich zwar darauf, wichen jedoch substantiell wie prozessual erheblich vom Nürnberger Standard ab, insbesondere aufgrund ihrer eklatanten rechtsstaatlichen Defizite. Siehe dazu: *Haase* (Hrsg.), Die „Waldheimer Prozesse" – fünfzig Jahre danach (2001).

28 Minutes of first meeting of four power committee on subsequent proceedings, 15. Mai 1946, The National Archives, Kew, FO 371/57584. Dazu jetzt *Berger/Joly*, „Fall 13". Das Rastatter Röchling-Verfahren, in: Priemel/Stiller (Hrsg.), NMT (2013), S. 464 ff.

sowie dem Kopf der *Reichswerke*, *Paul Pleiger*, zwei weitere prominente Wirtschaftsvertreter vor Gericht. Hinzu kamen die fünf Angeklagten des Rastatter *Röchling*-Verfahrens. Etwa ein Fünftel aller Angeklagten der Nachfolgeprozesse waren somit Unternehmensvertreter, und dies spiegelte sich im außerordentlichen Umfang des in der *Nuremberg Industrialist*-Serie zusammengefassten Beweismaterials der Anklage ebenso wieder wie im Ausmaß der Prozessdokumentation: In beiden dominierten die *industrialist cases* die Serie erkennbar.[29] Auch in qualitativer Hinsicht nahmen die Verfahren gegen Unternehmensvertreter eine herausragende Rolle ein: Zu den vier wichtigsten Fällen der *Nuernberg Military Tribunals*-Serie, so hob *Taylor* wiederholt hervor, zählten neben dem Wilhelmstraßen-Prozess mit seinem Schwerpunkt auf dem Auswärtigen Amt und der Anklage der Wehrmachtspitze in Fall 12[30] zwei der Industrieverfahren: *Farben* und *Krupp*. Hier sollte bewiesen werde, was vor dem *International Military Tribunal* nicht rechtskräftig hatte festgestellt werden können: dass die deutsche Wirtschaftselite den Krieg wissentlich und willentlich vorbereitet und durchgeführt, von ihm profitiert und zu den nationalsozialistischen Verbrechen aktiv beigetragen hatte.[31]

Mit ‚*Flick*' und ‚*Farben*', ‚*Krupp*' und ‚*Röchling*' war indes nur der Gegenstand der geplanten Verfahren benannt, nicht aber konkretisiert, wer vor Gericht gestellt werden sollte: Unternehmen oder Unternehmer? In den Vorbereitungen für die *Krupp*-Anklage vor dem *International Military Tribunal* spielte diese Frage offenbar keine Rolle: an eine strafrechtliche Verfolgung der Firma, wie sie wenigstens nach amerikanischem Vorbild (*New York Central R. Co. v. United States 212 U.S. 481 [1909]*) mög-

29 Trials of War Criminals before the Nuernberg Military Tribunals under Control Council Law No. 10 (1950), Bd. XV, S. 451; Summary of Points Covered in an OCC-OMGUS Meeting, 28. Mai 1946, NARA, RG 238, Entry 159, Box, 1, Folder 2; Brief Survey concerning the records of the War Crimes Trials held in Nurnberg, Germany, 3. Januar 1949, NARA, RG 238, Entry 165, Box 7, Folder 6; vgl. *Mendelsohn*, Trial by Document. The Use of Seized Records in the United States Proceedings at Nurnberg (1988).

30 Zu den beiden Verfahren siehe *Conze/Frei/Hayes/Zimmermann*, Das Amt und die Vergangenheit. Deutsche Diplomaten im Dritten Reich und in der Bundesrepublik (2010), S. 375-435; *Pöppmann*, Im Schatten Weizsäckers? Auswärtiges Amt und SS im Wilhelmstraßen-Prozess, in: Priemel/Stiller (Hrsg.), NMT (2013), S. 320 ff.; *Hébert*, Hitler's Generals on Trial. The Last War Crimes Tribunal at Nuremberg (2010).

31 Teleconference, 29. Oktober 1947, NARA, RG 238, Entry 159, Box 1, Folder 1.

lich gewesen wäre, war offenbar nicht gedacht. Diese Entscheidung war einerseits folgerichtig, ging es doch den Anklägern vor dem *International Military Tribunal* gerade darum, die individuelle Völkerrechtsunmittelbarkeit prozessual zu etablieren.[32] Andererseits war es just ein Eckpfeiler des *International Military Tribunal*-Konzeptes, die Kriminalität von Organisationen zu statuieren, um später deren Mitglieder auf dieser Grundlage mit verringerten Beweisanforderungen aburteilen zu können. Allerdings war die Organisationskriminalität spezifisch auf die Massenorganisationen von Partei und Polizei konzipiert worden; Unternehmen hatten hingegen in der Diskussion nie eine Rolle gespielt. Und angesichts der prononcierten, durch wiederholte Nachfragen artikulierten und am Ende im Urteil deutlich ausformulierten Skepsis, mit welcher die *International Military Tribunal*-Richter dem Organisationsfall begegnet waren,[33] wäre dem Versuch, Firmen zu kriminalisieren und eine hohe sechsstellige Zahl von Beschäftigten potentiell der Strafverfolgung auszusetzen, schwerlich Erfolg beschieden gewesen.

Anders als in der Vorbereitungsphase 1945 wurde in den beiden folgenden Jahren die Frage der *corporate guilt* im Zuge der Planungen für die *Nuernberg Military Tribunals* wiederholt gestellt, freilich ohne jemals erklärte Politik des *OCCWC*-Stabes zu werden. Im Gegenteil, Ende Mai 1946, noch ehe *Taylors* Behörde ihre Arbeit formal aufnahm, informierte der künftige Chefankläger seine Vorgesetzten in der amerikanischen Besatzungsverwaltung *Office of Military Government for Germany (OMGUS)*, „that practical considerations would serve to prevent indictment and trial of financial or industrial enterprises as entities."[34] Ungeachtet dieser Vorgabe war die interne Debatte damit jedoch nicht beendet. Drei Monate später schlug *Abraham Pomerantz*, ein New Yorker Anwalt, der sich mit der Vertretung von Kleinaktionären einen Namen gemacht hatte und von *Taylor* mit der Koordination der Wirtschaftsfälle betraut wurde, vor, *Krupp* und die *I.G. Farben* als Firmen vor Gericht zu stellen. Auf diese Weise würden sowohl individuelle Beweislücken etwa bei *Alfried Krupp* und dem IG-Farben-Vorstandsvorsitzenden *Hermann Schmitz* überbrückt als auch die Enteignung der fraglichen Unternehmen rechtlich und

32 *Tusa/Tusa*, The Nuremberg Trial (1984), S. 155. Vgl. *Naucke*, Der Begriff der politischen Wirtschaftsstraftat – Eine Annäherung (2012), S. 18.

33 *Smith*, Reaching Judgment at Nuremberg (1977), S. 160-165.

34 Summary of Points Covered in an OCC-OMGUS Meeting, 28. Mai 1946, NARA, RG 238, Entry 159, Box, 1, Folder 2.

moralisch legitimiert.[35] Doch *Pomerantz*, der persönlich einer kruden Agententheorie vom Großkapital, das die NS-Bewegung mehr manipuliert als mit ihr kooperiert habe, anhing, verließ nach internen Unstimmigkeiten schon Ende des Jahres Nürnberg.[36] Mit *Pomerantz* ging der einflussreichste[37] Befürworter einer ‚korporativen' Anklage von Bord, und spätere Überlegungen spiegelten eher interne Gedankenspiele als konkrete taktische Erwägungen. So sprach sich ein Mitglied des *Farben trial team* Ende 1947, das heißt nachdem die Anklageschrift bereits eingereicht worden war, dafür aus, den Chemiekonzern als solchen anzuklagen, ohne dies allerdings für alle betroffenen Unternehmen zu fordern. „*I.G. Farben* [...] is different from any other German industrial corporation", konstatierte das Memorandum, und das Ziel müsse es sein, nicht nur die leitenden Manager auszuschalten, sondern „the economic weapon", die der gigantische Konzern andernfalls auch in Zukunft darstelle. Begründen ließe sich dies mit einer entsprechend weiten Auslegung des Begriffs „person" in Kon-

35 Subject: Feasibility and propriety of indicting I.G. Farben and Krupp as corporate entities, 27. August 1946, abgedruckt in: Bush, The Prehistory of Corporations and Conspiracy in International Criminal Law: What Nuremberg Really Said, Columbia Law Review 109 (2009), S. 1094 ff. (1247 f.).

36 Inter-Office Memorandum, 20. August 1946, Towson University, Paul Gantt Papers, vol. U, doc. 14, fol. 361-363; Inter-Office Memorandum, 23. August 1946, und Inter-Office Memorandum, The proposed indictment of the Nazi industrialists – a new approach, 22. August 1946, National Archives and Record Administration, College Park, MY (NARA), RG 238, Entry 202, Box 6, Folder 4 ("Hitler was created by these same industrialists as their political arm and puppet"); *Bush*, The Prehistory of Corporations and Conspiracy in International Criminal Law: What Nuremberg Really Said, Columbia Law Review 109 (2009), S. 1094 ff. (1150-1152). Mit Blick auf Pomerantz vgl. die weitgehend korrekte Einschätzung in der im Übrigen unausgewogenen Analyse von *Gausmann*, Deutsche Großunternehmer vor Gericht. Vorgeschichte, Verlauf und Folgen der Nürnberger Industriellenprozesse 1945-1948/51 (2011), S. 232-234. Zu Pomerantz' Ausscheiden siehe Nuremberg Diary Vol. 2, 16. Dezember 1946, Columbia Law School (CLS), Arthur Diamond Library, Leo M. Drachsler Papers (unprocessed), Box 2, Folder "Diaries of L.M.D."; „Pomerantz sees Danger in Rushing Industrialist Trials", (Dez. 1946), NARA, RG 153, Entry 132, Box 10, Folder Pomerantz.

37 Allerdings hatte Pomerantz unter den eifersüchtig über ihre Kompetenzen wachenden Anwälten der *OCCWC Economics Division* von Beginn an einen schweren Stand gehabt; siehe etwa Leo Drachsler to Helene Drachsler, 16. Dezember 1946, CLS, Leo M. Drachsler Papers, Arthur Diamond Library, Box 2, Folder "Letters of LMD Oct 1946-1947".

trollratsgesetz Nr. 10, Art. 2 Nr. 2, als natürliche *und* als juristische Person.[38]

Zu spät formuliert, um noch praktische Wirkung zu entfalten, ist das Memorandum aus zwei Gründen bemerkenswert: zum einen notierte der oder die Autor/in ausdrücklich, dass der vorgeschlagene Ansatz private Unternehmen zu Objekten internationalen Strafrechts machen würde, realisierte mithin das Präzedenzpotential einer solchen Herangehensweise. Im Umkehrschluss legte die Bemerkung aber auch nahe, dass die ‚korporative' Rechtssubjektivität zu diesem Zeitpunkt nicht positiv begründet war. Zum anderen stellte das Memorandum die Verfahren gegen deutsche Industrielle in einen engen Zusammenhang mit der alliierten Dekartellierungs- und Dekonzentrationspolitik: „[...] a judicial determination will furnish additional support for the Executive Action [d.h., die Konzernneuordnung] and establish a better foundation for more effectively carrying out the announced executive policy."[39]

Mit dieser Auffassung war der oder die Schreiber/in keineswegs allein. *Leonard Drachsler*, ein Mann aus der zweiten Reihe, der jedoch großen Einfluss auf die Konzeption der Industriellenprozesse haben sollte, korrelierte ebenfalls die judikative Strafverfolgung von krimineller Handlungen beschuldigten Unternehme(r)n mit dem auf exekutivem Wege verordneten Umbau der korporatistisch aufgebauten und dem Kriege dienenden Volkswirtschaft zu einer nach liberalen Standards organisierten und auf Friedensproduktion ausgerichteten Marktwirtschaft. Die vier Potsdamer Ds – Denazifizierung, Demilitarisierung, Dekartellisierung und Demokratisierung – waren demnach auch in Nürnberg miteinander verbunden: „In a sense [...] German industry has been condemned by the flat declaration in the Potsdam Agreement providing for total dismemberment of the cartel system. The Decartelization Division at OMGUS is the agency executing this political judgment. It remains for us to complete this picture by establishing in judicial proceedings the guilt of representative German econo-

38 Memorandum. The purpose to be served by naming the corporation I.G. Farben as a defendant, o.D. [1947], Harvard Law Library (HLL), Belle Mayer Zeck Papers, Box 2, Folder 8. Die Autorenschaft ist ungeklärt; die Notiz „Anchan" verweist auf Morris Amchan vom *Farben trial team*, der aber kaum seinen eigenen Namen falsch geschrieben haben wird.

39 Ebd.

mic institutions."[40] Und in der Tat sollten die im November 1948 gleichlautend erlassenen britischen und amerikanischen Gesetze Nr. 75 zur Neuordnung der deutschen Montanindustrie denselben Zusammenhang herstellen. In ihren Präambeln hieß es jeweils, die beschlagnahmten Vermögenswerte würden nur dann zurückerstattet, wenn die Betroffenen nicht „die nationalsozialistischen Angriffspläne gefördert" hätten. Feststellen konnten dies letztlich nur alliierte Gerichte, und dies bedeutete im Fall der Schwerindustrie: Nürnberg. Entsprechend sollten *Flick* und *Krupp* die beiden schwierigsten Fälle der Entflechtungsverhandlungen werden.[41]

Dass sich *Drachsler* trotz seiner Korrelierung von Strafrecht und Entflechtung (und seiner Erfahrung als Mitarbeiter der *Anti-trust Division* des US-Justizministeriums) nicht eindeutig für die Anklage von Unternehmen aussprach, lag zuvorderst darin begründet, dass er meinte, eine bessere Idee zu haben. *Drachsler*, der nicht als *courtroom lawyer*, sondern als *research analyst* verpflichtet worden war, erkannte gemeinsam mit Kollegen wie *Sally Zeck* schon im Sommer 1946, dass individuelle Schuldzuweisung an einzelne Manager in bürokratisch und arbeitsteilig organisierten Großunternehmen wie *Farben*, *Krupp*, *Flick* oder den *Reichswerken* auf große Schwierigkeiten stoßen würden. Besonders ausgeprägt fand *Drachsler* das Problem im Falle der *I.G. Farben*, „a peculiar organization. [...] it would be impossible to point your finger at any one particular and say that he was mainly responsible for the activities of the company."[42] Wenn aber die Verantwortungszuweisungen divers und überlappend, flexibel und konkurrierend waren, musste ein anderer Ansatz her – zumal, wenn es zugleich darum ging, die Besonderheiten der deutschen Wirtschaftsordnung

40 Indictment of the Industrialists, 28. September 1946, NARA, RG 238, Entry 165, Box 1. Vgl. jeweils zusammenfassend *Mausbach*, Umstrukturierung und Unterstützung: Anfänge amerikanischer Wirtschaftspolitik im besetzten Deutschland, in: Junker (Hrsg.), Die USA und Deutschland im Zeitalter des Kalten Krieges 1945-1990. Ein Handbuch. Bd. I: 1945-1968 (2001), S. 435 ff.; *Gramer*, Von der Entflechtung zur Rekonzentration: Das uneinheitliche Vermächtnis der wirtschaftlichen Umgestaltung, in: ebd., S. 448 ff.

41 *Gall*, Von der Entlassung Alfried Krupp von Bohlen und Halbachs bis zur Errichtung seiner Stiftung 1951 bis 1967/68, in: Gall (Hrsg.), Krupp im 20. Jahrhundert. Die Geschichte des Unternehmens vom Beginn des Ersten Weltkriegs bis zur Gründung der Stiftung (2002), S. 473 ff.; *Priemel*, Flick. Eine Konzerngeschichte vom Kaiserreich bis zur Bundesrepublik (2007), S. 661-689.

42 Intra-Office Memorandum, 23. Juli 1946, NARA, RG 238, Entry 159, Box 4, Folder 25.

im Verfahren zu thematisieren. Die Lösung, auf die *Drachsler* verfiel, taufte er „institutional approach“. In einem rund dreißigseitigen Memorandum skizzierte er im Ende September 1946, wenige Tage vor dem *International Military Tribunal*-Urteil, wie die *industrialist trials* gleichsam drei Fliegen mit einer Klappe schlagen könnten. Die beschuldigten Unternehmer sollten als Einzelpersonen („as individuals“) angeklagt werden, zugleich aber als leitende Angestellter ihrer Unternehmen („as corporate officials of their own organizations“) und als Repräsentanten des dichten, semi-hoheitliche Kompetenzen ausübenden Geflechts deutscher Unternehmensvereinigungen („as officers of the leading German economic institutions”) vor Gericht erscheinen.[43] In anderen Worten, *Drachsler* versuchte den analytischen Nach- in einen Vorteil umzumünzen. Die Schwierigkeiten individueller Schuldnachweise sollten dadurch kompensiert werden, dass die von den Anzuklagenden ausgeübten Unternehmens- und Verbandsaktivitäten breit ausgeleuchtet wurden, um im Gesamteindruck die Richter von der individuellen Schuld zu überzeugen. Wer so tief in das nationalsozialistische Herrschaftssystem eingebunden gewesen war, so die Prämisse, konnte das Wissen um und die Verantwortung für Verbrechen wie Zwangsarbeit, Plünderung und ‚Arisierung‘ auch dann nicht von sich weisen, wenn diese auf einer anderen Ebene oder an einem anderen Standort des jeweiligen Konzerns verübt worden waren. Gleichzeitig versprach der *institutional approach*, das Proprium der deutschen Wirtschaft, ihren zutiefst illiberalen, gefährlich staatsnahen Charakter, herauszustellen und auf diese Weise auch den Nachweis zu führen, dass der Kapitalismus der einen nichts mit jenem der anderen zu tun habe – oder allenfalls eine entfernte Ähnlichkeit aufweise.[44]

---

43 Memorandum. Indictment of the industrialists. Symbolic Treatment of Individual and Institutional Guilt: Possibilities of a Combined Presentation, 28. September 1946, CLS, Arthur Diamond Library, Leo Drachsler Papers, Box 1 (“see War Crimes”), Folder “Memorandum. Indictment of the Industrialists”. In einem Begleitschreiben an seinen Vorgesetzten im Farben-Team, James Heath, unterstrich Drachsler indes, dass auf diesem Wege auch „corporate [...] guilt“ bewiesen werden solle; Drachsler to Heath, 28. September 1946, ebd. Zu Drachslers Memorandum: *Bush*, The Prehistory of Corporations and Conspiracy in International Criminal Law: What Nuremberg Really Said, Columbia Law Review 109 (2009), S. 1094 ff. (1157-1160); *Priemel*, Flick. Eine Konzerngeschichte vom Kaiserreich bis zur Bundesrepublik (2007), S. 619-621.

44 Dazu: *Priemel*, Story of Betrayal, The Journal of Modern History, 85 (2013), S. 69 ff.

Bei *Drachslers* Vorgesetzten stießen die Vorschläge auf Zustimmung. Anfang Oktober 1946 entschied *Taylor*, das Konzept zum methodischen Leitfaden für die Wirtschaftsverfahren zu machen. Seinen Abteilungsleitern ließ er mitteilen, „that the industrialists in the dock appear as individuals, as corporate officers and as quasi-governmental representatives of the German associations which they led“. Zugleich aber unterstrich er – mit der wenige Tage zurückliegenden, zwiespältigen *International Military Tribunal*-Entscheidung über die angeklagten Organisationen im Hinterkopf –, dass die Unternehmen selber nicht formal angeklagt werden sollten. Dies sei aber auch gar nicht nötig, befand *Taylor*, konnten sie mit Hilfe des ‚institutionellen Ansatzes‘ doch symbolisch ebenso gut, wenn nicht gar besser inkriminiert werden, indem sie zu Leitmotiven der jeweils präsentierten Narrative auserkoren wurden.[45]

III. Theorien und Geschichten, Fakten und Beweise: Die Verfahren

Thomas Huxley wird der Aphorismus zugeschrieben, manch schöne Theorie sei durch „a nasty, ugly little fact” zerstört worden,[46] und eben dies Schicksal sollte, zumindest teilweise, auch *Drachslers* elaboriertem Ansatz zuteilwerden. Dies lag weniger in seiner mangelnden historischen Akkuratesse begründet – für den Stand des Jahres 1946 war der mehrdimensionale Blick auf die Rolle deutscher Unternehmer im Dritten Reich und insbesondere auf die organisatorischen Scharniere, mittels derer sie in die Entscheidungsfindungsprozesse des Regimes eingebunden gewesen waren, durchaus *state of the art* und spiegelte den Einfluss von *Franz Neumanns* bahnbrechender, unter den Nürnberger Anklägern breit rezipierten

45 Memorandum for Mr. Pomerantz, 4. Oktober 1946, NARA, RG 238, Entry 165, Box 7, Folder 10. Sprachlich fiel die Unterscheidung entsprechend keineswegs stringent aus, etwa wenn der Beweisvortrag der französischen Anklage im Röchling-Prozeß von der „Verantwortung der Firma“ sprach: Exposé de Preuves du Ministère Public contre les Dirigeants de la Firme Röchling accusés de Crime contre le Paix – Crimes de Guerre et contre l’Humanité. Introduction: La Responsabilité de la Firme Röchling dans les Conditions de travail de d’existence faites à la Main d’Œuvre Étrangère, Janvier 1948, CLS, Arthur Diamond Library, JMP-2-B-8-2.

46 *Nadel*, The Foundations of Social Anthropology (1951) (Nachdruck 2004), S. 22; die hier zitierte Fassung stammt aus *Keyes*, The Quote Verifier. Who Said What, Where, and When (2006), S. 219.

Analyse des NS-Staats, *Behemoth*[47] –, sondern vielmehr an den praktischen Problemen, die aus dem Versuch erwuchsen, sozialwissenschaftliche Befunde in gerichtsfeste Beweise zu übersetzen.

Mit der Untersuchung der korporatistischen Strukturen der deutschen Wirtschaft und ihrer spezifischen Ausformung im Institutionendickicht des NS-Staates teilten alle Verfahren gegen Industrielle und Bankiers einen gemeinsamen Kern. In jedem der Prozesse wurden eingehend und detailliert die Unternehmensverbände und hierarchisch gestaffelten Organisationen ausgeleuchtet, die Kammern und Verbände, die Reichsvereinigungen und Kartelle. In den Fällen gegen die Manager von *Krupp* und *Flick* sowie im Teilprozess gegen *Pleiger* spielten die Reichsvereinigungen Kohle und Eisen – die mit semihoheitlicher Autorität agierenden Spitzenverbände der beiden Montanbranchen – ebenso zentrale Rollen wie die Berg- und Hüttenwerkgesellschaft Ost, eine der 1941 ins Leben gerufenen Monopolgesellschaften, die sich das sowjetische Staatseigentum in den besetzten Gebieten en gros angeeignet und gemeinsam mit privaten Partnern bewirtschaftet hatten; in allen dreien bekleideten *Alfried Krupp*, *Friedrich Flick* und *Paul Pleiger* teils nominell, teils faktisch führende Positionen.[48] Der Reichsverband der Deutschen Industrie (später Reichsstand bzw. Reichsgruppe) wurde in der Endphase der Weimarer Republik und dem Auftakt des NS-Regimes über ihre Vorsitzenden *Carl Duisberg* (*I.G. Farben*) und *Gustav Krupp* erfasst, die Wirtschaftsgruppe Chemie erschien gleichsam als Außenstelle des Farben-Konzerns, und in ihrem Pendant der Eisenschaffenden Industrie spielte *Hermann Röchling* im Krieg

---

47 Inter-Office Memorandum, 5. Juni 1946, NARA, RG 238, Entry 202, Box 2, Folder „Various Correspondences from May 1946"; vgl. *Perels*, Fast vergessen: Neumanns Beitrag zur Konzipierung der Nürnberger Prozesse, in: Iser/Strecker (Hrsg.), Kritische Theorie der Politik. Franz Neumann – eine Bilanz (2002), S. 56 ff.; *Lustig*, The Nature of the Nazi State and the Question of International Criminal Responsibility of Corporate Officials at Nuremberg: Franz Neumann's Behemoth at the Industrialist Trials, New York University Journal of International Law and Politics 43 (2011), S. 965 ff.; siehe auch *Marquardt-Bigman*, Amerikanische Geheimdienstanalysen über Deutschland 1942-1949 (1995), S. 171 ff. (198 f.); *Müller*, Krieger und Gelehrte. Herbert Marcus und die Denksysteme im Kalten Krieg (2010), S. 46 f., 56.

48 *Abelshauser*, Rüstungsschmiede der Nation? Der Kruppkonzern im Dritten Reich und in der Nachkriegszeit 1933 bis 1951, in: Gall, Krupp, S. 267 ff. (463 f.); *Priemel*, Flick. Eine Konzerngeschichte vom Kaiserreich bis zur Bundesrepublik (2007), S. 454, 461-463, 514, 577, 621.

eine entscheidende Rolle.[49] Im Freundeskreis des Reichsführers SS fand sich gleich ein halbes Dutzend Angeklagter aus den Flick-, Farben- und Wilhelmstraßenprozessen, darunter *Karl Rasche*, gemeinsam mit Angeklagten aus den SS-Verfahren wie *Otto Ohlendorf*, *Oswald Pohl* und *Wolfram Sievers* wieder: für die Ankläger die sinnfällige Illustration, wie deutsche Großindustrielle Geschäfte an „Hitler's dinnertable" gemacht hatten.[50]

Daneben entwickelte die Anklagebehörde für jedes Verfahren eine eigene Mastererzählung, die auf die jeweiligen Unternehmen respektive Angeklagten zugeschnitten war und unterschiedliche Aspekte der grundsätzlichen Fehlentwicklung der deutschen *variety of capitalism* indizierte. So firmierte *Flick* in der Anklageperspektive als rücksichtloser *robber baron* à la *Andrew Carnegie*, *John Rockefeller* oder *Henry Frick*, der bar jeden Skrupels und bedingungslos profitorientiert den drittgrößten Stahlkonzern Deutschlands errichtet habe, dabei Opfer stets billigend in Kauf nehmend, ob dies nun ‚arisierte' jüdische Konkurrenten oder zehntausende ausländische Zwangsarbeiter, die in den Konzernunternehmen beschäftigt wurden, gewesen seien. Doch den Deutschen *Flick* unterschied demnach vom Amerikaner *Frick* die spezifische Nähe zum Staat. Seinen Aufstieg an die Spitze der deutschen Industrie habe er demnach nicht dem Erfolg am Markt verdankt, sondern der intensiven Kooperation mit staatlichen, militärischen und Parteieinrichtungen: im Rüstungsgeschäft, bei der Übernahme jüdischer Firmen, im Zuge der Expansion in die besetzten Gebiete und bei der Bereitstellung von zivilen Zwangsarbeitern, Kriegsgefangenen und KZ-Häftlingen, die das Konzernwachstum im Krieg ermöglichten. Die Anklagepunkte *spoliation* und *slave labor* erschienen in dieser Perspektive als spezifisch nationalsozialistische Form der Public Private Partnership.[51]

---

49 Vgl. *Kahn*, Die Steuerung der Wirtschaft durch Recht im nationalsozialistischen Deutschland. Das Beispiel der Reichsgruppe Industrie (2006).

50 Outline of Trial Brief on Flick. VI. Aryanization Julius Petschek, 23. Dezember 1946, Staatsarchiv Nürnberg (StAN), Rep. 502, KVA, Handakten, B-75. Zum Freundeskreis fehlt nach wie vor eine umfassende Analyse; bisher nur: *Vogelsang*, Der Freundeskreis Himmler (1982), und *Bütow*, Der „Freundeskreis Himmler". Ein Netzwerk im Spannungsfeld zwischen Wirtschaft, Politik und staatlicher Administration, unveröff. Diplomarbeit FU Berlin (2004).

51 *Drecoll*, Flick vor Gericht, S. 591-597; *Priemel*, Flick. Eine Konzerngeschichte vom Kaiserreich bis zur Bundesrepublik (2007), S. 620-625; *Frei/Ahrens/Osterloh/Schanetzky*, Flick. Der Konzern. Die Familie. Die Macht (2009), S. 407-15; *Jung*, Die Rechtsprobleme der Nürnberger Prozesse dargestellt am Verfahren ge-

Übertroffen wurde *Flicks* Neigung, an der öffentlichen Hand zu gehen, demnach nur von *Paul Pleigers* Reichswerken: der 1938 aus dem Nichts heraus geschaffene, auf Erpressung, Zwang und Diebstahl gegründete Staatskonzern galt den amerikanischen Anklägern als Synonym der nationalsozialistischen Raubwirtschaft schlechthin.[52]

Das *Flick*-Management wurde als einziges unter den vier Wirtschaftsverfahren nicht der Verbrechen gegen den Frieden beschuldigt.[53] Dies blieb den Krupp-, Farben- und Röchling-Verantwortlichen vorbehalten, denen die amerikanischen und französischen Ankläger vorwarfen, bereits lange vor 1933 die revisionistische, aggressive deutsche Politik gefördert und selbst betrieben zu haben. Für kein Unternehmen galt dies demnach mehr als für *Krupp*. Im Fall 10 schlugen die amerikanischen Staatsanwälte einen langen historischen Bogen zurück ins Zeitalter der deutschen Einigungskriege, um zu belegen, dass die Essener „Kanonenkönige"[54] seit jeher Nationalismus und Militarismus unterstützt und die kriegerische Expansion Deutschlands betrieben hatten. Die Parallelisierung der Nationalstaatsgründung unter preußischer Führung auf der einen und der Aufstieg *Krupps* zum paradigmatischen Stahlerzeuger Deutschlands auf der anderen Seite sollten eine Interpretation plausibilisieren, die den Hörern auf der Richterbank wie auf der Zuschauertribüne einiges an Phantasie abverlangte. Das amerikanische *trial team* argumentierte, dass *Krupp* unmittelbar

---

gen Friedrich Flick (1992) analysiert die Jurisdiktionsproblematik und die verfahrensrechtlichen Aspekte, leidet aber unter der oft unkritischen Übernahme der Verteidigungsdarlegungen.

52 Dazu: *Ahrens*, Die nationalsozialistische Raubwirtschaft im Wilhelmstraßen-Prozess, in: Priemel/Stiller (Hrsg.), NMT (2013), S. 353 ff. (356); zu den Reichswerken siehe *Wixforth/Ziegler*, Die Expansion der Reichswerke „Hermann Göring" in Europa, in: Jahrbuch für Wirtschaftsgeschichte 2008, Nr. 1, S. 257 ff.

53 Rasche musste sich ebenfalls ausschließlich wegen Kriegsverbrechen und Verbrechen gegen die Menschlichkeit verantworten, während Pleiger auch der Beteiligung am Kriege beschuldigt wurde; *Ahrens*, Die Dresdner Bank 1945-1957. Konsequenzen und Kontinuitäten nach dem Ende des NS-Regimes (2007), S. 101 f.; *Ahrens*, Die nationalsozialistische Raubwirtschaft im Wilhelmstraßen-Prozess, 2013, in: Priemel/Stiller (Hrsg.), NMT (2013), S. 353 ff. (362).

54 Die Bezeichnung wurde zuerst für Alfred und Friedrich Alfred Krupp popularisiert und im Konzern selbst positiv konnotiert, jedoch nach 1918 in der öffentlichen Debatte pejorativ umgedeutet, namentlich in dem teils journalistisch, teils wissenschaftlich gearbeiteten Enthüllungsbuch von Menne, Krupp. Deutschlands Kanonenkönige (1937). Der ins Englische, Französische und Spanische übersetzte Band lag der Anklage im Fall 10 sowohl als Faktengrundlage wie auch in seinen Wertungen zugrunde.

nach der Niederlage von 1918 eine eigene Verschwörung zum Angriffskrieg initiiert habe, welche die Firmenleitung gemeinsam mit Reichswehr und sämtlichen Weimarer Kabinetten während der 1920er Jahre verfolgt und die Versailler Abrüstungsbestimmungen gezielt unterlaufen habe. Diese Verschwörung sei nationalistisch, militaristisch und reaktionär gewesen – aber (noch) nicht nationalsozialistisch, konstatierte die Anklage. Erst 1933, nachdem die übrigen rechtsnationalen parteipolitischen Optionen erschöpft gewesen seien, habe sich die *Krupp*-Leitung entschlossen, die Nationalsozialistische Deutsche Arbeiterpartei zu unterstützen – dann aber dank der weitreichenden Interessenidentität eifrig kooperiert. Die Eröffnung neuer Expansionschancen im besetzten Europa, der Neubau des Breslauer Werks mit Hilfe von KZ-Häftlingen aus Auschwitz und die so genannte Lex Krupp, mit der *Hitler* persönlich 1943 die steuerbegünstigte Umwandlung der Aktien- in eine Familiengesellschaft verfügt hatte, standen in der Anklageerzählung für die Ernte, welche die Firma dank ihrer Kollaboration mit dem Regime eingefahren habe.[55]

Die *Krupp*-Anklage diente den französischen *procureurs* in Rastatt in mancher Hinsicht als Vorlage. Ebenfalls in der Schwerindustrie beheimatet, hatten auch die *Röchlings* eine Dynastie errichtet, die an der Saar – spätestens nach der Auflösung der *Stumm'schen* Beteiligungen – ihresgleichen suchte und eng mit der deutschen Politik verbunden war. Wie *Flick* und *Krupp* hatte *Röchling* in den 1920ern von staatlichen Subventionen unter der Prämisse profitiert, dass der Erhalt deutscher Verfügungsrechte am regionalen Industrievermögen die Voraussetzung für die deutsche ‚Volkstumspolitik' im Saargebiet darstellte.[56] *Hermann Röchling* hatte in

55 Dazu *Priemel*, Tradition und Notstand: Interpretations- und Konfrontationslinien im Fall Krupp, in: Priemel/Stiller (Hrsg.), NMT (2013), S. 434 ff.; *Priemel*, Der Sonderweg vor Gericht. Angewandte Geschichte im Nürnberger Krupp-Prozess, Historische Zeitschrift 294 (2012), Nr. 2, S. 391. Vgl. *Kröll*, Fall 10: Der Krupp-Prozeß, in: Ueberschär (Hrsg.), Der Nationalsozialismus vor Gericht. Die alliierten Prozesse gegen Kriegsverbrecher und Soldaten 1943-1952 (2000), S. 176 ff.

56 Dazu die breite, weitgehend unausgewertete Überlieferung im Bundesarchiv Berlin, R 2/15912-15919; für die Subventionierung Krupps 1925/26 sowie der Flick'schen Beteiligungen in Ostoberschlesien: *Pierenkemper*, Von Krise zu Krise. Die Friedrich Krupp AG von der Währungsstabilisierung bis zum Ende der Weimarer Republik 1924 bis 1933, in: Gall (Hrsg.), Krupp im 20. Jahrhundert. Die Geschichte des Unternehmens vom Beginn des Ersten Weltkriegs bis zur Gründung der Stiftung (2002), S. 167 ff. (201-215); *Reckendrees/Priemel*, Politik als produktive Kraft? Die „Gelsenberg-Affäre" und die Krise des Flick-Konzerns (1931/32), in: Jahrbuch für Wirtschaftsgeschichte 2006, Nr. 2, S. 63 ff.

der Zwischenkriegszeit zu den vernehmbarsten nationalistischen Stimmen an der Saar gezählt und die prodeutsche Kampagne für das Referendum des Jahres 1935 prominent unterstützt. Die Ankläger konstatierten ferner eine Zielidentität zwischen Regime und Konzern mit Blick auf die Rückeroberung Lothringens und der dort ansässigen Montanindustrie. Anders als beim Opportunisten *Flick* und beim Reaktionär *Krupp* aber, daran ließ *Gerthoffers* Team keinen Zweifel, handelte es sich bei *Röchling* auch um einen überzeugten Nationalsozialisten.[57]

Wenn *Krupp* das industrielle Lieblingskind erst der *Hohenzollern*, dann *Hitlers* gewesen war, dann handelte es sich in den Augen der *OCCWC*-Mitarbeiter bei der *I.G. Farbenindustrie AG* ohne Zweifel um das mächtigste Einzelunternehmen Deutschlands, wenn nicht gar der Welt. Die *I.G. Farben* hatte bereits in der alliierten Kriegspropaganda eine herausgehobene Rolle gespielt, symbolisierte sie doch alles, was im deutschen Kapitalismus falsch zu laufen schien: qua Größe verfügte sie über ein annäherndes Monopol auf zahlreichen chemischen Märkten und war mit der deutschen Wirtschaftsverwaltung integral verwoben. Die Wirtschaftsgruppe Chemie erschien als Lobbybüro der Frankfurter *I.G.* Zentrale, die Vierjahresplanbehörde zählte zahlreiche *I.G.* Mitarbeiter in ihren Reihen – zuvorderst den Generalbeauftragten für die Chemieindustrie, *Carl Krauch* –, und in Berlin unterhielt der Konzern gleich zwei Verbindungsstellen zur Wehrmacht und zur Regimespitze, über die Aufträge eingeworben und Kontakte gepflegt wurden. In Weimar hatte mit *Hermann Warmbold* ein *Farben*-Vorstand das Amt des Reichswirtschaftsministers bekleidet, und zwischen 1933 und 1945 war der (seit 1935 amtierende) Vorstandsvorsitzende des Konzerns, *Hermann Schmitz*, Abgeordneter des allerdings zunehmend bedeutungslosen Reichstages. Wenn *Lenins* Begriff des Staatsmonopolistischen Kapitalismus auf ein Unternehmen zutraf, so schien es vielen Zeitgenossen, dann auf die *I.G. Farben*.[58]

---

57 Audience du 23 Février 1948, Archives Nationales, Paris, BB/36/1; vgl. *Berger/Joly*, „Fall 13": das Rastatter Röchling-Verfahren, in: Priemel/Stiller (Hrsg.), NMT (2013), S. 464 ff.

58 Für den Hintergrund siehe die beiden – in ihrer Wertung differierenden – Darstellungen von *Hayes* und *Plumpe*. Zu den Differenzen siehe die Auseinandersetzung der Autoren: *Hayes*, Zur umstrittenen Geschichte der I.G. Farbenindustrie AG, Geschichte und Gesellschaft 18 (1992), S. 405 ff. und *Plumpe*, Antwort auf Peter Hayes, in: ebd., S. 526 ff.

Aus US-amerikanischer Perspektive war indes ein anderes Motiv mindestens ebenso bedeutend, wenn nicht gar entscheidend für die Fokussierung auf die *I.G.* Der amerikanische *Anti-Trust-Diskurs*, der Mitte der 1930er Jahre wieder an Momentum gewonnen hatte und sich mit der kurzen Amtszeit *Robert Jacksons*, vor allem aber *Thurman Arnolds* und *Wendell Berges* an der Spitze der *Antitrust Division* des *Department of Justice* verband, hatte im Kriege den Schwerpunkt von den heimischen Unternehmen (deren Kooperationsbereitschaft spätestens mit Kriegseintritt nicht mehr durch offensive Kritik gefährdet werden sollte) auf die ausländischen Konzerne und vor allem auf internationale Kartelle verlagert. Und eben hier war kein anderes Unternehmen ähnlich prominent gewesen wie die *I.G. Farben*, die – so die nicht völlig falsche Befürchtung – nicht nur die europäischen Syndikate dominierte, sondern mit ihren vielfachen Beteiligungen auch die Chemieindustrie der westlichen Hemisphäre zu kontrollieren und, nicht zuletzt dank der Zusammenarbeit mit US-Unternehmen wie *DuPont* und *Standard Oil*, die alliierten Kriegsanstrengungen zu unterlaufen gedroht hatte.[59] Dass die *I.G. Farben* nach der Besetzung Deutschlands im Sommer 1945 mit einem Kontrollratsgesetz (Nr. 9) als erstes Unternehmen unter Sequester gestellt wurde, war daher ebenso wenig Zufall wie der Umstand, dass die amerikanische Zonenregierung im

---

59 Siehe etwa die Publikation von *Arnolds* (der ein Vorwort beisteuerte) Berater, *Borkin* (mit *Welsh*), Germany's Master Plan (1943) und *Berges* eigenes Buch: *Berge*, Cartels. Challenge to a Free World (1944). Borkin arbeitete später in der Dekartellierungsabteilung von OMGUS und in dieser Funktion auch den Nürnberger Anklägern zu. Seine oft zitierte Darstellung zur Farben-Geschichte, ebenso wie der Band des stellvertretenden Chefanklägers im Fall 6, Josiah *DuBois*, haben entsprechend nur als Innenansichten der Anklagebehörde Quellenwert, nicht aber als autoritative Analysen des Prozesses oder der Unternehmensgeschichte; DuBois, The Devil's Chemists. 24 Conspirators of the International Farben Cartel who manufacture Wars (1952); *Borkin*, The Crime and Punishment of I.G. Farben, (1978); vgl. *Gausmann*, Deutsche Großunternehmer vor Gericht: Vorgeschichte, Verlauf und Folgen der Nürnberger Industriellenprozesse 1945-1948/51 (2011), S. 84 f. Zum Anti-Trust-Diskurs der 1930er und 1940 Jahre siehe *Freyer*, Antitrust and Global Capitalism, 1930-2004 (2006); Wells, Antitrust and the Formation of the Postwar World (2002); und *Brinkley*, The Antimonopoly Ideal and the Liberal State: The Case of Thurman Arnold, Journal of American History 80 (1993), S. 557 ff.

Frankfurter *Farben*-Gebäude Quartier nahm – auch wenn die schiere Größe des Baus ein nicht minder wichtiger Grund gewesen sein dürfte.[60]

Die herausragende Stellung der *I.G. Farben* war auch das Leitmotiv des Anklagenarrativs im Fall 6. Ob ‚Arisierung' oder Zwangsarbeit, ob Industriespionage oder Aneignung ausländischen Privateigentums, ob medizinische Experimente an KZ-Häftlingen oder die Produktion von Zyklon B im Auftrag der fünfzigprozentigen *Farben*-Tochter *Degesch*: kein Verbrechen, in welches das Unternehmen nicht involviert gewesen war.[61] Das in unmittelbarer Nachbarschaft zum Vernichtungslager Auschwitz erbaute Werk Monowitz galt den Anklägern dabei nur als der sichtbarste Ausdruck der tiefen Mitschuld der Konzernverantwortlichen. Das Schwergewicht der Anklageschrift ruhte aber auch im *Farben*-Prozess, wie im Fall *Krupp*, auf dem Vorwurf, den Krieg mitgeplant und -vorbereitet zu haben, und die Illustration der vielfältigen Kanäle zur politischen Einflussnahme sollte das Argument plausibilisieren. In *Taylors* Worten war es das Ziel der *Farben*-Manager gewesen, „to turn the German nation into a military machine and build it into an engine of destruction so terrifyingly formidable that Germany could, by brutal threats and, if necessary, by war, impose her will and her dominion on Europe, and, later, on other nations beyond the seas. In this arrogant and supremely criminal adventure, the defendants were eager and leading participants. [...] They were the warp and woof of the dark mantle of death that settled over Europe."[62]

Anders als in den Familienunternehmen der *Krupps*, *Röchlings* und *Flicks* war die Einheit zwischen Unternehmen und Unternehmern jedoch weniger evident, und sowohl die Anklageschrift als auch die Eröffnungsrede *Taylors* zeigten, dass er sich des Problems, wie das Handeln des Konzerns den einzelnen Protagonisten zugeordnet werden konnte – und umgekehrt – bewusst war. Mehrfach wies der Chefankläger daher darauf hin, die angeklagten Männer hätten „through the instrumentality of Farben"

---

60 Zur alliierten Dekonzentration der I.G. Farben siehe *Stokes*, Divide and Prosper. The Heirs of I.G. Farben under Allied Authority 1945-1951 (1988), S. 46 f., 118, 173-175.

61 Dies galt in den Augen der Anklage in ganz ähnlicher Weise für die *Dresdner Bank* und ihren im Fall 11 angeklagten Vorstand Karl Rasche, die der Finanzierung der NS-Verbrechen beschuldigt wurden; vgl. *Ahrens*, Der Exempelkandidat. Die Dresdner Bank und der Nürnberger Prozess gegen Karl Rasche, VfZ 52 (2004), S. 637 ff.

62 Trials of War Criminals before the Nuernberg Military Tribunals under Control Council Law No. 10 (1950), Bd. VII, S. 100.

Verbrechen begangen. Damit war das Unternehmen nicht selbst angeklagt, wie *Taylor* eigens betonte, aber korporatives und individuelles Handeln waren gleichsam deckungsgleich.[63]

Die historisch mehr oder weniger komplexen Deutungsangebote, welche die Anklage vor Gericht ausbreitete, machten Sinn im Kontext eines Verfahrens, das justizförmige *Transitional Justice* avant-la-lettre sein sollte. Das alliierte, insbesondere das amerikanische Prozessprogramm verfolgte dezidiert das Ziel, nicht nur die begangenen Straftaten zu sanktionieren, sondern zugleich durch die Offenlegung nationalsozialistischer Verbrechen zum einen den eigenen Entschluss zum Eintritt in den Krieg zu legitimieren, zum anderen der deutschen Bevölkerung den verbrecherischen Charakter des NS-Staates vor Augen zu führen. Retribution war nicht als Selbstzweck gedacht, sondern ebenso als notwendige Grundlage für die Umerziehung der deutschen Nation.[64] Doch das Ziel, keinen weiteren Krieg von deutschem Boden ausgehen zu sehen, sollte nicht allein durch Selbsterkenntnis der Deutschen erreicht werden, sondern bedurfte auch des strukturellen Umbaus: Föderalisierung statt Dezentralisierung, Demokratisierung statt Führerstaat, liberale Marktwirtschaft statt korporatistisch-monopolistischer Scheinkapitalismus.[65]

Besonders wichtig waren die Narrative für die zusammenhängenden Anklagepunkte der Verschwörung und des Angriffskrieges: Hier galt es zu plausibilisieren, dass und warum die Unternehmen ein Interesse daran gehabt hatten, den Krieg zu entfesseln. Und hier scheiterten die Nürnberger Ankläger in großem Stil. Sowohl in Fall 6 als auch in Fall 10 zeigten sich die Richter mehrheitlich[66] nicht überzeugt von der *OCCWC*-Argumentati-

---

63 Ebd., S. 14, 26, 33, 39, 50, 59, 85, 191, 206 (dort: „But the corporate entity, the legal person, I.G. Farben, did not commit crimes. It was merely the instrumentality of the men who guided and directed it").

64 Dazu unter vielen: *Buscher*, Bestrafen und erziehen „Nürnberg" und das Kriegsverbrecherprogramm der USA, in: Frei (Hrsg.), Transnationale Vergangenheitspolitik. Der Umgang mit deutschen Kriegsverbrechern in Europa nach dem Zweiten Weltkrieg (2006), S. 94 ff.

65 *Priemel/Stiller*, Wo „Nürnberg" liegt. Zur historischen Verortung der Nürnberger Prozesse., in: Priemel/Stiller (Hrsg.), NMT (2013), S. 9 ff.

66 In Fall 10 gab Richter Wilkins eine abweichende Meinung zu Protokoll, in der er die Mitschuld der Krupp-Spitze am Angriffskrieg grundsätzlich bejahte, aber nicht die Angeklagten, sondern deren Vorgänger belastet sah; Trials of War Criminals before the Nuernberg Military Tribunals under Control Council Law No. 10 (1950), Bd. IX, S. 455-66. Im Fall 6 schloss sich Richter Hebert zwar dem Urteil im Ergebnis an, unterstrich aber in einem Sondervotum, dass wenigstens ethisch

on und befanden, die angeklagten Industriellen hätten keine so bedeutsamen Positionen bekleidet, als dass sie die Entscheidung zum und den Gang des Krieges signifikant beeinflusst hätten. Unter Anknüpfung an die Entscheidung des *International Military Tribunal*, eine Verschwörung sei nur bei ausreichender Konkretisierung sowohl des Gegenstandes als auch der Beteiligten gegeben, schrieben die Nürnberger Richter den Entschluss zum Angriffskrieg nur einer kleinen Gruppe innerhalb des NS-Regimes zu.[67] Dem schloss sich auch der Rastatter Gerichtshof an – allerdings erst in zweiter Instanz. Hatte zunächst das *Tribunal général Hermann Röchling* aufgrund seiner Funktionen in der deutschen Kriegswirtschaftsorganisation der Verbrechen gegen den Frieden für schuldig befunden, hob die – anders als in Nürnberg vorhandene – Berufungsinstanz die Entscheidung in diesem Punkt auf. Explizit verwiesen die Richter des *Tribunal supérieur* auf das *Farben*-Urteil und schlossen sich der Auffassung an, nur der engste Kreis um *Hitler* habe den Krieg geplant. Gleichsam kompensatorisch wurden dafür das Strafmaß *Hermann Röchlings* unter den anderen Anklagepunkten durch das Berufungsgericht erhöht und der zunächst frei gesprochene *Ernst Röchling* nun ebenfalls verurteilt.[68]

Mit der durchgängigen Entscheidung, die angeklagten Unternehmer – auch *Pleiger* – von den Vorwürfen der Verschwörung und Verbrechen gegen den Frieden freizusprechen, waren, wie Anklagevertreter *Benjamin Ferencz* seinem Mentor *Sheldon Glueck* im Frühjahr 1948 berichtete, die Wirtschaftsprozesse schwer angeschlagen: das historische Kernargument der Anklageerzählung hatte nicht verfangen.[69]

Oder hatte es doch? In den übrigen Anklagepunkten – Kriegsverbrechen und Verbrechen gegen die Menschlichkeit, unter denen im Wesentli-

---

eine Mitverantwortung der Farben-Manager für den Krieg keineswegs so eindeutig zu verneinen sei, wie seine Kollegen meinten, vgl. Trials of War Criminals before the Nuernberg Military Tribunals under Control Council Law No. 10 (1950), Bd. VII, S. 1211-1306; vgl. *Lindner*, Das Urteil im I.G.-Farben-Prozess, in: Priemel/Stiller (Hrsg.), NMT (2013), S. 405 ff. (417 f.).

67 Vgl. ebd. und *Drecoll*, Flick vor Gericht, in: Bähr u.a (Hrsg.), Der Flick-Konzern im Dritten Reich (2008), S. 559 ff.

68 Trials of War Criminals before the Nuernberg Military Tribunals under Control Council Law No. 10 (1950), Bd. XIV, S. 1097-1108; vgl. *Berger/Joly*, „Fall 13“: das Rastatter Röchling-Verfahren, in: Priemel/Stiller (Hrsg.), NMT (2013), S. 464 ff. (487 f.).

69 *Benjamin Ferencz* an Sheldon Glueck, 16. April 1948, HLL, Sheldon Glueck Papers, Box 74, Folder 9.

chen die Tatbestände von ‚Arisierung', Plünderung, Zwangsarbeit, diverse Körperverletzungsdelikte et cetera verhandelt wurden – offenbarten die richterlichen Befunde erhebliche Unterschiede. So sahen das *Röchling*- wie auch das *Krupp*-Tribunal in den prominenten, gut vernetzten Positionen der jeweiligen Unternehmen bzw. Unternehmerfamilien einen Beleg gegen Verteidigungsargumente von Unwissen und Ausweglosigkeit. Insbesondere im Fall 10 verhehlte der Richterspruch nicht den Eindruck, der *Krupp*-Konzern und seine Führung seien seit vielen Jahrzehnten derart privilegiert gewesen, dass signifikante Handlungsspielräume beim Einsatz von Zwangsarbeitern und KZ-Häftlingen bestanden hätten. Einen generellen Notstand, wie ihn die Verteidigung angeführt hatte, wollten die Richter nicht anerkennen und verlangten statt dessen eine Art Verhältnismäßigkeitsprüfung: nur eine nachweisbare Bedrohung für Leib und Leben, die so konkret und so drastisch sei, dass sie gegenüber dem Leiden der Opfer nicht verblasse, könne als entlastendes Moment berücksichtigt werden. Nichts davon aber habe auf *Alfried Krupp* und seine Mitarbeiter zugetroffen.[70]

Damit wichen die *Röchling*- und *Krupp*-Richter sichtlich von ihren Kollegen in den *Flick*- und *Farben*-Prozessen ab, die den Notstand pauschal akzeptierten und privaten Akteuren im Machtgefüge der nationalsozialistischen Diktatur einen nachgeordneten Platz mit entsprechend geringen Entscheidungs- und Handlungsspielräumen zuwiesen. Die von der Verteidigung heraufbeschworenen Gefahren von Entlassung, Enteignung, Verhaftung oder gar Ermordung wurden auch ohne näheren Beweis als real eingeschätzt. Nur dort, wo den Angeklagten Eigeninitiative nachgewiesen werden konnte, die über den staatlichen Weisungsrahmen hinausging – zusätzliche Anforderungen an Zwangsarbeitern für freiwillige Werkserweiterungen oder die Standortwahl von Monowitz – erkannten die Richter in den Fällen 5 und 6 strafbares Handeln.[71] Ähnlich verhielt es sich mit Fragen hierarchischer Verantwortlichkeit, insbesondere mit Blick auf Kol-

70 Urteil vom 31. Juli 1948, Trials of War Criminals before the Nuernberg Military Tribunals under Control Council Law No. 10 (1950), Bd. IX, S. 1371 f., 1378, 1388 ff., 1438-46.

71 Trials of War Criminals before the Nuernberg Military Tribunals under Control Council Law No. 10 (1950), Bd. IX, S. 1179; *Jeßberger*, I.G. Farben vor Gericht, Von den Ursprüngen eines „Wirtschaftsvölkerstrafrechts", JZ 2009, S. 924 ff. (928); *Frei* u.a., Flick (2009), S. 626-429; *Priemel*, Flick. Eine Konzerngeschichte vom Kaiserreich bis zur Bundesrepublik (2007), S. 642-644.

legialverantwortung und Aufsichtspflicht, die in den komplexen, arbeitsteiligen Strukturen der Großunternehmen die Bemessung individueller Schuld erschwerten. Die Fragen, ob etwa Misshandlungen von Zwangsarbeitern durch einzelne Beschäftigte deren Vorgesetzten zuzuschreiben war oder ob diese für die Nichteinhaltung offizieller Standards bei Verpflegung und Unterbringung verantwortlich waren, wurde von Gericht zu Gericht unterschiedlich beantwortet. So hielten die Tribunale, die über die *Flick-*, *Farben-* und *Dresdner-Bank*-Manager zu Gericht saßen, diese nur für qua Zeichnung nachgewiesene, zustimmende Kenntnis von Verbrechen für verantwortlich. Und während der Berliner Konzernführung *Flicks* zugutegehalten wurde, von den lokalen Zuständen an ihren über das Reich verstreuten und laut Verteidigung dezentralisierten Werksstandorten nicht in allen Einzelheiten informiert gewesen zu sein,[72] wiesen die *Farben-* und Wilhelmstraßen-Richter eine summarische Haftung kollegialer Gremien wie Vorstände (und mehr noch von Aufsichtsräten) zurück: *Karl Rasche* war demnach nicht für Entscheidungen verantwortlich, die seine Kollegen *Emil Meyer*, zuständig für die Kontakte zur SS, oder der langjährige Vorstandssprecher und Aufsichtsvorsitzende *Carl Goetz* getroffen hatten. Unter den *I.G. Farben*-Vorständen wurden nur jene Männer wegen Verbrechen gegen die Menschlichkeit in Auschwitz-Monowitz verurteilt, die aktiv an der Standortentscheidung und Werksführung mitgewirkt hatte; die bloße Kenntnisnahme im Vorstand oder Aufsichtsrat genügte demnach nicht.[73] Im Grunde wurde hiermit – spiegelbildlich zur Notstands-Diskussion, mit der ein funktionales Äquivalent der Befehlsgebundenheit aus dem militärischen und polizeilichen Kontext in den zivilen Raum über-

---

72 *Frei* u.a., Flick. (2009), S. 426 f.; *Drecoll*, Flick vor Gericht, S. 642; *Priemel*, Flick. Eine Konzerngeschichte vom Kaiserreich bis zur Bundesrepublik (2007), S. 643. Zur Eigendarstellung Flicks vgl. Trials of War Criminals before the Nuernberg Military Tribunals under Control Council Law No. 10 (1950), Bd. VI, S. 809 f.

73 *Ahrens*, Die Dresdner Bank 1945-1957. Konsequenzen und Kontinuitäten nach dem Ende des NS-Regimes (2007), S. 103, 112 f.; *Lindner*, Das Urteil im I.G.-Farben-Prozess, in: Priemel/Stiller (Hrsg.), NMT (2013), S. 405 ff. (419 f.). Vgl. die Einschätzung bei *Jeßberger*, I.G. Farben vor Gericht, Von den Ursprüngen eines „Wirtschaftsvölkerstrafrechts", JZ 2009, S. 924 ff. (928), dass das Urteil im Fall 6 unzureichend begründet war, „vielfach vage" blieb und insgesamt „in handwerklicher Hinsicht höchsten Ansprüchen nicht immer gerecht" wurde. Deutlich positiver, aber auch oberflächlicher die Bewertung bei *Naucke*, Der Begriff der politischen Wirtschaftsstraftat – Eine Annäherung (2012), S. 21-24.

führt wurde – der aus den Wehrmachtsfällen bekannte Topos der *command responsibility* für Unternehmenshierarchien durchdekliniert. Analog zu der dort gestellten Frage nicht nur danach, was die jeweiligen Truppenkommandeure von den kriminellen Handlungen unterstellter Einheiten wussten, sondern was sie qua Befehlsgewalt hätten wissen müssen, ging es in den Verfahren gegen Industrielle und Bankiers darum, ob diese von Taten in ihren Abteilungen, Dependancen und Tochtergesellschaften oder, wie im Falle *Karl Rasches*, ihrer Kunden hätten informiert sein müssen.[74] Fiel die Antwort in den *Krupp*- und *Röchling*-Verfahren zumindest teilweise affirmativ aus, wiesen die *Flick*-, *Farben*- und *Dresdner-Bank*-Tribunale das Argument weitgehend zurück. In einem markanten Unterschied zum Hamburger *Tesch*-Prozeß, in dem die britischen Richter *Bruno Tesch* und seinem Prokuristen nicht glaubten, ahnungslos ob der Verwendung des gelieferten Zyklon B gewesen zu sein, urteilten ihre amerikanischen Kollegen in Nürnberg, die *Degesch*- und *I.G. Farben*-Spitze sei über den mit Hilfe ihres Produkts verübten Massenmord nicht informiert gewesen und hätte dies auch nicht sein müssen, ja, angesichts der Geheimhaltung des Völkermords gar nicht sein können.[75]

Hinter den juristischen Argumenten des Notstandes und des mangels Tatwissens auch nicht gegebenen Tatwillens – in beiden Fällen verneinten die Richter also die im angelsächsischen Strafrecht zentrale *mens rea* – standen letztlich aber wiederum historische Deutungen der nationalsozialistischen Herrschaft: die der Verteidigung. Die Nürnberger und Rastatter

---

74 Vgl. dazu auch *Zakr*, La responsabilité du supérieur hiérarchique devant les tribunaux pénaux internationaux, Revue internationale du droit pénal 73 (2002), Nr. 1/2, S. 59 ff.

75 *Jeßberger*, Die I.G. Farben vor Gericht, Von den Ursprüngen eines „Wirtschaftsvölkerstrafrechts", JZ 2009, S. 924 ff. (927 f.); vgl. *Lindner*, Das Urteil im I.G.-Farben-Prozess, in: Priemel/Stiller (Hrsg.), NMT (2013), S. 405 ff. (420), der argumentiert, diese Einschätzung würde durch die historische Forschung ähnlich eingeordnet. Für Tesch siehe Law Reports, I, S. 102 f. Bemerkenswerterweise folgten die britischen Militärrichter der Anklage – namentlich bei der Verurteilung von Teschs Prokurist – obwohl, wie der Generalanwalt formulierte, „the real strength of their case is not the individual direct evidence, but the general atmosphere and conditions of the firm itself.", ebd., S. 102. Zur Zusammenarbeit von Degesch und Tesch siehe *Hayes*, Die Degussa im Dritten Reich. Von der Zusammenarbeit zur Mittäterschaft, (2004), S. 283-314; *Trunk*, Die todbringenden Gase, in: Morsch/Perz (Hrsg.), Neue Studien zu nationalsozialistischen Massentötungen durch Giftgas. Historische Bedeutung, technische Entwicklung, revisionistische Leugnung (2011), S. 23 (38).

Anwälte, ein Korps von Strafverteidigern, deren harter Kern seit dem *International Military Tribunal* in Kriegsverbrecherprozessen aktiv war und nun die verschiedenen Industrieprozesse koordinierte,[76] stellten dem Anklagenarrativ von der Elitenverschwörung zu Krieg und Verbrechen eine eigene Lesart entgegen. Darin firmierten die deutschen Unternehmer grundsätzlich und die Angeklagten im Besonderen zu wider Willen verstrickten Akteuren, die sich redlich um die Milderung nationalsozialistischen Unrechts bemüht, am Ende des Tages der unerbittlichen Diktatur aber nur wenig entgegenzusetzen gehabt hatten. Der unpolitische, zugleich mit dem Widerstand des 20. Juli sympathisierende Kaufmann *Friedrich Flick* stand dabei Seite an Seite mit dem konservativ-sozialpaternalistischen Haus *Krupp*, und deren Techniker fanden sich auf gleicher Linie mit den allein dem Fortschritt verpflichteten Wissenschaftlern der *I.G. Farben*. Sofern man das NS-Regime unterstützt hatte, war dies, so die *Flick-*, *Krupp-* und *Röchling*-Juristen, aus patriotischem Pflichtgefühl oder aus schierer Angst geschehen.[77] An diesen Stellen – namentlich wenn es um Zwangs- und KZ-Arbeit, aber auch dort, wo es um ‚Arisierung' und Plünderung ging – bestritten die deutschen Verteidiger und ihre Mandanten daher nicht die Beweise der Anklage, sondern deren Ausdeutung: Das Interesse an jüdischem Besitz war kaschierte Unterstützung der emigrierenden Kollegen, die Anforderung von Zwangsarbeitern nicht Ausdruck freier unternehmerischer Entscheidung, sondern erzwungene Reaktion auf die Einziehungen zur Wehrmacht einerseits und kriegswirtschaftliche Produktionsauflagen andererseits. Dankbar auf totalitarismustheoretische Interpretamente zurückgreifend, portraitierte die Verteidigung die deutschen Unternehmer als Objekte, nicht als Subjekte der nationalsozialistischen Politik, als Opfer, nicht als Täter.[78]

---

76 Siehe dazu *Wiesen*, Die Verteidigung der deutschen Wirtschaft: Nürnberg, das Industriebüro und die Herausbildung des Neuen Industriellen, in: Priemel/Stiller (Hrsg.), NMT (2013), S. 630 ff.

77 *Priemel*, Tales of Totalitarianism. Conflicting Narratives in the Industrialist Cases, in: Priemel/Stiller (Hrsg.), Reassessing the Nuremberg Military Tribunals. Transitional Justice, Trial Narratives, and Historiography (2011), S. 161 ff.; *Brünger*, Der Vergangenheit eine Form geben. Mentale Kontinuitäten nach 1945 am Beispiel des I.G. Farben-Prozesses und Fritz ter Meers, in: Osterloh/Wixforth (Hrsg.), Unternehmer und NS-Verbrechen. Wirtschaftseliten im „Dritten Reich" und in der Bundesrepublik Deutschland (2014), S. 183 ff.

78 *Priemel*, Tales of Totalitarianism. Conflicting Narratives in the Industrialist Cases, in: ebd.; *Brünger*, Der Vergangenheit eine Form geben. Mentale Kontinuitäten

Die Verteidigungsstrategie folgte somit einem dreigeteilten Muster: sofern die Anklage statt individueller Schuldnachweise Zusammenhänge und Verantwortlichkeiten qua Amt und Funktion konstruierte – im Falle der *I.G. Farben* die Vorstandszugehörigkeit, bei *Krupp* ein quasi-intergenerationelles Verschwörungsprojekt –, erinnerten die deutschen Anwälte ihre alliierten Gegenüber an den Anklagetischen und auf der Richterbank an die erklärte Absicht, in einem ordentlichen Verfahren Schuld nur konkret und individuell zu bemessen. War die Beteiligung der Angeklagten unstrittig, forderte die Verteidigung hingegen, gleichsam hinter die Fakten zu sehen und die nicht immer aktenkundige, aber doch unbedingt glaubhafte Distanz der honorigen Manager zum, wenn nicht gar Widerstand gegen das vermeintlich antikapitalistische NS-Regime in Rechnung zu stellen. Und darauf aufbauend, zeichnete die Verteidigung schließlich das Bild einer totalitären Herrschaft, deren Überwachung beinahe lückenlos und Gewaltandrohung so ubiquitär wie unentrinnbar gewesen sei. In der unternehmensfeindlichen Volksgemeinschaft, so die Argumentation von *Flick*- und *Farben*-Verteidiger *Rudolf Dix*, seien die Industriellen und Kaufleute, die Ingenieure und Bankiers die eigentliche Minderheit gewesen.[79]

Aus deutscher Sicht wurden die Nürnberger Prozesse somit zu einer Art Labor für die spezifische „Vergangenheitsbewältigung" der frühen Bundesrepublik, und hier wie dort dominierten Leugnen und Larmoyanz. Der didaktische Anspruch der Alliierten schlug in sein Gegenteil um: Je heftiger die Kritik der Anklage an den strukturellen, persönlichen und ethischen Defiziten der deutschen Privatwirtschaft (oder noch grundsätzlicher der deutschen Gesellschaft) formuliert wurde, desto mehr nahmen die Beschuldigten die Rolle unschuldig Verfolgter ein und fanden Bestätigung unter ihren Standeskollegen, seitens der übrigen in Nürnberg angeklagten Funktionseliten und in einer Nachkriegsgesellschaft, deren Zugang zur unmittelbaren Vergangenheit, wie *Robert Moeller* argumentiert hat, über das eigene Leid erfolgte, nicht das der anderen.[80] Uneinsichtigkeit und Selbst-

---

nach 1945 am Beispiel des I.G. Farben-Prozesses und Fritz ter Meers, in: ebd., S. 195 ff.

79 Plädoyer Dix, 29. November 1947, StAN, Rep. 501, KVP, Fall 5, A131-133, Bl. 10687 f. Vgl. *Jung*, Die Rechtsprobleme der Nürnberger Prozesse (1992), S. 65 f.

80 *Moeller*, The Third Reich in post-war German memory, in: Caplan (Hrsg.), Nazi Germany (2008), S. 246 ff.

gerechtigkeit dominierten in Entschädigungsverfahren[81] und Entflechtungsverhandlungen,[82] in Artikeln, Autobiographien und Festschriften,[83] und auch mit dem Abstand vieler Jahre sollte weder einer der Nürnberger Angeklagten noch ein anderer namhafter deutscher Unternehmer selbstkritische Reflektionen formulieren.[84] Allerdings wurden sie von einer hagiographischen, inhaltlich oft bis zur offenen Apologetik affirmativen und bisweilen buchstäblich gekauften Unternehmensgeschichtsschreibung auch nicht zur kritischen Auseinandersetzung mit der eigenen Vergangenheit gezwungen.[85]

---

81 Dies galt insbesondere im Verfahren um die zu Beginn der 1950er Jahre von Norbert Wollheim geltend gemachten Wiedergutmachungsansprüche gegen die I.G. Farbenindustrie i.L. Wollheim, ein Auschwitz-Überlebender, hatte bereits im Farben-Prozess als Zeuge ausgesagt und sah sich nun als Kläger mit einer Phalanx vormaliger Nürnberger Verteidiger konfrontiert, die im Kern dieselben Argumente vorbrachten wie 1947-1948; siehe *Rumpf*, Der Fall Wollheim gegen die I.G. Farbenindustrie AG in Liquidation. Die erste Musterklage eines ehemaligen Zwangsarbeiters in der Bundesrepublik Deutschland – Prozess, Politik und Presse (2010), S. 70 f., 95, 131-138, 162.

82 *Ahrens*, Die Dresdner Bank 1945-1957. Konsequenzen und Kontinuitäten nach dem Ende des NS-Regimes (2007), S. 114.

83 *Dix*, Die Urteile in den Nürnberger Wirtschaftsprozessen, NJW 1949, S. 647 ff.; *von Knieriem*, Nürnberg. Rechtliche und menschliche Probleme (1953).

84 Siehe die Fallstudie zu Fritz Ter Meer von *Brünger*, Der Vergangenheit eine Form geben. Mentale Kontinuitäten nach 1945 am Beispiel des I.G. Farben-Prozesses und Fritz ter Meers, in: Osterloh/Wixforth (Hrsg.), Unternehmer und NS-Verbrechen. Wirtschaftseliten im „Dritten Reich" und in der Bundesrepublik Deutschland (2014), S. 183 ff. (210 f.); vgl. *Priemel*, Unternehmensgeschichte reloaded. Der Umgang der Friedrich Flick KG mit der NS-Vergangenheit in Öffentlichkeitsarbeit, Entflechtung und Restitution nach 1945, in: Bähr u.a (Hrsg.), Der Flick-Konzern im Dritten Reich (2008), S. 647 ff.; vgl. die biographischen Skizzen in Erker/Pierenkemper (Hrsg.), Deutsche Unternehmer zwischen Kriegswirtschaft und Wiederaufbau. Studien zur Erfahrungsbildung von Industrie-Eliten (1999). Anders hingegen *Joly*, Kontinuität und Diskontinuität der industriellen Elite nach 1945, in: Ziegler (Hrsg.), Großbürger und Unternehmer. Die deutsche Wirtschaftselite im 20. Jahrhundert (2000), S. 54 ff., der einen Wandel in den Köpfen konstatiert oder *Henke*, Die amerikanische Besetzung Deutschlands (1995), S. 565 ff., der ein Schockerlebnis der deutschen Unternehmer beschreibt. Beides ist aber eher Mutmaßung als Befund.

85 Vgl. *Brünger*, Unternehmensgeschichte und Erinnerungskulturen. Zeithistorische Auftragsforschung der 1990er Jahre am Beispiel der Degussa, Zeitgeschichte-online, abrufbar unter <www.zeitgeschichte-online.de/node/8670>; *Priemel*, Gekaufte Geschichte. Der „Freundeskreis Albert Vögler", Gert von Klass und die Ent-

IV. Schluss

Man wird den Nürnberger Anklägern schwerlich die Apologetik der Angeklagten oder jene ihrer Unterstützer in der deutschen Nachkriegsgesellschaft vorwerfen können. Doch ist nicht zu übersehen, dass die konzeptionellen Köpfe einer Prozessserie, die diese mit dezidiert didaktischem Impetus als integralen Bestandteil des Großprojekts der Reformierung Deutschlands planten, die Möglichkeiten unterschätzten, die das juristische Verfahren den Tätern eröffnete. Im festen Glauben an die Selbstevidenz des gesammelten Materials (und bisweilen in unkritischem Festhalten an den theoretischen Prämissen, mit denen sie nach Nürnberg gekommen waren), täuschten sich die Ankläger mehr als einmal über die Lücken in der eigenen Beweisführung hinweg bzw. glaubten, mit Hilfe großer Linien und struktureller Argumente auch individuelle Schuld wenn nicht per se gerichtsfest belegen, so doch für einen Schuldspruch ausreichend plausibilisieren zu können. Doch umgekehrt gelang es der Verteidigung, unzureichende individuelle Schuldnachweise rhetorisch dazu zu nutzen, auch die grundsätzliche alliierte Argumentation über die unternehmerische Beteiligung an NS-Unrecht anzugreifen und, zumindest in den Augen der (west)deutschen Öffentlichkeit, erfolgreich zu diskreditieren.

Aus diesem Umstand auf eine grundsätzliche Gefahr allen internationalen Wirtschaftsstrafrechts zu schließen, wäre indes voreilig und wenigstens teilweise irreführend. *James Stewart* hat zu Recht darauf hingewiesen, dass internationales kriminelles Handeln von Unternehmen nicht auf den Kontext von Regimewechseln beschränkt sei und sich entsprechend auch die wissenschaftliche Diskussion vom *Transitional Justice*-Diskurs emanzipieren müsse.[86] Dies impliziert auch einen diskursiven Raum, der sich substantiell vom Nachkriegsdeutschland unterscheidet. Dass eine breite Öffentlichkeit und insbesondere die veröffentlichte Meinung sich im selben Maße auf die Seite von *BP*, *Argor-Heraeus* oder *Siemens* schlägt, wie dies etwa *Die Zeit* oder die *Frankfurter Allgemeine Zeitung* in

---

wicklung der historischen Unternehmensforschung nach 1945, Zeitschrift für Unternehmensgeschichte 52 (2007), Nr. 2, S. 177 ff.

86 *Stewart*, Atrocity, Commerce and Accountability. The International Criminal Liability of Corporate Actors, Journal of International Criminal Justice 8 (2010), S. 313 (315 f.).

den 1950ern mit *Krupp, Flick* und *Farben* taten,[87] scheint gegenwärtig schwer vorstellbar.

Auf der anderen Seite sind außerhalb von *Transitional Justice*-Kontexten nicht sämtliche Hürden und Herausforderungen internationaler Wirtschaftsstrafverfahren erledigt. *Lawrence Douglas* hat – in Abgrenzung zu *Hannah Arendt* – darauf hingewiesen, dass letztlich jeder Strafprozess didaktische Absichten verfolgt.[88] Und da (Straf)Rechtsprechung mit Geschichtsschreibung notwendig den Umstand teilt, sich dem Geschehenen post hoc zu widmen, ist die Geschichte aus dem Gerichtssaal nicht fernzuhalten – und mit ihr werden unausweichlich unterschiedliche Deutungen der Vergangenheit Teil der Verhandlung.[89] Der Glaube, einen geschichtsfreien, gewissermaßen reinen (Wirtschafts)Strafprozess führen zu können, käme entsprechend dem Wunsch nach der Rückkehr in einen imaginierten Urzustand epistemologischer Unschuld gleich. In dieser Hinsicht stellen die Nürnberger Prozesse zwar kein Modell dar, wohl aber ein instruktives Exempel.

Die Präzedenzfrage scheint ungleich schwieriger, sie zu beantworten ist aber glücklicherweise nicht des Historikers Pflicht. Immerhin ist die Quellenlage eindeutig insofern, als weder das *International Military Tribunal* noch die *Nuernberg Military Tribunals* Präzedenzfälle für ein Völkerstrafrecht etablierten, das auf die Schuld von Unternehmen als juristische Personen zielt.[90] Obgleich im Vorfeld der Verfahren diskutiert, wurde dieser

---

87 Vgl. *Brünger*, Der Vergangenheit eine Form geben. Mentale Kontinuitäten nach 1945 am Beispiel des I.G. Farben-Prozesses und Fritz ter Meers, in: Osterloh/Wixforth (Hrsg.), Unternehmer und NS-Verbrechen. Wirtschaftseliten im „Dritten Reich" und in der Bundesrepublik Deutschland (2014), S. 183 ff. (206); *von Hodenberg*, Zeitkritik in der ZEIT. Der Umgang mit der nationalsozialistischen Vergangenheit, in: Haase/Schildt (Hrsg.), DIE ZEIT und die Bonner Republik. Eine meinungsbildende Wochenzeitung zwischen Wiederbewaffnung und Wiedervereinigung (2008), S. 151 ff.; ferner *Frei*, Von deutscher Erfindungskraft oder: Die Kollektivschuldthese in der Nachkriegszeit, Rechtshistorisches Journal 16 (1997), S. 621 ff., und *Urban*, Kollektivschuld durch die Hintertür? Die Wahrnehmung der NMT in der westdeutschen Öffentlichkeit, 1946-1951, in: Priemel/Stiller (Hrsg.), NMT (2013), S. 684 ff.

88 *Douglas*, The Memory of Judgment. Making Law and History in the Trials of the Holocaust (2001).

89 *Wilson*, Writing History in International Criminal Trials (2011).

90 So auch *Bush*, The Prehistory of Corporations and Conspiracy in International Criminal Law: What Nuremberg Really Said, Columbia Law Review 109 (2009) S. 1094 ff.; *Heller*, The Nuremberg Military Tribunals and the Origins of Interna-

Weg von der Anklagebehörde dezidiert nicht beschritten. Im Gang der Verfahren erwies sich dies als verhängnisvolle, vor allem aber als nicht zu Ende gedachte Fehlentscheidung. Eine Anklage der juristischen Personen hätte es wesentlich erleichtert, die umfassende Verantwortlichkeit des Unternehmens von den individuellen Vorwürfen gegen Angeklagte zu trennen, also die Individualanklage auf das wirklich Nachweisbare zu beschränken und schlecht belegbare Beschuldigungen zu vermeiden. Mochte der *institutional approach* als historisch-soziologische Lesart durchaus diskussionswürdige Ergebnisse liefern, als strafrechtliche Basis der Verfahren wies er in die falsche Richtung.

Die nachgelagerte Frage, ob die Nürnberger und Rastatter Verfahren immerhin Grundlagen dafür liefern, Unternehmer – wie andere Einzelpersonen auch – nicht nur für klassische Kriegsverbrechen, für die inzwischen in diversen Konventionen und Verträgen kodifizierten Verbrechen gegen die Menschlichkeit sowie für (die Beteiligung an) Genozidverbrechen, sondern auch für die Beteiligung an Verbrechen gegen den Frieden zur Rechenschaft zu ziehen, hängt unterdessen davon ab, wem man die Fähigkeit zur Präzedenzsetzung zuschreibt: ausschließlich den Richtern oder auch den Anklagebehörden?[91] Ist letzteres der Fall, erlaubt die Prozessserie wenigstens die akademische Bezugnahme. Von praktischer Bedeutung scheint angesichts der faktischen Nichtdurchsetzung des Angriffskriegsverbots selbst mit Blick auf Staatsoberhäupter und Militärs eine solche Ausweitung auf Private indes nicht.

---

tional Criminal Law (2011), S. 253 f.; anders wohl *Ramasastry*, Corporate Complicity, Berkeley Journal of International Law 20 (2002), S. 91 ff. (105).

91 Dies schlägt sich umgekehrt in der historischen Argumentation nieder, etwa wenn *Naucke*, Der Begriff der politischen Wirtschaftsstraftat – Eine Annäherung (2012), S. 6-15, auf der Suche nach Präzedenzen argumentiert, die Nürnberger Prozesse von Unternehmern hätten Wirtschaftskriminalität analog zur Staatskriminalität etabliert, um der Gefährdung persönlicher Freiheit durch einen übermächtigen Gegner Rechnung zu tragen. Dies trifft partiell für die Urteile zu, nicht aber für den Ansatz der Ankläger, welche die Verfahren konzeptionell verantworteten und das Verhältnis von ‚Staat' und ‚Wirtschaft' gerade nicht analog, sondern integral konstruierten.

Strafrecht als Grammatik: Die Nürnberger Prozesse als Modell eines Wirtschaftsvölkerstrafrechts?

Martin Asholt

Versteht man ein Strafverfahren als ein Schauspiel, das durchaus didaktische Zwecke verfolgt, so ist das nicht nur eine Interpretation die Historiker – wie *Kim Priemel* im Anschluss an *Lawrence Steward*[1] – akzeptieren können, sondern auch für eine generalpräventiv begründete Strafrechtswissenschaft ein sicherlich modernes Verständnis.[2] Eine derartige Annäherung an ein Strafverfahren lässt jedoch deutlich werden, dass – wie *Priemel* festhält – „die Geschichte aus dem Gerichtssaal nicht fernzuhalten" ist. Davon geben nicht zuletzt die Nürnberger Verfahren ein gutes Beispiel. Sie machen deutlich, dass ein Strafprozess selten in einem „imaginierten Urzustand der epistemologischen Unschuld" geführt werden kann.[3] Er stellt keinen geschichtsfreien Raum dar, sondern kann vor allem in historisch bedeutenden Strafsachen oft auch als Auseinandersetzung zwischen Verteidigung und Strafverfolgern über die richtige Sicht auf die Geschichte verstanden werden.

Bleibt man im Bild der unterschiedlichen Narrative über vergangene Ereignisse, so liegt es nahe, die im Strafrecht anerkannten Prinzipien und Regeln als die Grammatik aufzufassen, die die Regeln der Sprache bestimmt, in der die unterschiedlichen Geschichten erzählt werden. Allerdings ist anzunehmen, dass eine derartige Grammatik nicht vom gewünschten Inhalt der Erzählung getrennt werden kann. Die Verbindung zwischen den beiden kann zweierlei Art sein. Die Grammatik kann den möglichen Narrativen Grenzen setzen oder ein bestimmter Inhalt kann die

---

1 *Priemel*, Mehr Exempel als Modell. Die Nürnberger Prozesse gegen deutsche Industrielle und die Ursprünge des Wirtschaftsvölkerstrafrechts, in diesem Band, S. 25 ff.

2 Zum Strafprozess als Schauspiel, vgl. nur *Schild*, Der Strafrichter in der Hauptverhandlung (1984), S. 93 ff. und *Danziger*, Die Medialisierung des Strafprozesses (2009), S. 25 und S. 39 jeweils m.w.N.

3 Vgl. die Kritik von *Priemel*, Mehr Exempel als Modell. Die Nürnberger Prozesse gegen deutsche Industrielle und die Ursprünge des Wirtschaftsvölkerstrafrechts, in diesem Band, S. 25 ff.

Nutzung einer bestimmten Grammatik erfordern, um in ein Strafverfahren aufgenommen werden zu können. Um diesen Einfluss der „strafrechtlichen Grammatik" soll es in den folgenden Ausführungen gehen. Genauer: Es geht darum, die Nürnberger Prozesse gegen Industrielle in den Zusammenhang der Entwicklung dieser Grammatik einzuordnen. Dass ein solches Unterfangen in einem Kommentar nur skizzenhaft und mitunter sehr vereinfachend möglich ist, liegt auf der Hand.[4]

I. Zwei Formen der Gerechtigkeit

Blickt man auf die Entwicklung des Strafrechts im zwanzigsten Jahrhundert zurück und insbesondere auf die strafrechtlichen Fragen im Zusammenhang mit der Vergangenheitsaufarbeitung nach den beiden großen Systemwechseln in Deutschland, so lässt sich die Frage nach der Gerechtigkeit der Bestrafung des Unrechts eines vergangenen Systems in zwei Bereiche unterteilen. Auf der einen Seite steht die materielle Gerechtigkeit – also das Streben nach einem gerechten Unrechtsausgleich. Auf der anderen findet sich die formelle (Verfahrens-)Gerechtigkeit.[5]

Die Lehren aus der NS-Zeit, die sich unter anderem in der Radbruchschen Formel[6] niedergeschlagen haben, haben dazu geführt, dass über die

---

4 Um das Format eines Kommentars beizubehalten wurden insoweit gegenüber dem mündlich gehaltenen Vortrag keine Änderungen vorgenommen.

5 Die hier zu behandelnde Frage findet sich ebenso im Zusammenhang mit dem dritten Systemwechsel im zwanzigsten Jahrhundert. Nach dem Ersten Weltkrieg wurden Strafverfahren wegen der deutschen Kriegsverbrechen im Rahmen der Leipziger Kriegsverbrecherprozesse geführt, vgl. hierzu *Hankel*, Die Leipziger Prozesse. Deutsche Kriegsverbrechen und ihre strafrechtliche Verfolgung nach dem ersten Weltkrieg (2003); *Wiggenhorn*, Verliererjustiz. Die Leipziger Kriegsverbrecherprozesse nach dem Ersten Weltkrieg (2005); sowie den Überblick bei *Werle*, Völkerstrafrecht. 3. Auflage (2012), S. 4 ff. Der hier interessierende Zusammenhang findet sich deutlich in einer Äußerung des damaligen Justizministers Schiffer im Rahmen der Diskussion um eine Ergänzung des Gesetzes zur Verfolgung von Kriegsverbrechen und Kriegsvergehen (RGBl. 1920, S. 341). *Schiffer* meinte, es sei „nicht angängig, ein ganz grobes, deutliches, sinnfälliges materielles Unrecht aus formalen Gründen aufrechtzuerhalten", Sten. Bericht der Verfassungsgebenden Deutschen Nationalversammlung, 149. Sitzung vom 5. März 1920, S. 4697.

6 *Radbruch*, Gesetzliches Unrecht und übergesetzliches Recht, SJZ 1946, S. 105 ff. (107), vgl. hierzu statt vieler *Vormbaum*, Strafrechtsgeschichte, 2. Auflage (2011), S. 231 f. und eingehend *Vassalli*, Radbruchsche Formel und Strafrecht (2012), jeweils m.w.N.

Argumentation mit der Figur des gesetzlichen Unrechts die formelle Seite der Gerechtigkeit in den Hintergrund getreten ist, während ihre materielle Seite in den Vordergrund gestellt wurde. Das ist angesichts der Größe des damals zu verfolgenden Unrechts wenig verwunderlich und zeigt sich im Bereich des Rückwirkungsverbotes am deutlichsten. Die unter der NS-Herrschaft erlassenen Gesetze und Befehle sollten einer strafrechtlichen Verantwortlichkeit des Einzelnen nicht im Wege stehen. Ihnen wurde keine rechtfertigende Wirkung zuerkannt, beispielsweise konnte demnach ein Erlass des Führers die Strafbarkeit einer Tötung nicht rechtfertigen.[7] Und das Rückwirkungsverbot ist nicht der einzige Fall, in dem die materielle Seite der Gerechtigkeit in den Vordergrund trat. Verwandt mit dem Problem der Rückwirkung ist dasjenige der Gesetzlichkeit oder Bestimmtheit. Auch hierzu sei ein Beispiel genannt: Das Völkerrecht war bis dahin vor allem auf Staaten und nicht auf Individuen angewandt worden und enthielt zudem keine Strafdrohungen. Dieser Mangel spielte zumindest im Ergebnis in den Nürnberger Urteilen keine Rolle.[8]

Doch in der Betonung der materiellen Seite der Gerechtigkeit zur Absicherung der Notwendigkeit der Verhängung einer Strafe erschöpfen sich die hier interessierenden Auswirkungen des Wechsels in der Schwerpunktsetzung zwischen den beiden Elementen nicht. Das lässt sich an einer Frage verdeutlichen, die von *Peter Reichel* als das beherrschende Problem der Sechziger Jahre bezeichnet worden ist.[9] In dieser Zeit musste sich der Bundestag damit auseinandersetzen, ob die Verjährung für schwerste NS-Verbrechen verlängert oder eventuell auch ganz aufgehoben

---

7 Vgl. beispielsweise die Diskussion um die Wirkungen eines Schreibens des Führers im Rahmen der sog. Aktion T4, *Institut für Juristische Zeitgeschichte* (Hrsg.), „Euthanasie“ vor Gericht. Die Anklageschrift des Generalstaatsanwalts beim OLG Frankfurt/M. gegen Dr. Werner Heyde u.a. vom 22. Mai 1962 (2005), S. 401; *Große-Vehne*, Tötung auf Verlangen (§ 216 StGB), „Euthanasie“ und Sterbehilfe (2005), S. 126 ff. Nachweise zur allgemeinen Diskussion bei *Roxin*, Strafrecht AT 1, 4. Auflage (2006), 5/52 ff.; *Schünemann*, in: Frisch/Schmid (Hrsg.), Festschrift Bruns (1978), S. 225; *Vassalli*, Radbruchsche Formel und Strafrecht (2012), S. 51 ff.; *Stoll*, Die Herstellung der Wahrheit (2012), S. 88 ff.; *Vormbaum*, Die rechtliche Transformation Deutschlands nach dem Zweiten Weltkrieg, in: Muñoz-Conde/Vormbaum (Hrsg.), Transformation von Diktaturen in Demokratien und Aufarbeitung der Vergangenheit (2010), S. 189 ff. Vgl. auch *Jung*, Die Rechtsprobleme der Nürnberger Prozesse (1992), S. 150 ff.

8 Vgl. *Jung*, ebd., S. 170 ff. Zum Bestimmtheitsgebot im Völkerstrafrecht, *Werle*, Völkerstrafrecht. 3. Auflage (2012), S. 46 ff. m.w.N.

9 *Reichel*, Vergangenheitsbewältigung (2001), S. 183.

werden sollte.[10] Vor allem zu Anfang der Debatte wurde von den Kritikern einer derartigen Verlängerung die Unvereinbarkeit dieses Unterfangens mit rechtsstaatlichen Grundsätzen betont. Der Gesetzgeber verstoße gegen das Rückwirkungsverbot, wenn er die Verjährung kurz vor ihrem Ablauf noch verlängere.[11] Die Parlamentsmehrheit ließ sich davon nicht zurückhalten und sprach sich für eine Verlängerung aus, gerade weil sie der materiellen Gerechtigkeit angesichts des unendlichen Leids der Opfer des Nationalsozialismus zum Durchbruch verhelfen wollte. Das vor allem formal verstandene Rechtsinstitut der Verjährung sollte dem nicht entgegenstehen.[12]

Das Recht der Verjährung wurde als Beispiel ausgewählt, weil hier eine Besonderheit der Aufarbeitung der Vergangenheit nach 1945 deutlich wird – ähnliche Überlegungen ließen sich aber auch auf anderen Feldern der formellen Interpretation des Rechts anstellen, beispielsweise im Bereich der Teilnahmelehre, die nach 1945 eine ganz erhebliche Rolle spielte.[13]

---

10 Überblick bei *Zimmermann*, Strafrechtliche Vergangenheitsaufarbeitung und Verjährung (1997), S. 178 ff. sowie bei *Asholt*, Verjährung im Strafrecht. Zu den theoretischen, historischen und dogmatischen Grundlagen des Verhältnisses von Bestrafung und Zeit in §§ 78 ff. StGB [im Erscheinen], S. 51 ff., jeweils m.w.N.

11 Vgl. nur die Äußerungen von *Bucher* in der 117. Sitzung der 3. WP des Bundestages am 24. Mai 1960, BWP T-Prot. S. 6691 f.; ähnlich *Dehler*, in der 170. Sitzung der 4. WP des Bundestages am 10. März 1965, BT-Prot. S. 8541 ff.

12 Besonders deutlich in den Ausführungen von *Metzger* in der 117. Sitzung der 3. WP des Bundestages am 24. Mai 1960, BT-Prot. S. 6693; ähnlich *Benda*, in der 170. Sitzung der 4. WP des Bundestages am 10. März 1965, BT-Prot. S. 8521 ff. sowie *ders.*, Verjährung und Rechtsstaat (1965).

13 Überblick bei *Vormbaum*, Die „strafrechtliche Aufarbeitung" der nationalsozialistischen Justizverbrechen in der Nachkriegszeit, in: Görtemaker/Safferling (Hrsg.), Die Rosenburg. Das Bundesministerium der Justiz und die NS-Vergangenheit – eine Bestandsaufnahme (2013), S. 142 ff. (156 f.). Vgl. auch *Friedrich*, Die kalte Amnestie (1984), S. 219 ff., insb. S. 222; *Hanack*, Die Problematik einer gerechten Bestrafung nationalsozialistischer Gewaltverbrecher, JZ 1967, S. 329 ff.; *Just-Dahlmann/Just*, Die Gehilfen (1988); *Freudiger*, Die juristische Aufarbeitung von NS-Verbrechen (2002), S. 35 ff.; *Henkys*, Die nationalsozialistischen Gewaltverbrechen (1965), S. 229 ff.; *Baumann*, Die strafrechtliche Problematik der nationalsozialistischen Gewaltverbrechen, in: Henkys, ebd., S. 305 ff.; *Müller*, Furchtbare Juristen (1987), S. 250 ff.; *Rückerl*, NS-Verbrechen vor Gericht (1984), S. 274 ff.; *Rogall*, in: Festschrift BGH, Bd. 4 (2000), S. 396 ff.; *Roxin*, in: Laufhütte/Rissing-van Saan/Tiedemann (Hrsg.), Leipziger Kommentar zum Strafgesetzbuch, 11. Auflage (2003), § 25, Rn. 22, 51; *Weißer*, Täterschaft in Europa (2011), S. 31 f.

Betrachtet man die Entwicklung des Verjährungsrechts näher, so zeigt sich nahezu eine Ironie der Geschichte: NS-Vertreter und NS-Verfolger waren sich in der abstrakten Beurteilung dieses Rechtsinstituts einig. Der bloße Zeitablauf sollte dem Erreichen des jeweils für richtig gehaltenen Ergebnisses nicht im Wege stehen.[14] Die rückwirkende Verlängerung der Verjährungsfristen nach 1945 konnte unmittelbar an Überlegungen des Reichsgerichts anknüpfen, das sich diesem Problem bei der Anwendung der Verbrauchsregelungs-Strafverordnung in der Fassung von 1941 gegenübergesehen hatte.[15] In beiden Fällen waren zumindest große Teile der Verjährungsfrist zum Zeitpunkt der Entscheidung über die Verlängerung abgelaufen, so dass die Möglichkeit der Verfolgung an der Verjährung zu scheitern drohte.[16]

Die NS-Zeit hält insofern für das Strafrecht eine doppelte Lehre bereit. Sie zeigt nicht nur, dass eine bis dahin kaum vorstellbare Dimensionen des Unrechts Wirklichkeit werden kann – das muss im Zusammenhang mit den Nürnberger Prozessen nicht extra betont werden und die dortigen Verfolgungsbemühungen sollen hier auch nicht kritisiert werden. Die zweite Lehre, die man aus der NS-Zeit ziehen kann, bezieht sich auf eine Fragestellung zu einem zerbrechlicheren Aspekt des Strafrechts: Wenn die Verjährungsauffassung der Strafverfolger mit derjenigen der NS-Strafrechtler in einer engen Kontinuität steht, so weist das auf einen rechtsstaatlich sen-

---

14 Freisler empfand die Verjährung gar als „Schlag ins Gesicht, weil dieser Satz eine sittliche Unmöglichkeit darstellt", *Freisler*, in der 19. Sitzung der Strafrechtskommission am 3. März 1934, abgedruckt in: Schubert/Regge (Hrsg.), Quellen zur Reform des Straf- und Strafprozeßrechts, Abt. II, Bd. 2 (1989), Teil 1, S. 495. Zur Kontinuität des in dieser Äußerung enthaltenen Verjährungsverständnisses, *Asholt*, Verjährung im Strafrecht. Zu den theoretischen, historischen und dogmatischen Grundlagen des Verhältnisses von Bestrafung und Zeit in §§ 78 ff. StGB [im Erscheinen], S. 316 ff.

15 RGSt 76, S. 64 ff. und 76, S. 159 ff. Vgl. hierzu *Asholt*, Verjährung im Strafrecht. Zu den theoretischen, historischen und dogmatischen Grundlagen des Verhältnisses von Bestrafung und Zeit in §§ 78 ff. StGB [im Erscheinen], S. 308 ff. sowie *Lorenz*, Die Verjährung in der deutschen Strafgesetzgebung (1955), S. 21 ff.

16 Im Fall der Entscheidung des Reichsgerichts vom 21. Mai 1942 (RGSt 76, S. 159 ff.) – einer Entscheidung, in der das Gericht einem prozessualen Verständnis der Verjährung zum entscheidenden Durchbruch verholfen hat (a.a.O., S. 161) – sollte die Verlängerung der Verjährung sogar solche Fälle erfassen, in denen die Verjährungsfrist schon vor der Entscheidung über die Verlängerung abgelaufen war. Es ging insofern nicht nur um eine Verlängerung, sondern um einen Wiederbeginn der Verjährung.

siblen Bereich im Rahmen der Aufarbeitung des NS-Unrechts hin: Die Argumentation mit „bloß" formellen Schutzrechten des Einzelnen droht schnell angesichts der Größe des zu ahndenden Unrechts in den Hintergrund zu treten, wenn es gilt, Verbrechen gegen die Menschlichkeit, Kriegsverbrechen oder ähnliche Delikte zu verfolgen. Allerdings darf nicht vergessen werden, dass die Rechte eines Beschuldigten gegenüber dem strafverfolgenden Staat immer auch selbst eine Ausprägung eben derjenigen Menschenrechte darstellen, deren Bedeutung über die Strafverfolgung im Zusammenhang mit der Aufarbeitung eines Unrechtssystems hervorgehoben werden soll.[17] Die Tendenz, die formelle Seite der Gerechtigkeit in den Hintergrund zu schieben, steht insofern in einer verhängnisvollen Tradition, die durch die NS-Zeit hindurchreicht und sich schon im Rahmen der Vorbereitung der Leipziger Kriegsverbrecherprozesse nach dem Ersten Weltkrieg nachweisen lässt.[18]

Das Zurückdrängen formeller Argumente in der NS-Zeit sollte daher daran erinnern, wie zentral die Beachtung der Rechte jedes Einzelnen in einem staatlichen Verfahren immer sein muss. Und um einem naheliegenden Einwand vorzubeugen: die Missachtung der formellen Schutzerfordernisse ist keinesfalls auf das – mittlerweile wohl vor allem noch als Randerscheinung anerkannte[19] – Rechtsinstitut der Verjährung beschränkt. Die historische Kontinuität der Entwicklung des Strafrechts lässt sich in vielen weiteren Teilen des Strafrechts nachweisen und ist Teil seiner Materialisierung und Flexibilisierung im Zwanzigsten Jahrhundert.[20]

---

17 So schon *Asholt*, Verjährung im Strafrecht. Zu den theoretischen, historischen und dogmatischen Grundlagen des Verhältnisses von Bestrafung und Zeit in §§ 78 ff. StGB [im Erscheinen], S. 465.

18 Vgl. die Nachweise oben in Fn. 5.

19 Exemplarisch sei nur auf die jüngst intensiv geführte Debatte verwiesen, nach der das Ruhen der Verjährung gem. § 78b Abs. 1 Nr. 1 StGB bis zur Vollendung des 30. Lebensjahres des Opfers verlängert werden soll, vgl. den Gesetzgebungsvorschlag der Fraktionen von CDU/CSU und SPD, BT-Drs. 18/2601, S. 2 und S. 27 ff., vgl. auch allgemein, *Asholt*, Verjährung im Strafrecht. Zu den theoretischen, historischen und dogmatischen Grundlagen des Verhältnisses von Bestrafung und Zeit in §§ 78 ff. StGB [im Erscheinen], S. 694 ff. Die erneute Verlängerung der Verjährung wurde in der 67. Sitzung des Bundestages am 14. November 2014 verabschiedet, vgl. BT-Prot. S. 6351 (C).

20 Vgl. die Zusammenfassung bei *Vormbaum*, Strafrechtsgeschichte, 2. Auflage (2011), S. 275 ff., insb. S. 276, 281.

II. Das I.G. Farben-Urteil

Liest man vor diesem Hintergrund die Urteilsbegründung aus dem *I.G. Farben*-Prozess,[21] so zeigt sich eine erstaunliche Zurückhaltung der dortigen Richter. Natürlich konnten und wollten sie in den Bereichen der Gesetzlichkeit, der Bestimmtheit oder der rückwirkenden Geltung des Völkerrechts von der im Prozess gegen die Hauptkriegsverbrecher geprägten Auffassung nicht abweichen.[22] Dafür war das materielle Unrecht, mit dem sie sich konfrontiert sahen, zu groß. Die Zurückhaltung machte sich jedoch an einer anderen Stelle bemerkbar, die hier exemplarisch herausgegriffen werden soll.

Die Richter wendeten sich erkennbar gegen die in der Anklage deutlich werdenden Bestrebungen, individual- und verbandsstrafrechtliche Zurechnungsmuster zu verbinden. *Priemel* hat dargelegt, dass die Ankläger einen „*instiutional approach*", also ein teilweise gemischtes System von individueller und kollektiver Zurechnung verfolgten. Mit diesem versuchten sie an den Stellen, an denen die Beweisführung gegen einzelne Angeklagte Lücken aufwies, diese mit einer Betonung der strukturellen Zusammenhänge in den jeweiligen Unternehmen zu kompensieren.[23]

Auf diese Bestrebungen reagierten die Richter in der Urteilsbegründung mit großer Zurückhaltung.[24] Das zeigt sich schon im Bereich der Vereinigungstatbestände, in denen sie auch für den Angeklagten *Bütefisch* die Mitgliedschaft in einer verbrecherischen Vereinigung als nicht gegeben ansahen, obwohl er als (seinen Angaben nach allerdings inaktives) SS-Eh-

---

21 Zugänglich bei *Berndt* (Hrsg.), Das Urteil im I.G.-Farben-Prozeß (1948) und *Radandt* (Hrsg.), Fall 6, Ausgewählte Dokumente und Urteil des IG-Farben-Prozesses (1970).

22 Zu den Rechtsproblemen der Nürnberger Prozesse, vgl. *Jung*, Die Rechtsprobleme der Nürnberger Prozesse (1992), S. 137 ff.

23 „Die beschuldigten Unternehmer sollten als Einzelpersonen [...] angeklagt werden, zugleich aber als leitende Angetellte ihrer Unternehmen [...] und als Repräsentanten des dichten, semi-hoheitliche Kompetenzen ausübenden Geflechts deutscher Unternehmensvereinigungen", *Priemel*, Mehr Exempel als Modell. Die Nürnberger Prozesse gegen deutsche Industrielle und die Ursprünge des Wirtschaftsvölkerstrafrechts, in diesem Band, S. 25 ff.

24 Vgl. nur die Urteilsgründe bei *Berndt* (Hrsg.), Das Urteil im I.G.-Farben-Prozeß (1948), S. 54 und S. 94. Vgl. auch *Priemel*, Mehr Exempel als Modell. Die Nürnberger Prozesse gegen deutsche Industrielle und die Ursprünge des Wirtschaftsvölkerstrafrechts, in diesem Band, S. 25 ff.

renmitglied immerhin bis in den Rang eines Obersturmbannführers aufgestiegen war.[25]

Noch deutlicher wird die richterliche Position im Bereich der Anklagepunkte schwerster Menschenrechtsverletzungen, bei denen im Urteil stets der Nachweis der Tatbegehung jedes einzelnen Angeklagten in objektiver und subjektiver Hinsicht gefordert wurde. Den Richtern genügte es gerade nicht, die strafrechtliche Verantwortlichkeit eines Angeklagten aus der Tatsache abzuleiten, dass dieser im Vorstand der *I.G. Farben* für einen Geschäftsbereich Verantwortung getragen hatte, in dem Verbrechen begangen worden waren. Das Gericht forderte vielmehr, dass auch den gesellschaftsrechtlich Verantwortlichen die Kenntnis und Förderung der begangenen Taten nachgewiesen werden müsse.[26] Mit beeindruckender Sorgfalt konstatierten die Richter beispielsweise hinsichtlich der Kenntnis der Vorstandsmitglieder über die in den Abteilungen des Unternehmens begangenen Straftaten, dass zwar der dringende Verdacht bestehe, dass auf den Vorstandsversammlungen mehr Informationen übermittelt wurden, als es den fragmentarischen Protokollen zu entnehmen sei. Sie hoben dennoch hervor, dass ein derartiger Verdacht nicht an die Stelle eines Beweises treten dürfe und daher ohne einen derartigen Nachweis im Zweifel weiterhin von der Unkenntnis der Verantwortlichen auszugehen sei.[27] Gleiches gelte für die Kenntnis über die spätere Nutzung der Lieferungen

25 Urteil im I.G. Farben Prozess, abgedruckt bei *Berndt* (Hrsg.), Das Urteil im I.G.-Farben-Prozeß (1948), S. 146 f. Damit griffen die Richter des I.G. Farben Prozesses die zurückhaltende Interpretation auf, die schon im Prozess gegen die Hauptkriegsverbrecher geprägt worden war. Auch der Internationale Militärgerichtshof hatte betont, dass die Erklärung einer Organisation als verbrecherisch in einer Weise zu erfolgen habe, dass sichergestellt sei, dass Unschuldige nicht bestraft würden und betonte: „Membership alone is not enough to come within the scope of these declarations“, Trial of the Major War Criminals before the International Military Tribunal, Bd. 1, S. 256, abrufbar unter <www.loc.gov/rr/frd/Military_Law/NT_major-war-criminals.html>. Vgl. hierzu auch *Telford Taylor*, Final Report to the Secretary of the Army of the Nuernberg War Crimes Trials under Control Council Law No. 10 (1949), S. 70, abrufbar unter <www.loc.gov/rr/frd/Military_Law/NT_final-report.html>. Das Gericht im I.G. Farben Prozess lehnte es zudem ab, die Kenntnis der Verbrechen der SS angesichts ihres Ausmaßes den Angeklagten zu unterstellen und wandte sich damit gegen eine Forderung der Anklage, vgl. hierzu die Urteilsgründe bei *Berndt* (Hrsg.), a.a.O., S. 143.

26 Vgl. zur objektiven Seite beispielsweise die Urteilsgründe bei *Berndt*, a.a.O., S. 52 ff.; zur subjektiven Seite vgl. die folgende Fn.

27 Urteilsgründe bei *Berndt*, a.a.O., S. 94 (vgl. etwa auch ebd., S. 26, 31 ff.). Vgl. hierzu (mit einem Verweis auf das Sondervotum des Richters Herbert), *Jeßberger*,

des Gases Zyklon B an Konzentrationslager. Auch hier konnten die Richter – trotz des mit dem Gas angerichteten Unrechts – nicht ausschließen, dass die Angeklagten die Bestellungen auf den „normalen" Bedarf eines unter sehr schlechten Hygienebedingungen geführten Lagers zurückführten und daher keine Kenntnis von dem organsierten Massenmord hatten.[28]

III. Tauglichkeit als Modell?

Wenn es also um die Tauglichkeit der Nürnberger Prozesse als Modell für ein zukünftiges Wirtschaftsvölkerstrafrecht geht (soweit eine derartige Modellvorstellung überhaupt begründet werden kann),[29] so enthalten sie nicht nur die Lehre, dass auch ein Individuum, das zumindest ein Stück weit außerhalb der staatlichen Sphäre tätig ist,[30] ein tauglicher Adressat des Völkerstrafrechts sein kann.[31]

An ihnen kann man zugleich erkennen, dass trotz der immensen Größe des damals zu beurteilenden Unrechts die formelle Seite der Gerechtigkeit von den Richtern nicht vergessen wurde. Sie sprachen sich mit einer erstaunlichen Klarheit für die Notwendigkeit einer individuellen Zurechnung des Unrechts und eines eindeutigen Nachweises gegen jeden einzelnen Angeklagten aus.[32]

Die I.G. Farben vor Gericht: Von den Ursprüngen eines „Wirtschaftvölkersstrafrechts", JZ 2009, S. 924 ff. (929).

28 Urteilsgründe bei *Berndt*, a.a.O., S. 109.

29 Vgl. die einschränkenden Bemerkungen von *Priemel*, Mehr Exempel als Modell. Die Nürnberger Prozesse gegen deutsche Industrielle und die Ursprünge des Wirtschaftsvölkerstrafrechts, in diesem Band, S. 25 ff.

30 Die Frage, ob das I.G. Farben Verfahren hingegen als Ursprung einer Anwendung der Grundsätze des Völkerstrafrechts auch auf Private gesehen werden kann [in diese Richtung, *Naucke*, Der Begriff der politischen Wirtschaftsstraftat – Eine Annäherung (2012), S. 13 ff.], kann insofern nur eingeschränkt beantwortet werden, als die Verwicklungen zwischen Wirtschaft und NS-Staat eine klare Trennung der beiden Bereiche gerade nicht zulassen, vgl. hierzu näher *Priemel*, Mehr Exempel als Modell. Die Nürnberger Prozesse gegen deutsche Industrielle und die Ursprünge des Wirtschaftsvölkerstrafrechts, in diesem Band, S. 25 ff.

31 Vgl. dazu *Jung*, Die Rechtsprobleme der Nürnberger Prozesse (1992), S. 170 ff.

32 An dieser Stelle soll es daher nicht darum gehen, ob die Verneinung vorsätzlichen Handelns durch das Gericht im konkreten Fall überzeugend begründet wurde [vgl. hierzu die Kritik von *Jeßberger*, Die I.G. Farben vor Gericht: Von den Ursprüngen eines „Wirtschaftvölkersstrafrechts", JZ 2009, S. 924 ff. (929)]. Es ist zudem auch nicht eine (ohnehin nur selten mögliche) Kritik der einzelnen Feststellungen des

Kommt man in diesem Zusammenhang auf das eingangs erwogene Bild des Strafrechts als Grammatik der möglichen Narrative eines Strafverfahrens zurück, so zeigt sich, dass die kritische Position der Nürnberger Richter auch[33] auf die Zwänge eines am individuellen Schuldnachweis festhaltenden Strafrechts zurückzuführen ist, das eine zu große Lockerung der Zurechnung ebenso ablehnt, wie verbandsstrafrechtliche Elemente.[34] Das bedeutet nicht, dass ein so verstandenes Strafrecht dem Glauben anhängen muss, ein von historischen Einflüssen reines Strafverfahren durchführen zu können. Vielmehr folgt daraus, dass ein restriktiv verstandenes Strafrecht historischen Narrativen im Strafprozess nicht unbegrenzt den ihnen angemessenen Stellenwert einräumen kann, weil es komplexere Einflüsse in seinen Zurechnungsregeln nicht abbilden kann. Ein restriktives Ver-

---

umfangreichen Urteils intendiert. Im Vordergrund sollen die abstrakten Maßstäbe stehen, die das Gericht an die subjektive Seite der Strafbarkeit anlegte.

33 Die historische Interpretation hinsichtlich der konkurrierenden Darstellungen der Elitenverschwörung und der „wider Willen verstrickten Akteure[...]“ von Seiten der Anklage und der Verteidigung bei *Priemel*, Mehr Exempel als Modell. Die Nürnberger Prozesse gegen deutsche Industrielle und die Ursprünge des Wirtschaftsvölkerstrafrechts, in diesem Band, S. 25 ff., soll mit dieser Überlegung keinesfalls bestritten, sondern nur ergänzt werden. Insofern soll es hier nicht um die konkrete Motivation gehen, die die Richter zu ihrer Entscheidung bewogen hat, sondern um die rechtlichen Maßstäbe, die bei dieser Entscheidung Auswirkungen hatten (bzw. haben konnten).

34 Hierzu sind zwei Anmerkungen nötig. Wie in den vorstehenden Fußnoten schon betont wurde, ist hier keine konkrete Motivforschung hinsichtlich der Gründe der einzelnen Richter für das Urteil geplant oder möglich – eine solche dürfte schon durch die Herkunft der Richter aus dem anglo-amerikanischen Rechtsraum erheblich erschwert sein. Es geht nicht um die Gründe dafür, warum die Richter einen konkreten Schuldnachweis für erforderlich hielten, sondern um die Tatsache, dass sie sich dem „*institutional approach*“ der Ankläger weitgehend verschlossen und damit die strafrechtliche Verantwortlichkeit weitgehend an der Schuld des Einzelnen ausrichteten. Außerdem ist einschränkend darauf hinzuweisen, dass sich die Nürnberger Richter (zumindest aus theoretischer Sicht) in einer „komfortablen“ Situation sahen, da sie mehr als genug schwerstes (und persönlich zurechenbares) Unrecht zur Auswahl hatten, so dass die Nichtanwendung des „insitutional approaches“ der Anklage nicht zu einem Freispruch für alle Angeklagten führen musste.
Zu den Gründen für die Entscheidung gegen eine Anerkennung einer Verbandsverantwortlichkeit in den Nürnberger Nachfolgeverfahren, vgl. auch *Priemel*, Mehr Exempel als Modell. Die Nürnberger Prozesse gegen deutsche Industrielle und die Ursprünge des Wirtschaftsvölkerstrafrechts, in diesem Band, S. 25 ff. und *Meyer*, Verbandsverantwortung im Völkerstrafrecht, ZStW 126 (2014), S. 122 ff.

ständnis des Strafrechts schließt komplexere Narrative, die den Einzelnen in ein System einordnen, aus dem Bereich der tauglichen Begründungen einer Strafe aus, weil es sonst in Widerspruch mit einem strikten Verständnis des Schuldgrundsatzes geraten könnte.[35] Hier unterscheiden sich die möglichen Vergangenheitsinterpretationen eines Historikers und eines Richters deutlich. Dass es allerdings die richterliche Perspektive sein muss, die die richtige oder auch nur die dominante Rolle bei der Aufarbeitung der Vergangenheit innehaben sollte, ist damit nicht gesagt.

Will man komplexere Erzählungen im Strafrecht angemessen abbilden, so wird es notwendig, die Grammatik zu ändern, also die Regeln für die Zurechnung oder den Schuldnachweis ein Stück weit zu lockern. Hätten die Nürnberger Richter ihren rechtlichen Standpunkt aufgegeben und sich verbandsstrafrechtlichen Konzepten zugewandt, hätten sie ihr Urteil für eine kriminelle Atmosphäre in den jeweiligen Firmen öffnen können.[36]

---

35 Vgl. in diesem Zusammenhang die Debatte um die Legitimität eines Verbandsstrafrechts, jüngst *Böse*, Strafbarkeit juristischer Personen – Selbstverständlichkeit oder Paradigmenwechsel im Strafrecht, ZStW 126 (2014), S. 132 ff.; *Haubner*, Der Gesetzesentwurf Nordrhein-Westfalens zur Einführung eines Unternehmensstrafrechts, DB 2014, S. 1358 ff.; *Hein*, Verbandsstrafgesetzbuch (VerbStrG-E): Bietet der Entwurf Anreize zur Vermeidung von Wirtschaftskriminalität in Unternehmen, CCZ 2014, S. 75 ff.; *Hoven*, Der nordrhein-westfälische Entwurf eines Verbandsstrafgesetzbuchs – Eine kritische Betrachtung von Begründungsmodell und Vorraussetzungen der Straftatbestände, ZIS 2014, S. 19 ff.; *Kubiciel*, Verbandsstafe – Verfassungskonformität und Systemkompatibilität, ZRP 2014, S. 133 ff.; *Kutschaty*, Deutschland braucht ein Unternehmsstrafrecht, ZRP 2013, S. 74 ff.; *Löffelmann*, Der Entwurf eines Gesetzes zur Einführung einer strafrechlichen Verantwortlichkeit von Unternehmen und sonstigen Verbänden, JR 2014, S. 185 ff.; *Rönnau/Wegner*, Reform des Rechts der Verbandssanktionen – europäische und internationale Vorgaben, ZRP 2014, S. 158 ff.; *Schmitt-Leonardy*, Wirtschaftskriminalität? – Verbandsstrafrecht! Eckpunkte einer erneut angestoßenen Diskussion, jM 2014, S. 257 ff.; *Schünemann*, Die aktuelle Forderung eines Verbandsstrafrechts – Ein kriminalpolitischer Zombie, ZIS 2014, S. 1 ff.; *Wessing*, Braucht Deutschland ein Unternehmensstrafrecht?, ZWH 2012, S. 301 ff.; Überblick bei *Schmitt-Leonardy*, Unternehmenskriminalität ohne Strafrecht (2013), S. 340 ff., vgl. auch *Bundesjustizministerium*, in: Hettinger (Hrsg.), Reform des Sanktionenrechts, Band 3: Verbandsstrafe (2002), S. 185 ff. und S. 202 ff. Zur „Verbandsverantwortung im Völkerstrafrecht“, *Meyer*, Verbandsverantwortung im Völkerstrafrecht, ZStW 126 (2014), S. 122 ff.

36 Vgl. in diesem Zusammenhang die Bemerkung des Generalanwalts im Verfahren gegen den Prokuristen der Tesch GmbH vor einem britischen Militärgericht: „in Tesch's case, the real strength of their case is not the individual direct evidence, but the general atmosphere and conditions of the firm itself“, Law Reports of Tri-

Dies erfordert jedoch einen anderen Zugang zum Strafrecht. Dass allerdings für derartige Überlegungen eine Entscheidung für ein reines Verbandsmodell nicht erforderlich ist und derzeit durchaus eine gewisse Änderung der strafrechtlichen Grammatik erwogen wird, zeigt die jüngere Entwicklung der strafrechtlichen Debatte zum geltenden Recht, die hier nur angedeutet werden kann.[37] Verwiesen sei nur auf die Übertragung der Konzeption der „Täter hinter den Tätern" von der staatlich privilegierten Kriminalität auf die Wirtschaftskriminalität,[38] auf die Ausweitung der Haftung der Mitglieder eines Gremiums im Zuge der Lederspray-Entscheidung[39] oder auf die Erweiterung der Haftung eines Unternehmers für Taten seiner Angestellten über eine weite Interpretation seiner Garantenstellung.[40] Stets nähert sich die individualstrafrechtliche Zurechnung ein

---

als of War Criminals, Bd. 1, S. 102, abrufbar unter <www.loc.gov/rr/frd/Military_Law/law-reports-trials-war-criminals.html> und hierzu *Priemel*, Mehr Exempel als Modell. Die Nürnberger Prozesse gegen deutsche Industrielle und die Ursprünge des Wirtschaftsvölkerstrafrechts, in diesem Band, S. 25 ff., S,48, Fn. 75, bei dem dieses Zitat zu finden ist.

37 Näher *Asholt*, Die Akteneinsicht gem. § 406e StPO zwecks Vorbereitung einer Zivilklage gegen eine juristische Person, ZStW 126 (2014), S. 925 ff. (933 ff., 941 ff.), m.w.N.

38 BGHSt 40, S. 218 ff. (236 f.); BGHSt 45, S. 270 ff. (296); BGHSt 48, S. 331 ff. (342); BGHSt 49, S. 147 ff. (163). Vgl. hierzu *Schild*, in: Kindhäuser/Neumann/Paeffgen (Hrsg.), Nomos-Kommentar zurm Strafgesetzbuch, 4. Auflage (2013), § 25, Rn. 38 ff.; *Joecks*, in: ders./ Miebach (Hrsg.), Münchener Kommentar zum Strafgesetzbuch, 2. Auflage (2011), § 25, Rn. 132 ff.; *Murmann*, in: Satzger/Schmitt/Widmayer, Kommentar zum Strafgesetzbuch, 2. Auflage (2014), § 25, Rn. 25 ff.; *Roxin*, Organisationsherrschaft und Tatentschlossenheit, ZIS 2006, 293 ff.; *Rotsch*, Neues zur Organisationsherrschaft, NStZ 2005, S. 13 ff., jeweils m.w.N.

39 BGHSt 37, S. 106 ff.; weitergehend OLG Stuttgart, NStZ 1981, S. 27 ff. (28). Hinsichtlich der Wirkungen von Enthaltungen, vgl. BGH, NJW 2006, S. 522 ff. (527) sowie zu Entscheidungen über eine Kreditvergabe BGHSt 46, S. 30 ff. (35). Vgl. auch *Momsen*, in: ders./Grützner (Hrsg.), Wirtschaftsstrafrecht (2013), S. 70 ff.; *Raum*, in: Wabnitz/Janovsky (Hrsg.), Handbuch des Wirtschafts- und Steuerstrafrechts, 3. Auflge (2007), Kap. 4, Rn. 29 ff.; *Heine/Weißer*, in: Schönke/Schröder, 29. Auflage (2014), § 25, Rn. 77 ff. jeweils m.w.N. Vgl. zur Ablehnung der „summarische[n] Haftung kollegialer Gremien" im I.G. Farben-Prozess auch *Priemel*, Mehr Exempel als Modell. Die Nürnberger Prozesse gegen deutsche Industrielle und die Ursprünge des Wirtschaftsvölkerstrafrechts, in diesem Band, S. 25 ff.

40 BGHSt 57, S. 42 ff. (45 f.) sowie BGHSt 54, S. 44 ff. Vgl. hierzu *Roxin*, Strafrecht AT II (2003), § 32, Rn. 134 ff.; *Hoyer*, in: Wolter (Hrsg.), Systematischer Kommentar zum Strafgesetzbuch, 119. Lfg. (2009), § 13, Rn. 32 ff.; *Weigend*, in: Lauf-

Stück weit den verbandsstrafrechtlichen Konzepten an. Eine mögliche Verbindung zum Nürnberger Verfahren wird deutlich, wenn man diese Diskussionen als eine Variante des *„institutional approach"* der Nürnberger Ankläger in der gegenwärtigen Diskussion in Strafrechtswissenschaft und Rechtsprechung betrachtet.[41]

Selbstverständlich würde eine eingehende Analyse der gegenwärtigen dogmatischen Entwicklungen im Wirtschaftsstrafrecht mehr Raum erfordern, als in einem Beitrag zu den Nürnberger Prozessen zur Verfügung steht. Der Blick auf die jüngere Entwicklung des Strafrechts sollte daher lediglich daran erinnern, dass die Nachfolgeprozesse gegen Industrielle nicht nur als „Wiege" eines Wirtschaftsvölkerstrafrechts aufgefasst werden können,[42] sondern auch als Hinweis auf die Grenzen der staatlichen Strafmacht. Bei allem Verständnis für den Bedarf an einer weiterreichenden Anerkennung der im Bereich des Wirtschaftsvölkerstrafrechts erfassbaren Formen des Unrechts durch das Strafrecht[43] ist zu konstatieren, dass

---

hütte/Rissing-van Saan/Tiedemann (Hrsg.), Leipziger Kommentar zum Strafgesetzbuch, 12. Auflage (2007), § 13, Rn. 55 f.; *Kudlich*, in: Satzger/Schmitt/Widmayer, Kommentar zum Strafgesetzbuch, 2. Auflage (2014), § 13, Rn. 29a f.; *Rotsch*, in: Achenbach/Ransiek (Hrsg.), Handbuch Wirtschaftsstrafrecht, 3. Auflage (2012), S. 61 ff. jeweils m.w.N.

41 Vgl. auch *Asholt*, Die Akteneinsicht gem. § 406e StPO zwecks Vorbereitung einer Zivilklage gegen eine juristische Person, ZStW 126 (2014), S. 925 ff. (933 ff.). Vgl. auch die Kritik bei *Naucke*, Die robuste Tradition des Sicherheitsstrafrechts, KritV 2010, S. 129 ff. (133 f.). Zu den zudem erkennbaren Versuchen der Schaffung einer „Sonderdogmatik" im Wirtschaftsstrafrecht *Kubiciel*, Die Finanzmarktkrise zwischen Wirtschaftsstrafrecht und politischem Strafrecht, ZIS 2013, S. 53 ff. (55 ff.) m.w.N. und Verweis auf *Rotsch*, Der ökonomische Täterbegriff, ZIS 2007, S. 260 ff. (263) und *Prittwitz*, Sonderstrafrecht Wirtschaftsstrafrecht?, ZIS 2012, S. 217 ff.

42 Wobei auf der Tagung in Berlin eine rege Diskussion stattfand, ob es sich eher um eine Geburtsstunde, eine „Keimzelle" oder etwas anderes handelte. Allerdings sollte – bleibt man bei dem Bild der Geburtsstunde – nicht vergessen werden, dass auch der Geburt eine Phase vorangeht. In die Analyse einbezogen werden müssen insofern nicht nur die Leipziger Kriegsverbrecherprozesse (vgl. dazu oben Fn. 5), sondern vor allem auch die Wirtschaftsstrafverfahren gegen Krupp und Röchling nach dem Ersten Weltkrieg, die sich z.T. durch eine Personenidentität zu der Aufarbeitung nach dem Zweiten Weltkrieg auszeichneten, vgl. die Nachweise bei *Priemel*, Mehr Exempel als Modell. Die Nürnberger Prozesse gegen deutsche Industrielle und die Ursprünge des Wirtschaftsvölkerstrafrechts, in diesem Band, S 25 ff.

43 Vgl. nur die jüngst erschienene Aufforderung von *Naucke*, Der Begriff der politischen Wirtschaftsstraftat – Eine Annäherung (2012).

sich auch auf diesen Feldern nicht allein die materielle Seite der Gerechtigkeit durchsetzen sollte, während die Einwände der formell verstandenen Gerechtigkeit weiter in den Hintergrund rücken. Hier zeigen die Nürnberger Nachfolgeverfahren gegen Industrielle, dass auch angesichts schwersten Unrechts die formelle Seite der Gerechtigkeit und ein insoweit restriktiv verstandenes Strafrecht Anerkennung verdienen.

Diskussionsbericht

Janosch Kuner

Der Einstieg in die Diskussion erfolgte durch die von Professor *Jochen Bung* an Dr. *Kim Priemel* gerichtete Bitte, die britische Skepsis in Bezug auf die Strafverfolgung Industrieller nach dem Zweiten Weltkrieg näher zu erläutern. *Priemel* legte dar, dass aus britischer Perspektive Abgrenzungsschwierigkeiten bei der juristischen Bewertung der Tätigkeit deutscher auf der einen und britischer Industrieller auf der anderen Seite bestanden. Aus britischer Sicht sei die Lieferung von Waffen durch den *Krupp*-Konzern an das NS-Regime nicht substanziell zu unterscheiden von der Waffenproduktion durch britische Unternehmen. Dem habe die US-amerikanische Auffassung entgegengestanden, wonach der maßgebliche Unterschied gerade darin bestehe, ob Waffen für einen „guten" oder einen „falschen" Krieg produziert würden. *Bungs* Nachfrage, ob sich hier die bereits im Vortrag *Priemels* beschriebene Neutralisierungstechnik des Totalitarismusarguments widerspiegele, bejahte *Priemel* im Kern.

Professor *Florian Jeßberger* griff die Kernüberlegung *Priemels* auf, ob die Nürnberger Nachfolgeprozesse als Modell taugen und stellte insbesondere noch einmal deren Orientierungsfunktion in den Fokus der Debatte. *Priemel* habe aus Sicht *Jeßbergers* die Nürnberger Nachfolgeprozesse stark in den Kontext von Transitional Justice gestellt.

Konkret bezugnehmend auf die Situation im Kongo, wollte *Jeßberger* wissen, ob bei einem weitgefassten Begriff von Transitional Justice die Nürnberger Nachfolgeprozesse nicht doch durchaus Modellcharakter aufwiesen. Priemel entgegenete, das Kongo-Beispiel würde er eher im Menschenrechtsdiskurs verorten, nicht aber mit der Idee der Umwandlung eines konkreten Staates verbinden. Die Nürnberger Prozesse seien sehr spezifisch gewesen und hätten eine konkrete Funktion erfüllt. Sie erfolgten in einem Besatzungszustand und ihnen lag die Idee zugrunde, einen Staat umzubauen. Würden entsprechende Strafverfahren etwa im Irak oder in Afghanistan erfolgen, sei der Modellcharakter eher gegeben. *Priemel* empfahl, strikter zu differenzieren.

Professor *Klaus Marxen* begrüßte zunächst *Priemels* Herangehensweise, auch Ereignisse vor 1945 – namentlich die Strafprozesse gegen Industrielle nach dem Ersten Weltkrieg – in den Blick zu nehmen. Im Anschluss griff *Marxen* die in der Einladung zum Symposium und im Vortrag *Priemels* verwendeten Begrifflichkeiten für die Nürnberger Prozesse im diskutierten Kontext auf. Gegen die Bezeichnung „Präzedenz" spreche, dass sie terminologisch bereits eindeutig dem angloamerikanischen Rechtssystem zugeordnet sei. Den Begriff „Modell" hielt *Marxen* aufgrund des heute großen zeitlichen Abstandes zu den Nürnberger Prozessen für ebenfalls nicht passend. Demgegenüber schlug er Begrifflichkeiten wie „Keimzelle" oder „Fundus" vor. Die von *Priemel* aufgeworfene Frage, ob auch die Materialien der Nürnberger Ankläger juristisch die Funktion von „Präzedenzen" hätten, verneint *Marxen*, verwertbar seien sie lediglich als Belege für ein neues juristisches Denken. Die von Professor *Martin Asholt* gebrauchte begriffliche Unterscheidung zwischen formeller und materieller Gerechtigkeit hielt *Marxen* im speziellen Kontext der Nürnberger Nachfolgeprozesse für nicht ganz einleuchtend. Die Richter im *I.G. Farben* Prozess hätten sich wie im Gerichtsverfahren üblich, mit den Handlungen konkreter Personen befassen müssen. Es sei schlicht um die korrekte Handhabung dessen gegangen, was im Strafprozess geschehen müsse. Im Vordergrund habe das Erfordernis eindeutiger Beweisfeststellungen gestanden, das habe nichts mit der Frage der Lockerung der Zurechnungsformen zu tun. *Asholts* Schlussfolgerung, im *I.G. Farben* Prozess sei es um die Begrenzung materieller Gerechtigkeit durch Aufrechterhaltung formeller Gerechtigkeit gegangen, teilte *Marxen* aus diesem Grunde nicht. Schließlich hielt *Marxen* moderne Begrifflichkeiten wie „Erzählung" oder „Narrativ" zur Benennung der im Strafverfahren getroffenen Feststellungen für tendenziell verharmlosend. Das darin enthaltende Element der Beliebigkeit verdecke die harten Folgen, die Strafverfahren für davon betroffene Personen haben könnten.

Zu diesem letzten Punkt erwiderte *Priemel*, aus Historikersicht wären Erzählungen niemals folgenlos, insofern existiere wohl eine unterschiedliche Begriffsverwendung in den verschiedenen Disziplinen. Erzählungen konstituierten Realität.

Asholt hielt die Begrifflichkeit der „Erzählung" ebenfalls weiterhin für passend; auch aus einer richterlichen Perspektive kämen die Beteiligten nicht aus ihrer jeweiligen Erzählung heraus. Ein Zurückfallen in einen „Zustand der Unschuld", in welchem man glaubt, allein strafprozessual Beweismittel zu bewerten, sei schlicht nicht möglich. Bezugnehmend auf *Marxens* Kritik räumte *Asholt* ein, dass er den Begriff der formellen Gerechtigkeit zwar gedehnt habe. Trotzdem hielt er an seiner Ansicht fest, die Richter im *I.G. Farben* Prozess hätten nicht bloß ordnungsgemäße Beweiswürdigung betrieben, sondern klar gegen das Vorgehen der Anklagebehörde, Konzernverantwortliche über neuartige Zurechnungskonzepte strafjuristisch zur Verantwortung zu ziehen, Stellung bezogen. Insbesondere hätten die Richter sich dem Versuch der Anklage entgegengestellt, Lücken in der individuellen Zurechenbarkeit mit verbandsstrafrechtlichen Elementen zu füllen. Am deutlichsten zeige sich dies in den Urteilspassagen zu den Organisationsdelikten. *Asholt* zog an dieser Stelle eine Parallele zu gegenwärtigen Entwicklungstendenzen in der Dogmatik des Wirtschaftsstrafrechts, welche auf eine Lockerung der hergebrachten Zurechnungsregeln hinausliefen. Die Richter im *I.G. Farben* Prozess hätten demgegenüber ein klares Signal gegen Veränderungen traditioneller Zurechnungskriterien gesetzt.

Hannah Franzki griff die von *Priemel* vorgenommene Kontextualisierung der Nürnberger Prozesse in den Gründungsprozess einer bestimmten Politik- und Wirtschaftsordnung auf. Daran anknüpfend nahm *Franzki* auf *Foucaults* Verständnis vom Ordoliberalismus der frühen Nachkriegsjahre Bezug. An *Priemel* richtete sie die Frage, inwiefern es Parallelen und Überschneidungen in den verschiedenen Debattensträngen gegeben habe. *Priemel* konstatierte, dass Diskussionen und Begriffsverwendungen bis etwa 1945 parallel verliefen, im Anschluss, auch aufgrund einer ordoliberalen Kritik an Nürnberg, eine Abspaltung erfolgte.

Professorin *Petra Wittig* nahm auf *Asholts* Kritik an gegenwärtigen Tendenzen der Erweiterung von Zurechnungskriterien im Wirtschaftsstrafrecht Bezug. Die Erweiterung etwa im Bereich der Geschäftsherrenhaftung würde von den meisten Wirtschaftsstrafrechtswissenschaftlern nicht als Sonderdogmatik wahrgenommen, oder jedenfalls nicht als eine solche bezeichnet. Eher gehe es den Beteiligten wohl um den Versuch einer Rettung und Fortentwicklung der Dogmatik individueller Zurechnung.

Asholt konkretisierte seine Kritik unter Rückgriff auf das schon von der Erstausgabe des *Hobbes*'schen Leviathans bekannten Titelbildes. Durch verbandsstrafrechtliche Elemente im Strafrecht würde zunehmend eine Nachkonstruktion einer juristischen Person über die Gestaltung der strafrechtlichen Zurechnung gegenüber (vielen) Einzelnen vorgenommen. An dieser Entwicklung der Dogmatik setze seine Kritik an. *Wittig* betonte noch einmal, dass es um eine Fortentwicklung und Rettung bestehender Strafrechtsdogmatik gehe. Verbandstrafbarkeit sei ein hiervon abzugrenzendes Thema, nach der derzeitigen deutschen Rechtslage könne der Verband lediglich einer Ahndung nach dem Ordnungswidrigkeitenrecht (§ 30 OWiG) unterworfen werden.

Bung hob die von *Marxen* angesprochene Notwendigkeit der Verständigung über Begriffe noch einmal besonders hervor. Die Nürnberger Prozesse mit *Marxen* als „Keimzelle" zu betrachten, erschien *Bung* hingegen ambivalent, da dies auf ein organisches Entwicklungsmodell schließen ließe. Die Bezeichnung „Keimzelle" lege nahe, das alles weitere bereits darin beschlossen sei. Im Verhältnis der Nürnberger Prozesse zu beispielsweise *Mannesmann* sei diese Sichtweise aber sehr zweifelhaft. Jedenfalls müsse mit der Begriffswahl sorgfältig umgegangen werden, da die Auswahl der Begriffe den Gegenstand konstituiere.

Die Begriffsdebatte aufgreifend erblickte *Priemel* in den Nürnberger Prozessen zunächst erstmal ein „Exempel". Zu klären sei, was aus diesem Exempel abgeleitet werden könne. Die von *Naucke* angenommene Verbindung zwischen Nürnberg und Mannesmann sei – jedenfalls aus der Perspektive des Historikers – überhaupt nicht erkennbar.

Professorin *Ingeborg Zerbes* ging anschließend näher auf die Zurechnungsproblematik im Wirtschaftsstrafrecht ein. Insbesondere setzte sie sich mit der Frage auseinander, inwiefern durch die Strafrechtswissenschaft im Zuge der jüngeren Rechtsentwicklung eine Erweiterung oder eine Rettung der individuellen Zurechenbarkeit erreicht werde. Nach *Wittigs* Auffassung müsse das Strafrecht an die zunächst außerstrafrechtlich zu bestimmenden unternehmerischen Pflichtverletzungen anknüpfen. Das Strafrecht selbst könne aber keine originären Pflichten schaffen. Vorrangig gehe es daher um eine Erweiterung des außerstrafrechtlichen „Pflichtenhefts" von Konzernverantwortlichen. Die Bezeichnung „Narrativ" erachtete *Zerbes* – im Gegensatz zu *Marxen* – als für den Strafprozess nicht verharmlosend; der Begriff sei insoweit treffend, als im Gerichtsprozess Wahrheit eben nicht festgestellt, sondern geschaffen werde.

Rechtsanwalt Dr. *Bernd Wagner* nahm aus Strafverteidigerperspektive auf die von *Priemel* beschriebenen Zurechnungsmodelle der Nürnberger Anklagebehörde Bezug. Die in *Priemels* Vortrag beschriebene Vorgehensweise der Anklagebehörde, mittels eines „institutionellen Ansatzes" Unternehmer zugleich als Individuen, als Unternehmensverantwortliche sowie als Verbandsfunktionäre anzuklagen, erachtete *Wagner* als ein dem Grunde nach abschreckendes Modell für einen Strafprozess. Die Anwendung gleich dreier Zurechnungsmodelle auf ein soziales Verhalten sei in einem rechtsstaatlichen Strafrecht sehr bedenklich. Vielmehr sei zunächst überhaupt ersteinmal zu klären, woher die jeweiligen Verhaltensmaßstäbe für unternehmerisches Verhalten zu ziehen sind.

Die Diskussion abschließend fasste *Jeßberger* noch einmal einige Kernthemen der Debatte zusammen. Es habe sich gezeigt, dass es weiter Bedarf zur Auseinandersetzung mit spezifisch juristischen Fragen, insbesondere solchen der Zurechnung, gebe. In dieser Hinsicht hätten sich die Nürnberger Industriellenprozesse freilich als wenig ertragreich erwiesen. Anderes gälte im Blick auf die völkerstrafrechtspolitische Relevanz der Prozesse, die unzweifelhaft nach wie vor gegeben sei.

Die Praxis seit 1945: Völkerstraftaten und Unternehmensverantwortung

Die Verantwortung von Unternehmen und Unternehmern für Völkerrechtsverbrechen – die Entwicklung seit den Nürnberger Prozessen

Wolfgang Kaleck[1]

I. Die Entwicklung nach Nürnberg – ein Überblick

Das ungerechte Weltwirtschaftssystem, die ungleiche Verteilung von Wirtschaftsgütern und der fehlende Zugang eines großen Teils der Weltbevölkerung zu lebensnotwendigen Gütern wie Nahrung, Wasser, gesundheitlicher Versorgung und Behausung zeitigen fatale Folgen für die Betroffenen wie für das globale Zusammenleben. Davon zeugen unter anderem die multiplen globalen Krisen – die Dauerkrise des globalen Finanzsystems, die fortschreitende Zerstörung der natürlichen Lebensgrundlagen und die Ausbeutung fossiler Rohstoffe, der Klimawandel, permanente Ernährungskrisen und andere. Die zunehmende Globalisierung und Digitalisierung sowie die wachsende Macht transnationaler Akteure wie Unternehmen und Banken machen eine politische wie rechtliche Steuerung dieser Prozesse schwierig.

Dass viele Völkerstraftaten auch wirtschaftliche Ursachen haben, steht außer Frage: So ging es bei den Verbrechen der lateinamerikanischen Militärdiktaturen in Chile und Argentinien maßgeblich um die Disziplinierung der organisierten Arbeiterschaft; in Kolumbien, im Kongo und anderswo streiten staatliche und nicht-staatliche militärische und politische Akteure gewaltförmig um Land und um natürliche Ressourcen, eine entscheidende Ursache für die dort begangenen Verbrechen gegen die Menschlichkeit. Um die Begehung von Massengewalt zu verstehen und diese künftig einzudämmen (*non-repetition*), sollte man mithin die ihr zugrundeliegenden sozio-ökonomischen Konflikte analysieren, da Völkerstraftaten in den seltensten Fällen eine sinnentleerte, abstrakte Form von Gewalt darstellen. Wer es ernst meint mit der Aufklärung solcher Ge-

1 Der Verfasser dankt seinen KollegInnen Lisa Bausch und Simon Rau für deren Mitarbeit an diesem Artikel sowie Dr. Miriam Saage-Maaß für Ihre Kommentierung.

schehnisse, muss daher auch wirtschaftliche Akteure ins Visier nehmen. Gegenstand dieses Beitrags ist die Betrachtung von völkerrechtlichen Entwicklungen im Bereich der Unternehmens- und Unternehmerverantwortung für Völkerstraftaten sowie der auf nationaler Ebene stattfindenden rechtlichen Sanktionierung der Beteiligung von Unternehmen an derartigen Verbrechen. Es wird dabei nicht verkannt, dass die Wirkungsmacht von Recht angesichts scheinbar übermächtiger ökonomischer und politischer Logiken und deren einflussreicher Hauptakteure beschränkt ist. Unser Thema müsste daher transdisziplinär angegangen werden. Doch zu einer solchen umfassenden Auseinandersetzung leistet das Völkerstrafrecht aus seiner spezifischen Perspektive bisher nur einen begrenzten Beitrag. Denn ein Wirtschaftsvölkerstrafrecht ist allenfalls im Entstehen. Das Feld ist weder dogmatisch voll noch rechtssoziologisch und kriminologisch ansatzweise erfasst.

Gegenstand der hier angestellten Betrachtungen sind die bisherigen rechtlichen Reaktionen auf einen kleinen Ausschnitt nationaler und transnationaler wirtschaftlicher Aktivitäten, nämlich solche die in einem strafrechtlich relevanten Zusammenhang mit Völkerstraftaten stehen. Dabei geht es sowohl um die rechtliche Sanktionierung von Unternehmen wie auch die individuelle strafrechtliche Verantwortung von Führungskräften und Angestellten von Unternehmen.

Die Entwicklung rechtlicher Verantwortung für Völkerstraftaten auch für wirtschaftliche Akteure ist eng verknüpft mit der Geschichte des Völkerstrafrechts seit den Nürnberger Prozessen und der Entwicklung des internationalen Menschenrechtsschutzsystems seit 1945. Im Prinzip ist seitdem anerkannt, dass jedenfalls die sogenannten *core crimes* strafbar sind. Geregelt ist dies in internationalen Konventionen (UN-Völkermordkonvention, die Genfer Konventionen von 1949, UN-Antifolterkonvention, Römisches Statut des Internationalen Strafgerichtshofs und andere) sowie nationalem Strafrecht (etwa dem deutschen Völkerstrafgesetzbuch). Diese Normen können grundsätzlich auch für Verantwortliche in Unternehmen eine strafrechtliche Haftung begründen.

Trotz deren umfassender Kriminalisierung werden und wurden weltweit weiter Völkerstraftaten verübt. Selbst die Staaten, die in Nürnberg zu Gericht saßen und damit den Grundstein für das Prinzip des Völkerstrafrechts legten, sind bis in die jüngste Vergangenheit hinein an Folter und

Kriegsverbrechen beteiligt.[2] Doch auch in den unabhängig gewordenen Staaten des globalen Südens wurden massive Völkerstraftaten begangen, wie etwa in Indonesien, auf den Philippinen, in Pakistan, während Bangladeschs Unabhängigkeitskrieg, in Nigeria insbesondere während des Biafra-Kriegs, in Kolumbien, in dem Gebiet um die Großen Seen in Afrika und zuletzt im Nahen und Mittleren Osten. Zumeist wird es der Blockkonfrontation im Kalten Krieg zugeschrieben, dass es seit den Nürnberger Prozessen bis zur Etablierung der beiden UN-Tribunale zu Jugoslawien und Ruanda zu keinem Versuch kam, auf internationaler Ebene Völkerstraftaten zu ermitteln und anzuklagen. Richtig ist an dieser Erklärung, dass weder auf der Seite der westlichen Staaten noch des Ostblocks oder der Staaten des globalen Südens ein politisches Interesse daran vorlag.

Dies hat sich seit Ende des Kalten Krieges aus verschiedenen Gründen, deren Erläuterung den Rahmen dieses Beitrags sprengen würde, geändert. Gleichwohl kann heute mitnichten behauptet werden, dass sich eine universelle Praxis der Ahndung von Völkerstraftaten auf nationaler und internationaler Ebene gebildet hätte. Zwar ist die Kodifizierung dieser Straftaten in den letzten beiden Dekaden erheblich vorangeschritten, doch die Rechtspraxis bleibt lückenhaft. Darüber hinaus sind bis heute erhebliche Doppelstandards in der Rechtsanwendung zu konstatieren.[3] Die Strafverfolgung auf nationaler sowie auf Ebene der internationalen Tribunale konzentriert sich auf schwache Staaten und Verlierer von Kriegen und Bürgerkriegen. Der Verfolgung von Straftaten, an deren Begehung mächtige Staaten beteiligt waren, stehen immense politische Hindernisse entgegen.

Bei Völkerstraftaten, bei denen die Beteiligung wirtschaftlicher Akteure im Raum steht, kommen weitere Probleme hinzu. Die westlichen Staaten waren in der Nachkriegszeit auf die politischen und bürgerlichen Menschenrechte fokussiert, während sich die Sowjetunion die Durchsetzung

2 Frankreich: Repression gegen koloniale Befreiungsbewegungen, insbesondere in Indochina und Algerien; Großbritannien: ebenfalls massive Menschenrechtsverletzungen bei der Niederkämpfung antikolonialer Bestrebungen, u.a. während des kenianischen Mau-Mau-Aufstandes, im Laufe des Nordirlandkonfliktes und in Irak ab 2003; USA: massive Kriegsverbrechen während des Vietnamkrieges, Beteiligung an Diktaturverbrechen in Zentral- und Südamerika sowie Begehung schwerster Menschenrechtsverletzungen nach dem 11. September 2001 insbesondere in Afghanistan und Irak; Russland: vor allem massive Kriegsverbrechen und Verbrechen gegen die Menschlichkeit in Tschetschenien.

3 Vgl. hierzu *Kaleck*, Mit zweierlei Maß. Der Westen und das Völkerstrafrecht (2012).

wirtschaftlicher und sozialer Rechte auf die Fahnen schrieb. Daher traten die beiden großen Menschenrechtspakte, der Sozialpakt zum Schutze wirtschaftlicher, sozialer und kultureller Rechte einerseits und der Zivilpakt zum Schutze politischer und bürgerlicher Rechte andererseits, erst 30 Jahre nach dem Zweiten Weltkrieg und mit unterschiedlichen Rechtsdurchsetzungsmechanismen in Kraft. Zum Schutz politischer und bürgerlicher Rechte entwickelten sich trotz bestehender Anwendungsdefizite wesentlich robustere und erprobtere Normen und Verfahren als zum Schutze wirtschaftlicher, sozialer und kultureller Rechte – und viele wirtschaftliche und soziale Menschenrechte wie z.B. das Recht auf Wasser oder auf sichere und gesunde Arbeitsbedingungen werden insbesondere durch die Aktivitäten von Wirtschaftsunternehmen beeinträchtigt.

Dazu kommt, dass die Bindung von Unternehmen als nicht-staatliche Akteure durch völkerrechtliche Normen bis heute umstritten ist. Daher ist ein deutliches Defizit bei der Anwendung und Durchsetzung von wirtschaftlichen, sozialen und kulturellen Rechten zu beklagen. Das mag auch am Einfluss der potentiell Betroffenen liegen, denn Akteure aus nationalen und transnationalen Unternehmen sind ein wichtiger Teil der globalen Machteliten. Über die letzten beiden Jahrzehnte haben sie erfolgreich, eine rechtlich verbindliche Regulierung insbesondere transnationaler Aktivitäten verhindert und einen Diskurs der freiwilligen Übernahme von Verantwortung etabliert, der bis heute nur mühsam zu erschüttern ist. Dass die politischen Ressourcen von Menschenrechtsverletzern häufig darüber entscheiden, ob sich diese schlussendlich vor Gericht verantworten müssen, wird auch am Beispiel der bisherigen Strafverfolgungen für Völkerstraftaten deutlich: Kongolesen und Sudanesen landen auch deshalb so häufig auf der Anklagebank, weil die daraus resultierenden politischen Kosten wesentlich geringer sind, als wenn es sich bei den Angeklagten um die oft in westlichen Staaten sitzenden Führungspersonen von Unternehmen, oder andere Angehörige mächtiger Staaten handeln würde.

Trotz der Vielzahl von Völkerstraftaten, an denen transnationale Unternehmen beteiligt sind, findet eine nennenswerte Praxis der Ahndung derselben bisher weder auf internationaler noch auf nationaler Ebene statt. Eine Ausnahme hierzu stellen in erster Linie die zivilrechtlichen Verfahren mit punitivem Element in den USA dar (dazu II.). Zudem fanden vereinzelte Verfahren vor Strafgerichten in Europa, namentlich in den Niederlanden, der Schweiz und Deutschland statt (dazu III.). Auch in Lateinamerika, gerade in Kolumbien und Argentinien, entstand zuletzt eine Praxis im Bereich der rechtlichen Verantwortung von Unternehmen für die

Beteiligung an Menschenrechtsverbrechen (dazu IV.). Die im Folgenden beispielhaft dargestellten Fälle zeigen allerdings, dass sich die rechtliche Inanspruchnahme wirtschaftlicher Akteure für die Beteiligung an Völkerstraftaten bisher, wenn überhaupt, in Form von individueller strafrechtlicher Inanspruchnahme der Geschäftsführung oder in geringerem Maße zivilrechtlicher Inanspruchnahme der Unternehmen ausgestaltet. Ein effektives Wirtschaftsvölkerstrafrecht, das der Globalisierung der Wirtschaftsbeziehungen und den damit einhergehenden Folgen gerecht werden würde, hat sich hingegen bis heute nicht etabliert. In dem abschließenden Ausblick (dazu V.) wird unter Hervorhebung des Falls des ehemaligen liberianischen Präsidenten *Charles Taylor* zunächst kurz auf die Rechtsprechung der internationalen Tribunale zu *aiding and abetting* und deren Relevanz hinsichtlich der strafrechtlichen Verantwortlichkeit von Führungspersonen in an Völkerstraftaten beteiligten Unternehmen eingegangen und anschließend der für die hiesige Diskussion interessante Teil der Debatte um die UN-Leitprinzipien für Unternehmen und Menschenrechte zusammenfassend beleuchtet.

II. Die Ebene der Nationalstaaten: Die zivilrechtlichen Alien Tort Claims Act-*Fälle in den USA*

Es mutet auf den ersten Blick merkwürdig an, den Überblick über die juridische Praxis der Ahndung von Völkerstraftaten mit Zivilverfahren in den USA zu beginnen. Doch soll auf diese Weise zum Ausdruck gebracht werden, dass derartige rechtliche Reaktionen nicht notwendigerweise strafrechtliche sein müssen und dass – ohne die Diskussion an dieser Stelle führen zu wollen – die finanzielle Inanspruchnahme der Unternehmen vielleicht sogar größere Wirkungen, auch präventiv, zeitigen könnte. Zudem weisen die Schadensersatzverfahren in den USA klar punitive Elemente auf. Außerdem würde der Überblick ohne diese Verfahren, die in vielerlei Hinsicht Pioniercharakter haben, noch spärlicher ausfallen.

Bemerkenswert an der nachfolgend geschilderten Praxis der rechtlichen Inanspruchnahme von wirtschaftlichen Akteuren für schwere Menschenrechtsverletzungen auf nationalstaatlicher Ebene ist die hierbei ausschlaggebende Rolle von Nichtregierungsorganisationen. In den USA waren es die Juristen um das *Center for Constitutional Rights* und *EarthRights International* sowie große Anwaltskanzleien, die mit Beginn der 1990er Jahre die seit 1981 etablierte Rechtsprechung zum *Alien Tort Claims Act* nicht nur auf staatliche Akteure, sondern auch auf Unternehmen anzuwenden versuchten.

Der seit 1789 geltende *Alien Tort Claims Act* ermöglicht zivilrechtliche Schadensersatzklagen ausländischer Bürger vor US-amerikanischen Gerichten, auch wenn das schädigende Ereignis außerhalb der USA eingetreten ist, soweit es einen Verstoß gegen Völkergewohnheitsrecht oder gegen völkerrechtliche Verträge mit den USA darstellt.[4] Lange war dieses Gesetz in Vergessenheit geraten, bis die paraguayische Staatsbürgerin *Dolly Filártiga* im Jahr 1979 ihrem Landsmann *Peña-Irala*, damaliger Polizeiinspektor in Paraguay und Folterer und Mörder ihres Bruders, in New York begegnete. Mord und Folter hatten im viele tausende Kilometer entfernten Paraguay stattgefunden. *Filártiga* verklagte *Peña-Irala* noch an Ort und Stelle in den USA. Nachdem die Klage zunächst wegen Unzuständigkeit der US-Gerichtsbarkeit abgelehnt wurde, konnten *Filártigas* Anwälte den Richter des Berufungsgerichts davon überzeugen, dass eine solche Klage gemäß des *Alien Tort Claims Act* in den USA zulässig sein müsse, da das Recht auf Freiheit von Folter Völkergewohnheitsrecht sei. *Filártiga* wurden zehn Millionen US-Dollar Schadenersatz zugesprochen.[5]

In den letzten 20 Jahren sind in den USA auf Basis des *Alien Tort Claims Act* immer öfter auch gegen Unternehmen zivilrechtliche Klagen wegen deren Beteiligung an schweren Menschenrechtsverletzungen erhoben worden. Im Folgenden sollen einige Fälle beispielhaft aufgeführt werden.[6]

1. Der Fall Unocal

Ein Joint Venture zwischen der US-amerikanischen Ölfirma *Unocal Corporation*, der französischen *Total S.A.* und der burmesischen *Myanmar Oil and Gas Enterprise* ließ 1995 die Yadana-Pipeline bauen, um gefördertes Erdgas von den Yadana Gasfeldern im Andamanischen Meer nach Thai-

---

4 Der Originaltext des Alien Tort Claims Act gem. § 1350 des 28. Titels des US Code lautet: „*The district courts shall have original jurisdiction of any civil action by an alien for a tort only, committed in violation of the law of nations or a treaty of the United States.*".

5 *Filártiga v. Peña-Irala,* 630 F.2d 876 (1980).

6 Einen umfassenden Überblick bietet auch: *Beisinghoff,* Corporations and Human Rights (2009).

land durch Burma hindurch zu exportieren. Bei dem Bau der Pipeline wurden Arbeiter durch die burmesische Armee getötet, gefoltert und zur Arbeit gezwungen. *Unocal* und *Total S.A.* wird vorgeworfen, die burmesische Armee bezahlt und in Komplizenschaft mit ihr agiert zu haben, um die erforderliche Arbeitskraft für die Errichtung der Pipeline sicherzustellen.

Burmesische Opfer erhoben mit der Unterstützung des *Center for Constitutional Rights* und *EarthRights International* im Jahr 1996 in den USA eine auf den *Alien Tort Claims Act* gestützte Klage auf Schadensersatz gegen *Unocal.*[7]

Mit seiner Grundsatzentscheidung aus dem Jahr 1997 ließ der US District Court in Los Angeles die Klage zur mündlichen Verhandlung zu. Dabei stellten die Richter erstmals fest, dass auf Grundlage des *Alien Tort Claims Act* auch private Unternehmen und ihre Geschäftsführer für Völkerrechtsverletzungen im Ausland rechtlich zur Verantwortung gezogen werden können und US Gerichte hierfür zuständig seien.[8]

Obwohl das Gericht davon ausging, dass *Unocal* von den an den Arbeitern begangenen Menschenrechtsverletzungen wusste, beziehungsweise von diesen hätte wissen müssen, und dennoch weiterhin hinsichtlich der Sicherheit des Projektes mit dem burmesischen Militär zusammen arbeitete, wurde die Klage im Jahr 2000 abgewiesen. Dabei folgte das Gericht dem von *Unocal* vorgebrachten Argument, die Anwendung des *Alien Tort Claims Act* setze den Beweis unmittelbarer Beteiligung an den Verletzungen von Menschenrechten – etwa durch die Kontrolle der Einheit des Militärs, die die Verletzungen begangen hat – voraus.[9] Gegen die auf dieser Rechtsauffassung beruhende Entscheidung legten die Kläger erfolgreich Berufung ein. Im September 2002 entschied das Berufungsgericht, dass Unocal im Einklang mit internationaler Rechtsprechung für *aiding and abetting* unter dem *Alien Tort Claims Act* haftbar gemacht werden könne, da das Unternehmen bei der Zusammenarbeit mit der burmesischen Ar-

7 Die Klage wurde später hinsichtlich der ebenfalls Beklagten Total S.A. mangels personenbezogener Zuständigkeit abgewiesen, vgl. *Doe v. Unocal,* 27 F. Supp. 2d 1174 (1998).

8 *Doe I v. Unocal,* 963 F. Supp.880 (1997).

9 Vgl. *Wouters/de Smet/Ryngaert,* Tort Claims Against Multinational Companies for Foreign Human Rights Violations Committed Abroad: Lessons from the Alien Tort Claims Act?, KU Leuven, Institute for International Law, Working Paper No. 46, November 2003, abrufbar unter <www.law.kuleuven.be/iir/nl/onderzoek/wp/WP46e.pdf>, S. 6.

mee um die durch diese begangenen Verletzungen gewusst und sie bei ihrem Vorgehen unterstützt habe.[10] Der Klage wurde im Hinblick auf Schadensersatzansprüche wegen Zwangsarbeit, Mord und Vergewaltigung stattgegeben. Die Abweisung der Klage hinsichtlich eines Anspruchs wegen Folter wurde jedoch aufrechterhalten.

Die Berufungssache wurde jedoch wenig später zur nochmaligen Verhandlung *en banc* – also vor allen Richtern des Gerichts – zugelassen.[11] Bevor es allerdings zu deren Entscheidung kam, beendete ein Vergleich zwischen den Parteien im März 2005 den Prozess.[12] In diesem verpflichtete sich *Unocal*, die Opfer zu entschädigen und Projekte zur Verbesserung der Lebensbedingungen, des Gesundheits- und Bildungswesens sowie zum Schutze der Rechte der Menschen in der betroffenen Region zu finanzieren.[13]

2. *Der Fall* Kiobel

Dem Unternehmen *Shell* wird vorgeworfen durch seine Ölförderung die Umwelt im Nigerdelta verwüstet und die Lebensgrundlage der dort lebenden Menschen erheblich beeinträchtigt zu haben. Erstmalig aufkommende Proteste der Ogoni gegen die Ölförderung durch *Shell* im Nigerdelta wurden zwischen 1990 und 1995 durch nigerianische Soldaten mit massiver

---

10 Hierbei wurde der völkerrechtliche so genannte *aiding and abetting*-Test angewendet und auf *Tel-Oren v. Libyan Arab Republic* und *Kadic v. Karadžić* Bezug genommen; vgl. *Doe I v. Unocal*, United States Court of Appeals Ninth Circuit, 18. September 2002, II. A.15, abrufbar unter <www.elaw.org/system/files/Unocal.case.pdf>.

11 *Doe v. Unocal*, 395 F.3d 978 (2003).

12 *Doe v. Unocal*, 403 F.3d 708 (2005); damit kam es letztendlich hinsichtlich der Frage, ob der Alien Tort Claims Act in diesem Fall anwendbar war, zu keiner endgültigen Entscheidung.

13 Vgl. *EarthRights International*, Final Settlement reached in Doe v. Unocal, 21. März 2005, abrufbar unter <www.earthrights.org/legal/final-settlement-reached-doe-v-unocal>; in Frankreich kam es in einem Verfahren gegen Total S.A. zu einem ähnlichen Vergleich, vgl. *Business and Human Rights Ressource Center*, "Total Oil settles French lawsuit over forced labour in Burma, will set up 3.5 million humanitarian fund – campaigner vow to keep up pressure for divestment", abrufbar unter <http://business-humanrights.org/en/total-oil-settles-french-lawsuit-over-forced-labour-in-burma-will-set-up-%C2%A335-million-humanitarian-fund-campaigners-vow-to-keep-up-pressure-for-divestment>.

und tödlicher Gewalt auf Wunsch und mit der finanziellen Unterstützung von Shell unterdrückt. Im Jahr 1994 wurden *Dr. Barinem Kiobel*, ein ehemaliger Sprecher des im Nigerdelta ansässigen Ogonivolkes, sowie weitere führende Mitglieder der Organisation *Movement for the Survival of the Ogoni People* – unter ihnen ihr Gründer *Ken Saro-Wiwa* – von nigerianischen Sicherheitskräften festgenommen und inhaftiert. Ohne Kontakt zur Außenwelt wurden sie in militärischem Gewahrsam gefoltert und im Rahmen eines inszenierten Schauprozesses vor einem militärischen Sondertribunal zum Tode verurteilt und im November 1995 hingerichtet.[14]

Da in Nigeria sowohl Straf- als auch Schadensersatzverfahren ohne jegliche Aussicht auf Erfolg waren, strengten die Familienangehörigen der Getöteten ab 1996 mehrere Klagen vor dem *United States District Court for the Southern District of New York* gegen *Royal Dutch Shell* und den für Nigeria zuständigen Manager *Brian Anderson* an.

Das *Kiobel*-Verfahren ist dabei ein Nachfolgefall der bekannten Klage der Angehörigen von *Ken Saro Wiwa* gegen *Shell* wegen der vermeintlichen Beteiligung an der Hinrichtung *Wiwas*.[15] Am 9. Juni 2009 verglich sich der Konzern im *Wiwa-Fall* außergerichtlich und ohne Schuldeingeständnis mit den Hinterbliebenen von *Ken Saro-Wiwa* und den anderen acht Hingerichteten und zahlte 15,5 Millionen US-Dollar, um den Prozess mit unabsehbarem Risiko zu beenden. Im Fall *Kiobel* wird *Shell* vorgeworfen, durch seine nigerianische Tochterfirma *Shell Petroleum Development Company of Nigeria* zwischen 1992 und 1995 nigerianische Sicherheitskräfte transportiert, die Sicherheitskräfte auf dem Unternehmensgelände untergebracht und versorgt und hierdurch Beihilfe zu den von den Sicherheitskräften begangenen Verbrechen wie Folter und extralegalen Hinrichtungen geleistet zu haben.

---

14 Zum Sachverhalt allgemein, vgl. *Business and Human Rights Ressource Center*, Shell lawsuit (re Nigeria – Kiobel & Wiwa), abrufbar unter <http://business-humanrights.org/en/shell-lawsuit-re-nigeria-kiobel-wiwa#c9306> und *International Crimes Database*, Esther Kiobel et al. v. Royal Dutch Petroleum Company et al., abrufbar unter <www.internationalcrimesdatabase.org/Case/1209>.

15 *Wiwa et al v. Royal Dutch Petroleum et al* ist eine 1996 mit Unterstützung des Center for Constitutional Rights und EarthRights International erhobene Klage u.a. der Angehörigen des 1995 ermordeten Ken Saro-Wiwas gegen Shell. Darin wird dem Unternehmen vorgeworfen, sich durch sein nigerianisches Tochterunternehmen an Menschenrechtsverbrechen gegenüber der Ogoni-Bevölkerung beteiligt zu haben und mitverantwortlich für die Ermordung Ken Saro-Wiwas und weiterer Aktivisten zu sein.

Die Ehefrau des verstorbenen *Dr. Barinem Kiobel* hatte gemeinsam mit elf weiteren Ogoni und der Unterstützung des *Center for Constitutional Rights* eine auf dem *Alien Tort Claims Act* basierende Klage vor einem New Yorker Gericht in den USA 2002 eingereicht. Dieses wies die Klage wegen personenbezogener Unzuständigkeit zurück. Es sei eine unmittelbare wirtschaftliche Verbindung zwischen den USA und S*hell Petroleum Development Company of Nigeria* für die Anwendung des *Alien Tort Claims Act* erforderlich, was die Klägerseite nicht dargelegt habe. In der Berufungsinstanz entschied der *Second Circuit Court of Appeals* 2010, dass der *Alien Tort Claims Act* auf Verletzungen des Völkerrechts durch Unternehmen generell nicht anwendbar sei.[16] Daraufhin zogen die Klägerinnen und Kläger vor den *Supreme Court* der USA.[17] Dieser urteilte im April 2013, dass der *Alien Tort Claims Act* nur dann auf Unternehmen anwendbar sei, wenn die Unternehmenshandlungen einen hinreichend starken territorialen Bezug zu den USA aufweisen, der über eine bloße, wenn auch ausgeprägte, Unternehmenspräsenz hinausgeht. Bei im Ausland begangenen Menschenrechtsverbrechen durch ein Tochterunternehmen, dessen Mutterkonzern seinen Sitz nicht in den USA hat, sei diese starke Verwobenheit in der Regel nicht gegeben.[18] Mit dieser Entscheidung schränkte der *US Supreme Court* die Möglichkeit, transnational tätige Unternehmen mit Hilfe des *Alien Tort Claims Act* zur Verantwortung zu ziehen, zwar erheblich ein. Das Gericht schloss diese aber nicht generell aus, da der Gerichtshof nicht näher ausführte, welche Anforderungen an den territorialen Bezug zu den USA zu stellen sind.[19] Die im Anschluss an das Urteil erfolgte juristische Debatte sowie die in diversen weiteren einschlägigen Fällen getroffenen Entscheidungen unterer Instanzen sind kontrovers.

---

16 *Kiobel v. Royal Dutch Petroleum Co.*, 621 F.3d 111 (2010).

17 Das European Center for Constitutional and Human Rights reichte 2011 gemeinsam mit Partnerorganisationen zwei Rechtsgutachten zum Prozess vor dem Supreme Court der USA ein (siehe *European Center for Constitutional and Human Rights*, Kiobel Case: ECCHR supports victims of corporate abuse before US Supreme Court, 1. Juli 2013, inklusive der zwei Gutachten, abrufbar unter <www.ecchr.de/kiobel.html>.

18 Nur wenn die Angelegenheit die USA in besonderem Maße „berühre und betreffe" („touch and concern […] with sufficient force"), könne der Alien Tort Claims Act in solchen Fällen ausnahmsweise zur Anwendung kommen; vgl. *Kiobel v. Royal Dutch Petroleum Co.*, 133 S.Ct, (2013), S. 1659 ff. (1669).

19 Vgl. *Alford*, The Future Of Human Rights Litigation After Kiobel, Notre Dame Law Review 2014, S. 1749 ff. (1754).

3. Das Apartheid-Klage-Verfahren

In diesem Verfahrenskomplex machten Betroffene des südafrikanischen Apartheid-Regimes Schadensersatzansprüche gegen acht US-amerikanische und europäische Unternehmen der Automobilbranche und aus dem IT-Bereich, um Banken sowie um einen deutschen Rüstungskonzern (*Barclays, Daimler, Ford, Fujitsu, General Motors, IBM, Rheinmetall* und *Union Bank Schweiz*) geltend. Die Kläger werfen den Unternehmen vor, durch ihre wirtschaftlichen Aktivitäten in Südafrika während des Apartheid-Regimes entweder direkt völkergewohnheitsrechtlich anerkannte Menschenrechte verletzt oder staatliche Menschenrechtsverbrechen durch die Lieferung entsprechender Güter ermöglicht und unterstützt zu haben. Hierbei geht es u.a. um extralegale Hinrichtungen, Folter und Vergewaltigung.[20]

Das Apartheid-Verfahren entspringt drei im Jahr 2002 eingereichten Klagen, u.a. von der Organisation *Khulumani* – mit über 60.0000 Mitgliedern der größte Verband für Überlebende der Apartheid.[21] Diese getrennt eingereichten Klagen wurden beim *Southern District Court of New York* zu einem Verfahren zusammengelegt und schließlich im November 2004 vollumfänglich als unzulässig abgewiesen.[22] Im Jahr 2007 hob ein Berufungsgericht in New York diese Entscheidung auf und erklärte die Klagen grundsätzlich für zulässig. In seiner Entscheidung betonte das Gericht, dass auf den *Alien Tort Claims Act* gestützte Klagen auch Beihilfehandlungen betreffen könnten und gab der Klägerseite die Möglichkeit, ihre Klage dahingehend umzustellen. Einzig in der Frage, ob die Gehilfenhaftung nach internationalem Recht oder nach *Common Law* zu bestimmen sei, wichen die Richter voneinander ab.[23] Die Beklagten wandten sich 2007 mit einem sogenannten *certiorari* Antrag an den *Supreme Court* mit

---

20 *In re South African Apartheid Litig.*, 02 MDL 1499 (2009), S. 8; umfangreiche Besprechungen der Klagen finden sich bei: *Hutchens*, International Law in the American Courts – Khulumani v. Barclay National Bank Ldt.: The Decision Heard 'Round the Corporate World, German Law Journal 2008, S. 639 ff.; *Winkler/Graf von der Recke*, US-amerikanischer Gerichtsstand für Klagen gegen ausländische Unternehmen – Aktuelle Entwicklungen in der amerikanischen Rechtsprechung, NZG 2005, S. 241 ff.

21 *In re South African Apartheid Litig.*, No. 1:01-CV-04712, Compl. (2002).

22 *In re South African Apartheid Litig.*, 346 F. Supp. 2 d 538 (2003).

23 Vgl. *Saage-Maaß*, Business As Usual? Eine Besprechung des Urteils *In re South African Apartheid Litigation, 02-md-1499*, des U.S. District Court, Southern Dis-

der Bitte, diese Entscheidung zu überprüfen. Wegen der Befangenheit von vier der neun Richter konnte in der Sache nicht entscheiden werden, sodass die Entscheidung des Berufungsgerichts bestehen blieb.[24]

Im Folgenden stellte die Klägerseite im Oktober 2008 ihre Klage in wesentlichen Teilen um, woraufhin der Antrag der Gegenseite auf Klageabweisung im April 2009 abgelehnt wurde.[25] Allerdings beschränkte der *District Court* die Klage auf fünf der zuvor acht Beklagten (*Daimler*, *Ford*, *General Motors*, *IBM* und *Rheinmetall Group*) und stellte fest, dass der Bewertungsmaßstab für Beihilfehandlungen im Rahmen von *Alien Tort Claims Act*-Klagen im Völkerrecht und nicht im *Common Law* zu finden sei. Die Beklagten legten abermals Berufung ein.

Nunmehr wies das Berufungsgericht die Sache im August 2013 mit der Empfehlung an den *District Court* zurück, die Klagen gänzlich abzuweisen.[26] Dabei nahm es Bezug auf die kurz zuvor gefallene Entscheidung des *Supreme Court* im Fall *Kiobel* und der dort festgestellten begrenzten Anwendbarkeit des *Alien Tort Claims Act* bei extraterritorialen Sachverhalten.

Im Dezember 2013 wies der *Southern District Court of New York* die Klage hinsichtlich *Daimler* und *Rheinmetall* ab, hielt sie aber bezüglich *IBM* und *Ford* aufrecht und gab den Klägern die Möglichkeit darzulegen, dass das angeklagte Verhalten der Unternehmen das Territorium der USA „berühre und betreffe" (*„touch and concern"*).[27] Mit Urteil vom 29. August 2014 wies das Gericht die Klage jedoch endgültig mit der Begründung ab, dies sei nicht gelungen.

Einzig *General Motors* hatte bereits 2012 aufgrund des öffentlichen Drucks einen außergerichtlichen Vergleich mit der Klägerseite geschlossen und sich bereiterklärt, Entschädigungen in Höhe von 1,5 Millionen US-Dollar zu zahlen.

---

trict of New York (Manhattan) vom 8. April 2009, S. 3, abrufbar unter <www.ecchr.de/apartheid-faelle.html>.

24 Vgl. hierzu sowie zur Prozessgeschichte allgemein: *Harvard Human Rights Program*, In re South African Apartheid Litigation, abrufbar unter <http://hrp.law.harvard.edu/areas-of-focus/alien-tort-statute/in-re-south-african-apartheid-litigation>.

25 Kurz darauf gab die südafrikanische Regierung – nachdem sie sich bis zu diesem Zeitpunkt gegen das Verfahren in den USA ausgesprochen hatte – bekannt, dieses nun zu unterstützen.

26 Khulumani sieht gerade in dieser Entscheidung einen großen Rückschlag für den Versöhnungsprozess in Südafrika.

27 *In re South African Apartheid Litig.*, No. 1:01-CV-04712, Compl. (2202).

Nach den Unzulässigkeitsentscheidungen in diesem sowie in weiteren Verfahren[28] wird es künftig wohl ausgesprochen schwierig sein, auf der Grundlage des *Alien Tort Claims Act* wirtschaftliche Akteure, die Menschenrechtsverletzungen außerhalb der USA begangen haben, in den USA zu verklagen. Dabei springt ein eklatanter Wertungswiderspruch innerhalb der US-amerikanischen Rechtspraxis ins Auge: Während US-Behörden und Gerichte keine Probleme damit haben, beispielsweise ausländische Banken für – auch extraterritoriale – Verstöße gegen US-Recht zu sanktionieren, sollen Opfer von Menschenrechtsverletzungen ebensolche extraterritorialen Verstöße ausländischer Unternehmen künftig nicht mehr vor US-Zivilgerichten geltend machen können.

III. Entwicklungen in Europa

Auch in Europa sind die meisten Verfahren gegen Unternehmen wegen deren Beteiligung an Völkerstraftaten auf Initiative von Nichtregierungsorganisationen angestrengt worden – mit Ausnahme der beiden im folgenden Abschnitt analysierten Strafverfahren in den Niederlanden, die von der dortigen Staatsanwaltschaft betrieben wurden. Anders als in den soeben beschriebenen zivilrechtlichen *Alien Tort Claims Act*-Fällen in den USA handelt es sich bei den nachfolgend skizzierten europäischen Fällen um Strafverfahren. Die Gründe für die praktisch nicht vorhandene zivilrechtliche Praxis bei Menschenrechtsverletzungen durch Unternehmen, zumindest in Kontinentaleuropa, sind vielfältig. Um nur einige zu nennen: ein dem *Alien Tort Statute* vergleichbares Gesetz fehlt, die Beweisanforderungen und Beweislast auf der Klägerseite bei gleichzeitigem Fehlen eines *Discovery*-Verfahren machen es äußerst schwer die fraglichen Sachverhalte gerichtsfest darzulegen, *Class Action*-Beschwerden sind nicht möglich und das zum Teil erhebliche Prozesskostenrisiko ist für viele Betroffene prohibitiv hoch.

---

28 Beispielhaft sei hier die im Jahr 2004 in den USA von Irakern eingereichte Klage gegen die beiden Militärfirmen Titan Corporations und CACI International für deren Verwicklung in Folter und Misshandlung in Abu Ghraib genannt, die 2013 mangels Zuständigkeit abgewiesen wurde.

1. Die Fälle Van Anraat *und* Kouwenhouven *in den Niederlanden*

Der niederländischer Unternehmer *Frans Cornelis Adrianus van Anraat* kaufte von 1984 bis 1988 große Mengen der Chemikalie Thiodiglycol auf, um sie anschließend über eine Anzahl verschiedener Unternehmen mit Firmensitzen in unterschiedlichen Ländern an die irakische Regierung unter *Saddam Hussein* zu verkaufen. Ab 1984 war *van Anraat* der einzige Thiodiglycol-Lieferant der irakischen Regierung. Diese Chemikalie ist eine Schlüsselkomponente bei der Herstellung von Senfgas und wurde auch tatsächlich zu diesem Zwecke von der Regierung unter *Hussein* genutzt. Das so hergestellte Gas wurde anschließend im Ersten Golfkrieg bei Giftgasangriffen gegen das iranische Militär sowie gegen die kurdische Zivilbevölkerung eingesetzt. Die Folgen waren verheerend: tausende Menschen wurden getötet und viele Tausend weitere erlitten Verletzungen mit Langzeitfolgen wie Erblindung und Krebs.[29]

Nachdem die niederländische Staatsanwaltschaft 2004 ein Verfahren wegen Beihilfe zu Kriegsverbrechen und Völkermord gegen *van Anraat* eingeleitet hatte, wurde dieser im Dezember 2005 hinsichtlich des Tatvorwurfs der Beihilfe zum Völkermord freigesprochen, jedoch wegen Beihilfe zu Kriegsverbrechen zu 15 Jahren Haft verurteilt.[30] Das Gericht musste sich vor allem mit der Frage auseinandersetzen, ob für die Bejahung des subjektiven Tatbestands (*mens rea*) der Beihilfe nach dem Völkerstrafrecht[31] auch *dolus eventualis* genügt oder aber sicheres Wissen erforderlich ist.[32] Bezüglich des Tatvorwurfs der Beihilfe zum Völkermord kam das Gericht zu dem Ergebnis, dass hier ein bloßer *dolus eventualis* nicht genüge und dass das Vorliegen des erforderlichen *dolus directus* zweiten Grades nicht bewiesen werden konnte, da der Beweis fehlte, dass *van Anraat* zum Zeitpunkt der Lieferungen der Chemikalie *wusste*, dass diese bei

---

29 Zu Sachverhalt und Prozessgeschichte, vgl. *International Crimes Database*, Public Prosecutor v. Frans Cornelis Adrianus van Anraat, abrufbar unter <www.internationalcrimesdatabase.org/Case/178/Van-Anraat>.

30 *Public Prosecutor v. Van Anraat*, LJN: AX6406 (2005).

31 Das Gericht hielt im vorliegenden Fall das Völkerstrafrecht im Verhältnis zu nationalem niederländischen Strafrecht für vorrangig anwendbar.

32 Eine ausführliche Diskussion dieser Frage findet sich in *van der Wilt*, Genocide v. War Crimes in the Van Anraat Appeal, Journal of International Criminal Justice 6 (2008), S. 557 ff.; und *van der Wilt*, Genocide, Complicity in Genocide and International v. Domestic Jurisdiction. Reflections on the Van Anraat Case, Journal of International Criminal Justice 4 (2006), S. 239 ff.

Giftgasangriffen zum Zwecke der Vernichtung der kurdischen Bevölkerung eingesetzt werden würde. Im Hinblick auf Beihilfe zu Kriegsverbrechen hatte das Gericht jedoch keine Bedenken *dolus eventualis* genügen zu lassen und verurteilte *van Anraat* dementsprechend.[33]

Van Anraat legte Berufung gegen die Entscheidung ein. Am 9. Mai 2007 bestätigte das Berufungsgericht das erstinstanzliche Urteil, erhöhte jedoch das Strafmaß aufgrund der Schwere der Verbrechen um zwei Jahre auf 17 Jahre Haft.[34] Daraufhin legte *van Anraat* abermals Rechtsmittel ein, doch auch der Oberste Gerichtshof der Niederlande bestätigte im Juni 2009 das Urteil.[35]

Ein zweites relevantes niederländisches Strafverfahren betrifft den Unternehmer *Guus Kouwenhoven,* der als geschäftsführender Leiter der beiden Holzunternehmen *Royal Timber Company* und *Oriental Timber Corporation* den Großteil der Abholzungsarbeiten in Liberia während des dortigen Zweiten Bürgerkriegs (1999-2003) steuerte. Seine Unternehmungen waren eine wichtige Einkommensquelle des Regimes unter *Charles Taylor*, die insbesondere zur Finanzierung des blutigen Bürgerkriegs genutzt wurde. *Kouwenhoven* soll zudem in Waffenschmuggel nach Liberia durch seine in Liberia operierenden Holzunternehmen und damit auch in die zahlreichen Kriegsverbrechen, die mit Hilfe dieser Waffen begangen worden sind, verwickelt gewesen sein.

Am 7. Juni 2006 erhob die niederländische Staatanwaltschaft Anklage gegen *Kouwenhoven* wegen Beihilfe oder Anstiftung zu Kriegsverbrechen begangen durch die liberianischen Truppen und Milizengruppen zwischen 2000 und 2002 sowie wegen der Verletzung nationaler niederländischer Vorschriften, welche Beschlüsse der EU und UN zum Verbot von Waffenlieferungen an Liberia umsetzten.[36] Bezüglich des Tatvorwurfs der illegalen Waffenlieferungen argumentierte die Verteidigung, dass – sollte das

---

33 Näheres zu der Frage, ob Art. 30 Römisches Statut dolus eventualis umfasst, in *Werle/Jeßberger*, 'Unless Otherwise Provided': Article 30 of the ICC Statute and the Mental Element of the Crimes under International Criminal Law, in Journal of International Criminal Justice 3 (2005), S. 35 ff.

34 *Public Prosecutor v. Van Anraat*, LJN: BA4676 (englische Version: BA6734), ILDC (International Law in Domestic Courts) 753 (2007); abrufbar unter <www.haguejusticeportal.net/index.php?id=7548>.

35 *Public Prosecutor v. Van Anraat*, LJN: BG4822 (2009).

36 Zu der Verfolgung von Verstößen gegen UN-Embargos allgemein, vgl. *International Commission of Jurists*: Corporate Complicity & Legal Accountability, Criminal Law and International Crimes (2008), S. 50 f., abrufbar unter <www.icj.org/

Gericht davon ausgehen, dass *Kouwenhoven* tatsächlich Waffen nach Liberia geliefert hatte – diese Lieferung von Waffen gerechtfertigt gewesen sei, da Liberia ein Recht auf Selbstverteidigung gegen die Angriffe der Rebellen nach Artikel 51 der UN Charta gehabt habe.[37]

Das Gericht erster Instanz verurteilte *Kouwenhoven* im Juni 2006 wegen Waffenschmuggels zu 8 Jahren Freiheitsstrafe, sprach ihn jedoch vom Vorwurf der Beteiligung an Kriegsverbrechen frei.[38] *Kouwenhoven* und die Staatsanwaltschaft legten Berufung gegen das Urteil ein. Das Berufungsgericht sprach ihn im März 2008 wegen Mangels an Beweisen gänzlich frei.[39] Gegen den Freispruch legte die Staatanwaltschaft Rechtsmittel zum Obersten Gerichtshof der Niederlande ein. Im April 2010 ordnete dieser eine erneute Verhandlung des Falles vor dem Gericht in Den Bosch an.[40] Im Februar 2011 beschloss das Gericht, Zeugen der Anklage, die bisher nicht zugelassen worden waren, zu hören.[41] Eine erneute Hauptverhandlung sowie ein Urteil stehen jedoch bis heute aus.

2. *Deutschland*

Um die rechtliche Aufarbeitung der Verwicklung deutscher Unternehmen in im Ausland begangene Völkerstraftaten vor hiesigen Gerichten ging es bereits in einem Strafverfahren vor dem Landgericht Darmstadt in den 1990er Jahren. Hier wurde – vergleichbar dem *Van Anraat*-Fall – deutschen Unternehmen vorgeworfen, in den 80er Jahren Giftgas-Anlagen im

---

report-of-the-international-commission-of-jurists-expert-legal-panel-on-corporate-complicity-in-international-crimes>.

37 Vgl. *International Crimes Database*, The Public Prosecutor v. Guus Kouwenhoven, abrufbar unter <www.internationalcrimesdatabase.org/Case/2238>.

38 *Rechtbank's-Gravenhage*, 09/750001-05 (2006), englische Version abrufbar unter <http://uitspraken.rechtspraak.nl/inziendocument?id=ECLI:NL:RBSGR:2006:AY5160>.

39 Gerechtshof's-Gravenhage, 220043306, (2008), abrufbar unter <http://uitspraken.rechtspraak.nl/inziendocument?id=ECLI:NL:GHSGR:2008:BC6068>.

40 Eine englische Zusammenfassung des Urteils ist abrufbar unter <www.rechtspraak.nl/Organisatie/Hoge-Raad/Supreme-court/Summaries-of-some-important-rulings-of-the-Supreme-Court/Pages/Summary-judgment-in-Guus-K-case.aspx>.

41 *Global Witness*, Global Witness welcomes Dutch court's decision to hear new prosecution witnesses in Kouwenhoven case, 8. Februar 2011, abrufbar unter <www.globalwitness.org/library/global-witness-welcomes-dutch-court%E2%80%99s-decision-hear-new-prosecution-witnesses-kouwenhoven>.

Irak gebaut bzw. Chemikalien für die Produktion von Giftgas in den Irak geliefert zu haben. Dieses Giftgas wurde gegen Ende des Ersten Golfkriegs bei einem Angriff der Irakischen Luftwaffe auf die hauptsächlich von Kurden bewohnte nordirakische Stadt Halabja am 16. März 1988 eingesetzt.[42] Dabei starben um die 5.000 Menschen. Anklagevorwurf in der Strafsache gegen 22 deutsche Unternehmer war nicht eine mögliche Beihilfehandlung zu den Tötungshandlungen, sondern ein Verstoß gegen die Ausfuhrbestimmungen des § 34 des Außenwirtschaftsgesetzes. Neben Einstellungen und Freisprüchen in der Mehrzahl der Fälle verurteilte das Landgericht Darmstadt am 03. Juni 1996 lediglich drei Angeklagte zu geringen Freiheitsstrafen auf Bewährung.[43]

Eine große Hürde in diesem Zusammenhang ist allgemein darin zu sehen, dass hiesige Strafverfolgungsbehörden für die Ermittlung solcher Fälle mit extraterritorialen Sachverhalten weder personell noch logistisch hinreichend ausgestattet sind. Hinzu kommt möglicherweise, dass es in Deutschland – anders als in den meisten anderen europäischen Staaten – bis heute kein Unternehmensstrafrecht gibt und somit einzig die Möglichkeit der individuellen Inanspruchnahme von Unternehmensmitarbeitern wegen eines strafrechtlich relevanten Verhaltens besteht. Das Individualstrafrecht wird dem Handeln großer, transnational agierender Unternehmen mit zunehmender Dezentralisierung und funktionaler Verteilung allerdings nur unzureichend gerecht, was sich insbesondere in beweisrechtlichen Schwierigkeiten niederschlägt. Dies zeigt sich gerade auch in den noch laufenden Verfahren im Zusammenhang mit den Unternehmen *Danzer* und *Lahmeyer* (dazu III.2.b und III.2.c.). Zwar stehen diese beiden Fälle – im Gegensatz zu den weiteren in diesem Beitrag skizzierten Fällen – in keinem Zusammenhang mit den in den betroffenen Regionen ebenfalls begangenen Völkerstraftaten, doch sollen sie angesichts der erheblichen Schwere und des Ausmaßes der zu Grunde liegenden Menschenrechtsver-

42 Dieser Giftgasangriff (vgl. hierzu auch das Verfahren gegen Frans von Anraat oben unter III.1.) wurde vom Strafgerichtshof in Den Haag als Völkermord und Verbrechen gegen die Menschlichkeit eingestuft, vgl. *Tabassi/Van der Borght*, Chemical Warfare as Genocide and Crimes Against Humanity, Hague Justice Journal 2 (2007), S. 5 ff., abrufbar unter <www.haguejusticeportal.net/Docs/HJJ-JJH/Vol_2%281%29/Chemical_Warfare_%20as_genocide.pdf>.

43 Vgl. Antrag der Fraktion DIE LINKE. Anerkennung der irakischen Anfal-Operationen 1988/1989 und des Giftgasangriffs auf Halabja vom 16. März 1988 als Völkermord – Humanitäre Hilfe für die Opfer, BT-Drucks. 17/12692, 13. März 2013, abrufbar unter <http://dip21.bundestag.de/dip21/btd/17/126/1712692.pdf>.

letzungen und des entstandenen Schadens hier dennoch aufgeführt werden.

a. Der Fall *Mercedes Benz* Argentinien

Während der letzten argentinischen Militärdiktatur zwischen 1976 und 1983 verschwanden um die 30.000 Menschen, darunter vierzehn Betriebsräte und Gewerkschafter aus dem *Mercedes Benz* Werk in González-Catán bei Buenos Aires. Die Angehörigen der verschwundenen Gewerkschafter werfen dem Unternehmen und vor allem einem leitenden Manager des Werks bei Buenos Aires vor, an dem Verschwinden und der Tötung kritischer Gewerkschafter durch argentinische Sicherheitskräfte beteiligt gewesen zu sein.

Am 27. September 1999 erstattete der Autor als Vertreter der Angehörigen der Verschwundenen Strafanzeige bei der Staatsanwaltschaft Nürnberg-Fürth gegen den ehemaligen Produktionschef von *Mercedes Benz Argentinien*, *Juan Tasselkraut*, unter anderen wegen Beihilfe zum Mord an dem Gewerkschafter *Diego Núñez*. Im Beisein des Gewerkschafters und Zeugen *Hector Ratto* hatte *Tasselkraut*, seit 1982 Inhaber der deutschen Staatsbürgerschaft, der staatlichen Polizei am 12. August 1977 die Adresse von *Diego Núñez* überreicht. Noch in derselben Nacht wurde dieser bei sich zu Hause festgenommen und in das Folterlager „Campo de Mayo" verschleppt. Bis heute fehlt jede Spur von ihm.

Nach mehrjährigen Ermittlungen stellte die Staatanwaltschaft das Verfahren am 27. November 2003 gem. § 170 Abs. 2 Strafprozessordnung mangels hinreichendem Tatverdacht ein.[44] Die Staatsanwaltschaft argumentierte, dass die Aussagen des Hauptbelastungszeugen *Ratto* widersprüchlich seien und dass im Übrigen ein Tötungsdelikt zum Nachteil von *Diego Núñez* deswegen nicht angenommen werden könne, da dieser zwar verschwunden sei, dies aber dessen Tötung nicht mit der für eine Anklageerhebung erforderlichen Sicherheit begründen würde. Schließlich habe es wiederholt Fälle gegeben, in denen Verschwundene wieder aufgetaucht seien.

44 Einstellungsbescheid der Staatsanwaltschaft Nürnberg-Fürth vom 27. November 2003, abrufbar unter <www.ecchr.de/dokumente.html>.

Die im Dezember 2003 gegen die Verfahrenseinstellung eingelegte Beschwerde nach § 172 Absatz 1 Strafprozessordnung blieb ohne Erfolg. Auch das anschließend beantragte Klageerzwingungsverfahren nach § 172 Absatz 2 Strafprozessordnung wurde 2005 in letzter Instanz durch das Oberlandesgericht Nürnberg eingestellt.

b. Der Fall *Danzer*

In der Nacht zum 2. Mai 2011 fiel ein Einsatzkommando lokaler Sicherheitskräfte mit etwa 60 Soldaten und Polizisten über das Dorf Bongulu (Provinz Équateur) in der Demokratischen Republik Kongo her. Sie vergewaltigten mehrere Frauen und Mädchen, verprügelten und misshandelten viele Dorfbewohner und nahmen mehr als zwanzig Personen willkürlich fest.

Zum Transport der festgenommenen Personen und der eigenen Truppen nutzen die Sicherheitskräfte Fahrzeuge des Holzunternehmens *Siforco S.A.R.L.* – damals Tochterunternehmen der *Danzer Group*, einem international agierenden Holzunternehmen mit Verwaltungssitz in Deutschland. Zudem bezahlte der örtliche Manager der *Danzer*-Tochter die Soldaten und Polizisten nach dem Überfall. Diesen Geschehnissen war ein Konflikt zwischen den Dorfbewohnern und *Siforco* vorangegangen: 2005 vereinbarte die Firma mit den lokalen Gemeinden, die von den Abholzungsarbeiten für Danzer betroffen waren, in Sozial- und Infrastrukturprojekte zu investieren. Als dies nicht geschah, beschlagnahmten einige Dorfbewohner am 20. April 2011 unter anderem mehrere Batterien, ein Kabel, eine Solarzelle und ein Radio von Siforcos Firmengelände, um das Unternehmen unter Druck zu setzen. Siforco verhandelte daraufhin zwar mit einem Vertreter aus Bongulu, der die Rückgabe der Gegenstände zusagte, schaltete aber gleichzeitig die lokalen Sicherheitskräfte ein, die in der Nacht vor dem vereinbarten Rückgabetermin in Bongulu einfielen.

Im Frühjahr 2013 reichte das *European Center for Constitutional and Human Rights* gemeinsam mit der britischen Menschenrechtsorganisation *Global Witness* bei der Staatsanwaltschaft Tübingen Strafanzeige gegen einen leitenden Mitarbeiter der *Danzer Group* ein. Der Vorwurf: Beihilfe durch Unterlassen zu Straftaten gegen die sexuelle Selbstbestimmung, zu gefährlicher Körperverletzung, Freiheitsberaubung und Brandstiftung. Der Manager habe es pflichtwidrig unterlassen, zu verhindern, dass die Tochterfirma die Verbrechen der kongolesischen Sicherheitskräfte unterstützte.[45]

Es geht in diesem Verfahren also im Kern um die Bestimmung der Sorgfaltspflichten bei unternehmerischen Aktivitäten im Ausland, insbesondere in solchen Regionen, in denen es regelmäßig zu Menschenrechtsverletzungen kommt. Besonders bedeutsam ist dabei die Frage, inwieweit Unternehmen mit staatlichen und nichtstaatlichen Akteuren zusammenarbeiten dürfen, die für derartige Verletzungen verantwortlich sind. Die zuständige Staatsanwaltschaft hat die Ermittlungen Anfang 2015 eingestellt. Eine Beschwerde gegen diese Entscheidung ist anhängig.

c. Der Fall *Lahmeyer*

Das deutsche Ingenieursbüro *Lahmeyer International GmbH* hat Bauplanung, Bauüberwachung sowie Kontrolle der Inbetriebnahme des Merowe-Staudamms im Nord-Sudan, eines der gegenwärtig größten Wasserkraftprojekte in Afrika, übernommen. *Lahmeyer International* begann mit dem Bau des Staudamms, ohne dass – wie in internationalen Standards der Weltbank vorgesehen – Umsiedlungspläne mit den betroffenen Bevölkerungsgruppen ausgehandelt worden wären, geschweige denn etwaige Umsiedlungen stattgefunden hätten. Im Rahmen des unter der Federführung von *Lahmeyer* durchgeführten Bauvorhabens wurden sowohl im August 2006 als auch bei Inbetriebnahme des Staudamms im April 2008 angrenzende Siedlungsgebiete überschwemmt. Über 4.700 Familien mussten ohne jegliche Vorankündigung ihre Häuser verlassen, wobei sie sämtliche Besitztümer – von Häusern über Ernten bis hin zu Nutztieren – ersatzlos verloren.

Im Mai 2010 reichte das *European Center for Constitutional and Human Rights* eine Strafanzeige gegen zwei leitende Angestellte des Ingenieurbüros *Lahmeyer International GmbH* bei der Staatsanwaltschaft in

45 Vgl. hierzu *European Center for Constitutional and Human Rights*, Sondernewsletter. Strafanzeige gegen leitenden Mitarbeiter der Danzer Group. Verantwortung für Menschenrechtsverletzungen in der Demokratischen Republik Kongo, 25. April 2013, abrufbar unter <www.ecchr.de/danzer.html>.

Frankfurt am Main ein.[46] In der Strafanzeige wird den beiden Mitarbeitern vorgeworfen, für die Überflutung von über 30 Dörfern, die Vertreibung von über 4.700 Familien und die Zerstörung ihrer Lebensgrundlage mittäterschaftlich verantwortlich zu sein. Die Staatsanwaltschaft hat bisher umfangreiche Ermittlungen durchgeführt und mehrere Zeuginnen und Zeugen vernommen.

3. *Die Schweiz und der Fall* Nestlé

Am 10. September 2005 wurde *Luciano Romero*, ein kolumbianischer Gewerkschafter und ehemaliger Mitarbeiter der kolumbianischen *Nestlé*-Tochter *Cicolac*, von Paramilitärs entführt, gefoltert und ermordet. Diesem Verbrechen waren wiederholte Todesdrohungen vorausgegangen, die im Zusammenhang eines langjährigen Arbeitskonflikts zwischen der Gewerkschaft *Sinaltrainal* und der *Nestlé*-Fabrik *Cicolac* standen. Die Gewerkschaft hatte diese Todesdrohungen gegen ihre Mitglieder stets dem *Nestlé*-Tochterunternehmen in Kolumbien sowie dem Mutterkonzern in der Schweiz angezeigt. Anstatt angemessene Schutzmaßnahmen zu ergreifen, verleumdeten lokale *Nestlé*-Manager *Romero* sowie seine Kollegen als vermeintliche Mitglieder der Guerilla, was sie weiteren Bedrohungen aussetzte und auch Nestlé in der Schweiz unternahm nichts, um die Drohungen und Diffamierungen zu unterbinden und *Romero* zu schützen.

Am 5. März 2012 reichte das *European Center for Constitutional and Human Rights* gemeinsam mit der kolumbianischen Gewerkschaft *Sinaltrainal* bei der Schweizer Staatsanwaltschaft in Zug eine Strafanzeige gegen leitende Mitarbeiter von *Nestlé* sowie gegen das Unternehmen[47] selbst ein.[48] Die Anzeige wirft den *Nestlé*-Managern vor, es pflichtwidrig unterlassen zu haben, die Verbrechen an *Romero* zu verhindern oder jedenfalls angemessene Schutzmaßnahmen für ihn sowie die anderen Gewerkschafter getroffen zu haben. Nachdem das Verfahren an die ebenfalls zuständi-

---

46 Vgl. *European Center for Constitutional and Human Rights*, Strafanzeige gegen Lahmeyer (eingereicht bei der Staatsanwaltschaft Frankfurt am Main am 30. April 2010), abrufbar unter <www.ecchr.de/lahmeyer.html>.

47 Anders als Deutschland kennt die Schweiz die Möglichkeit der strafrechtlichen Inanspruchnahme von Unternehmen, vgl. Art. 102 Abs. 1 schweizerisches Strafgesetzbuch.

48 Vgl. zum Fall Nestlé insgesamt <www.ecchr.de/nestle.html>.

ge Staatsanwaltschaft Vaud abgegeben wurde, stellte diese es im Mai 2013 ein. Hiergegen legte die Witwe des Ermordeten Beschwerde ein.

Mit Urteil vom 21. Juli 2014 lehnte das Schweizer Bundesgericht diese Beschwerde jedoch mit der Begründung ab, die Straftaten seien verjährt.[49] Damit bestätigte es zwar die Ansicht der Staatsanwaltschaft und des Kantonalgerichts, wich jedoch von der Rechtsauffassung des Bundesrats und weiten Teilen der Literatur ab. Diese gehen im Zusammenhang mit der Unternehmensverantwortung von *Nestlé* nach schweizerischem Strafrecht von einem bisher nicht verjährten Dauerdelikt aus. Da das Bundesgericht das Verfahren aus formellen Gründen beendete, blieb die maßgebliche Frage nach der strafrechtlichen Verantwortlichkeit des Unternehmens für die Ermordung weiterhin ungeklärt.

Dieses Verfahren war insofern paradigmatisch, als es in der Schweiz erstmals die Frage der Unternehmensstrafbarkeit nach Art. 102 Strafgesetzbuch in Fällen von Menschenrechtsverletzungen aufwarf. Die Unternehmensverantwortung im schweizerischen Strafrecht weicht insofern deutlich vom herkömmlichen Strafrecht ab, weil sie eine Sanktionierung dann vorsieht, wenn individuelle Verantwortliche für eine im Zusammenhang mit Unternehmensaktivitäten begangene Straftat auf Grund einer mangelhaften internen Unternehmensorganisation nicht ermittelt werden können – das Unternehmen wird bestraft, weil sein interner Aufbau eine wirksame strafrechtliche Verfolgung verhindert. Auch wenn die Klage abgewiesen wurde, konkretisierte das Bundesgericht immerhin abstrakt die Anforderungen an Unternehmen dahingehend, dass diese unter anderem für „eine klare Beschreibung und Verteilung von Zuständigkeiten und Verantwortungen“ sowie „konkrete und namentliche Arbeitspläne innerhalb des Unternehmens“ sorgen müssen.

Im Dezember 2014 reichte die Witwe des ermordeten Gewerkschafters eine Beschwerde beim Europäischen Gerichtshof für Menschenrechte wegen der Verletzung der Rechte auf Leben und auf eine wirksame Beschwerde (Artikel 2 und 13 der Europäischen Menschenrechtskonvention) gegen die Schweiz ein. Diese wurde Anfang 2015 als unzulässig abgelehnt.

---

49 Vgl. „Schweizer Bundesgericht lehnt Mordklage gegen Nestlé ab“, Amerika 21 vom 5. August 2014, abrufbar unter <https://amerika21.de/2014/08/103485/nestle-bundesgericht>.

IV. Entwicklungen in Lateinamerika

In Argentinien und Chile findet seit Mitte der 1980er Jahre zunächst vereinzelt,[50] seit Anfang 2000 jedoch auf breiter Ebene, eine rechtliche Aufarbeitung der Diktaturen der 1970er Jahre statt und auch in Kolumbien wird die aktuell andauernde Gewalt teilweise juristisch aufgearbeitet. Während sich die Strafverfolgung anfangs auf staatliche Akteure wie Polizei, Geheimdienste und Militär beschränkte, rückte in den letzten Jahren zunehmend die Beteiligung von wirtschaftlichen Akteuren in den Blickpunkt. Gerade in Argentinien sowie in geringerem Maß in Kolumbien sind hier in Ansätzen erfreuliche Entwicklungen zu erkennen.

1. Kolumbien

Der seit Jahrzehnten andauernde, komplexe bewaffnete Konflikt in Kolumbien fordert bis heute zahlreiche Opfer insbesondere in der Zivilbevölkerung. Dabei werden Menschenrechtsaktivisten sowie Gewerkschafter immer wieder als „Guerilla"-Kämpfer verleumdet und somit zur Zielscheibe von Angriffen durch die kolumbianische Armee und paramilitärische Gruppen, die häufig zusammenarbeiten. In den letzten beiden Dekaden wurden alleine zehntausende Gewerkschafter ermordet.

a. Der Fall *Nestlé*

In der bereits angesprochenen[51] Sache des ermordeten *Nestlé*-Mitarbeiters *Luciano Romero* erließ das Zweite Strafgericht des Bezirks Bogotá am 26. November 2007 ein Urteil gegen die direkten Täter *José Ustariz Acuña* und *Jhonatan David Contrera Puello* wegen schwerer Tötung einer nach dem humanitären Völkerrecht geschützten Zivilperson.[52] Der zuständige Richter bestätigte in der Urteilsbegründung die besonders relevante Rolle, die Nestlé im Zusammenhang der in diesem Strafverfahren untersuchten Geschehnisse zukam, und ordnete diesbezügliche Ermittlungen an. Diesem Beschluss kamen die Strafverfolgungsbehörden jedoch fak-

---

50 Vgl. die Junta-Prozesse in Argentinien in den Jahren 1985/1986.

51 Dazu Abschnitt III.3 oben.

52 Verfahren Nr. 20001-2038-001-2007-00056.

tisch nie nach. Zwar soll die Staatsanwaltschaft ein formales Ermittlungsverfahren gegen (ehemalige) Funktionäre der *Nestlé*-Tochter *Cicolac* eingeleitet haben, doch sind die Beschuldigten bis heute nicht zum Verhör geladen worden. Zahlreiche Beweisanträge der Nebenklage sind bisher unbeantwortet geblieben.

b. Der Fall *Drummond*

Im Februar 2013 wurde ein ehemaliger Auftragnehmer des US-amerikanischen Minenunternehmens *Drummond* in Kolumbien zu 38 Jahren Haft wegen seiner Verwicklung in die Ermordung zweier Gewerkschafter im Jahr 2001 verurteilt.[53] Der Richter maß dem Verurteilten hierbei die Rolle eines Bindeglieds zwischen den Paramilitärs und dem Unternehmen *Drummond* zu. In seinem Urteil ordnete er an, Ermittlungen gegen *Drummond* einzuleiten, um die genaue Rolle des Unternehmens im Zusammenhang mit den erfolgten Ermordungen zu klären.

2. Argentinien

Dass private Wirtschaftseliten und diktatorische Staatsgefüge oftmals eng miteinander verwoben sind, wurde juristisch erstmals während der wegweisenden Industriellen-Prozessen in Nürnberg aufgearbeitet. Seitdem wurden derartige Verflechtungen ganz besonders während der noch immer andauernden rechtlichen Aufarbeitung von Verbrechen der letzten Militärdiktatur in Argentinien deutlich.[54] Neben der Inanspruchnahme von Zulie-

---

53 Gegen Drummond Company Inc. und seine hundertprozentige Tochter Drummond Ltd. wurden seit 2002 auch mehrere auf den Alien Tort Claims Act gestützte Klagen wegen der angeblichen Beteiligung des Unternehmens an der Ermordung mehrerer Gewerkschafter bei US-amerikanischen Gerichten eingereicht, die jedoch bisher alle ohne Erfolg geblieben sind.

54 Allgemein zur Kooperation von Unternehmen mit Diktaturen, vgl. *Kaleck/Saage-Maaß*, Corporate Accountability for Human Rights Violations Amounting to International Crimes, Journal of International Criminal Justice 8 (2010), S. 699 ff. (703 f.).

ferern, die schwerste Menschenrechtsverbrechen zu verantworten haben,[55] können sich Unternehmen insbesondere wegen Beteiligung an Völkerstraftaten schuldig machen, indem sie den unmittelbaren Tätern Informationen, Waren und Dienstleistungen zur Verfügung stellen.[56] Auch wenn es in Argentinien bisher noch zu keiner Verurteilung wirtschaftlicher Akteure für deren Beteiligung an den Diktaturverbrechen kam, sind die nachfolgend geschilderten Fälle immerhin ein wichtiger und wegweisender Schritt in diese Richtung.

a. Der Fall *Mercedes Benz* Argentinien

Wie bereits unter III.2.a. dargestellt, verschwanden während der letzten Militärdiktatur in Argentinien 15 Gewerkschafter und Mitarbeiter des *Mercedes Benz Argentinien* Werks in González-Catán außerhalb von Buenos Aires. Dabei steht das Unternehmen im Verdacht, Informationen zu einzelnen Gewerkschaftern, wie deren private Adressen, an die staatliche Polizei weitergegeben zu haben. Am 27. Oktober 2002 erstatteten die Angehörigen der Verschwundenen in Argentinien eine durch die investigative Arbeit der Journalistin *Dr. Gaby Weber* angestoßene Anzeige gegen *Mercedes Benz Argentinien.* Die dortige Bundesstaatsanwaltschaft kam 2007 zu dem Schluss, *dass Mercedes Benz Argentinien* Tatbeteiligter der untersuchten Verbrechen gewesen sei. Da allerdings Unternehmen als solche nach argentinischem Strafrecht nicht strafbar und individuelle Verantwortliche nicht identifizierbar seien, stellte sie das Verfahren auf Bundesebene ein und verwies die Sache an das Gericht von San Martín.

Der Anwalt der Opferfamilien forderte die zuständige Richterin *Alicia Vence* erneut auf, den ehemaligen *Mercedes Benz Argentinien*-Manager *Juan Tasselkraut* zu den Tatvorwürfen zu hören. Auch die Bundesstaatsanwaltschaft in San Martín forderte Ende November 2014 nach langem Verfahrensstillstand die gerichtliche Anhörung *Tasselkrauts* sowie des

---

55 Die I.G. Farbenindustrie AG beispielsweise versklavte während des Dritten Reichs Kriegsgefangene sowie Konzentrationslagerinsassen und nutze diese als Arbeitskräfte für eigene Zwecke.

56 Allgemein zu Verhaltensformen, die eine Beteiligung von Unternehmen an Völkerstraftaten begründen können, vgl. *International Commission of Jurists*, Corporate Complicity & Legal Accountability, Criminal Law and International Crimes (2008), S. 37, abrufbar unter <www.icj.org/report-of-the-international-commission-of-jurists-expert-legal-panel-on-corporate-complicity-in-international-crimes>.

ehemaligen Leiters der Rechtsabteilung von Mercedes Benz Argentinien, *Rubén Pablo Cuevas*.[57] Das Verfahren ist weiter anhängig.

b. Der Fall *Ford*

Innerhalb der ersten drei Monate nach dem Putsch in Argentinien am 24. März 1976 wurden 24 Mitarbeiter und Gewerkschafter des *Ford* Werkes in Buenos Aires auf dem Gelände des Werks illegal festgenommen, gefoltert und kurzzeitig festgehalten. Die Betroffenen kamen später wieder frei.

Dem Unternehmen wird vorgeworfen, dem Militär personenbezogene Daten wie Fotos, Personalakten und private Adressen der später festgenommenen Mitarbeiter weitergereicht und so bei deren Identifizierung geholfen zu haben. Zudem gestattete das Unternehmen die Errichtung eines Befragungs- und geheimen Folterzentrums des Militärs auf dem eigenen Fabrikgelände. Während die Mitarbeiter vom Militär festgehalten wurden, schickte *Ford* ihnen Schreiben, in denen das Unternehmen die Mitarbeiter aufforderte, ihre Arbeit wieder aufzunehmen. Da sie dieser Aufforderung nicht nachkommen konnten, entließ sie das Unternehmen kurzerhand.

Strafrechtliche Ermittlungen wurden gegen den ehemaligen Leiter der Manufacturing Abteilung *Pedro Müller,* den ehemaligen Arbeitsdirektor *Guillermo Galarraga* und den Sicherheitschef *Hector Francisco Sibilla* eingeleitet.

Nach Jahren der Ausdauer und Beharrlichkeit auf Seiten der Kläger ließ die zuständige Richterin *Alicia Vence* im Mai 2012 die besagte *Ford* Niederlassung in Anwesenheit von zehn ehemaligen *Ford* Mitarbeitern,[58] die dort während der Zeit der Geschehnisse arbeiteten, durchsuchen.

Die drei Verdächtigen wurden im März 2013 zum Verhör geladen. Während *Müller* und *Galarraga* von ihrem Schweigerecht Gebrauch machten, wies *Sibilla* in seiner Aussage vom 27. März 2013 alle Vorwürfe zurück.

Im Mai 2013 bestätigte Richterin *Vence* die Anklage gegen die drei Männer wegen direkter Teilnahme an illegaler Freiheitsberaubung und

57 Vgl. "Tras los cómplices de la dictadura", Pagina 12 vom 30. November 2014, abrufbar unter <www.pagina12.com.ar/diario/elpais/1-260922-2014-11-30.html>.

58 Unter ihnen Gewerkschafter, die während der Militärdiktatur entführt wurden.

Folter und eröffnete das förmliche Verfahren gegen sie.[59] Alle drei mussten eine Kaution in Höhe von jeweils 143.000 Argentinischen Pesos hinterlegen. Zwar legten die Angeklagten Rechtsmittel gegen die richterliche Entscheidung ein, doch bestätigte das Berufungsgericht in San Martín diese im Oktober 2013.

Mittlerweile wurden zwar die ebenfalls im Fall *Ford* angeklagten Militärs verurteilt. Das Verfahren hinsichtlich *Müller, Sibilla* und *Galarraga,* der drei Verdächtigen aus dem Bereich der Wirtschaft, wurde bei dieser Gelegenheit allerdings abgetrennt, ohne dass bisher ein Urteil ergangen wäre.

c. Der Fall *Ledesma*

Die mögliche Beteiligung des Zuckerunternehmens *Ledesma* an Verbrechen der letzten argentinischen Militärdiktatur ist Gegenstand dreier großer Strafverfahren in Argentinien.[60]

In diesem Zusammenhang lud das Bundesgericht im argentinischen Jujuy im Frühjahr 2012 den Unternehmenschef von *Ledesma, Pedro Blaquier*, sowie den ehemaligen Geschäftsführer, *Alberto Lemos*, zur Vernehmung. Hierbei sollte in erster Linie die mutmaßliche Verantwortlichkeit beider für die illegale Freiheitsberaubung der Opfer der so genannten „Nacht des Stromausfalls" (*La Noche del Apagón*) im Juli 1976 geklärt werden. In jener Nacht wurden ca. 400 Personen, in der Mehrheit Gewerkschafter und Angestellte von *Ledesma*, von Militärs verschleppt. Einige der Lastwagen, in denen die Personen mitgenommen wurden, waren mit dem Unternehmenslogo von *Ledesma* gekennzeichnet. Zudem sollen die Fahrer derselben teilweise zur Belegschaft von Ledesma gehört haben. Bis heute sind 55 dieser Personen verschwunden.

Bei einer Durchsuchung der Geschäftsräume des Unternehmens Ende April 2012 wurden unter anderem für *Ledesma* erstellte Spionageberichte

---

59 Die gerichtliche Bestätigung der Anklage kommt in etwa dem Eröffnungsbeschluss im deutschen Strafprozessrecht gleich.

60 Vgl. (1) "*Fiscal Federal N. 1 – Solicita Acumulación* (ARÉDEZ, Luis Ramón y otros)"; (2) "*Fiscal Federal N. 1 – Solicita Acumulación* (BERNARD, José Pablo y otros)"; und (3) "*Fiscal Federal N. 1 – Solicita Acumulació*n (BURGOS, Luis y otros)".

über später verschwunden gelassene Gewerkschafter entdeckt.[61] Dies sind wichtige Indizien und Beweismittel für die Feststellung der strafrechtlichen Verantwortlichkeit des Unternehmens für die hier in Rede stehenden Verbrechen gegen die Menschlichkeit.

Obwohl *Blaquier* die Vorwürfe im August 2012 vor dem Bundesgericht in Jujuy vollumfänglich abstritt,[62] bestätigte Richter *Poviña* am 15. November 2012 die Anklage gegen diesen als primär Beteiligten[63] an illegalen Festnahmen in 29 Fällen.[64] Dem Richter zufolge kam *Blaquier* eine Schlüsselrolle bei den Geschehnissen zu: "Er gab *Lemos* die Anweisung den Sicherheitskräften Fahrzeuge zur Verfügung zu stellen, um darin die Gefangenen zu den unterschiedlichen Internierungslagern zu bringen." Auch die Anklage gegen *Lemos* als sekundär Beteiligtem in den zuvor genannten 29 Fällen wurde im November 2012 bestätigt, nachdem dieser im Mai und September 2012 vor Gericht ausgesagt hatte. *Blaquier* und *Lemos* mussten jeweils eine Sicherheitsleistung in Höhe von 11.000.000 bzw. 5.500.000 Argentinischen Pesos hinterlegen.[65]

Die Verteidigung der Angeklagten legte hiergegen erfolglos Rechtsmittel ein: Das Berufungsgericht in Salta bestätigte im Jahr 2013 Richter *Poviñas* Entscheidung.[66] Hiergegen legten die Angeklagten abermals Rechtsmittel ein. Das Revisionsgericht (*Cámara de Casación Penal*) entschied

---

61 Etwa über den ehemaligen Gewerkschaftsführer *Jorge Osvaldo Weisz*, der 1974 festgenommen und verschwunden gelassen wurde.

62 Vgl. hierzu "Causa Aredez", S. 10, und "Causa Burgos", S. 19 f., *Centro de Información Judicial*, Lesa humanidad: procesaron a Blaquier en la causa por "la noche del apagón", 15. November 2012, abrufbar unter <www.cij.gov.ar/nota-10287-Lesa-humanidad--procesaron-a-Blaquier-en-la-causa-por--la-noche-del-apag-n-.html>.

63 Im argentinischen Strafrecht wird zwischen primärer Beteiligung (notwendiger Beitrag für die Erfüllung des Straftatbestands) sowie sekundärer Beteiligung (nicht notwendiger Beitrag für die Erfüllung des Straftatbestands) unterschieden.

64 Vgl. "Causa Aredez", S. 154 und 206, a.a.O., Fn 62.

65 Ebd.

66 Vgl. in der Sache „Aredez": Confirman el procesamiento de Blaquier por secuestros en la "Noche del Apagón", 6. Dezember 2013, abrufbar unter <http://fiscales.gob.ar/lesa-humanidad/confirman-el-procesamiento-de-blaquier-por-secuestros-en-la-noche-del-apagon> und "Ledesma: confirmaron el procesamiento de Blaquier", *InfoJus Noticias*, v. 23. August 2013, abrufbar unter <www.infojusnoticias.gov.ar/nacionales/ledesma-confirmaron-el-procesamiento-de-blaquier-1253.html>; und in der Sache „Burgos": *Centro de Información Judicial*, Lesa humanidad: la Cámara Federal de Salta rechazó planteo de recusación efectuado por Carlos Pedro Blaquier, 13. Dezember 2013, abrufbar unter <www.cij.go

am 13. März 2015, dass das vorliegende Beweismaterial nicht ausreiche, um einen hinreichenden Tatverdacht gegen die Angeklagten zu begründen, da es nicht belege, dass diese von den Plänen der Sicherheitskräfte gewusst hätten, die Betroffenen verschwinden zu lassen.[67] Die Staatsanwaltschaft legte gegen diese Entscheidung Rechtsmittel beim höchstinstanzlichen *Corte Suprema de Justicia de la Nación* ein.[68]

V. Ein Ausblick

1. Die Rechtsprechung der Tribunale zu aiding and abetting

Seit den ausgehenden 1990er Jahren hat die internationale Diskussion um Unternehmensverantwortung und deren rechtliche Regulierung eine neue Dynamik bekommen. Im Zuge dessen hat die *International Commission of Jurists* in einer jüngeren Veröffentlichung die Kasuistik der verschiedenen Beteiligungsformen an Völkerstraftaten eingehend beleuchtet.[69] Im Rahmen des Völkerstrafrechts spielt die Beteiligungsform der Teilnahme an einem Verbrechen, insbesondere durch *aiding and abetting,* eine besonders wichtige Rolle. Dies ist der oft umfangreichen und komplexen Natur von Völkerstraftaten, die eine unüberschaubar große Anzahl an Beteiligten nach sich zieht, geschuldet.[70] So legen auch die Tribunale schon seit Nürnberg ihren Fokus weniger auf die unmittelbaren Täter, als auf diejeni-

---

v.ar/nota-12734-Lesa-humanidad--la-C-mara-Federal-de-Salta-rechaz--planteo-de-recusaci-n-efectuado-por-Carlos-Pedro-Blaquier.html>.

67 "Civilian complicity trials on the rocks", Buenos Aires Herald vom 14. März 2015, abrufbar unter <www.buenosairesherald.com/article/184296/civilian-complicity-trials-on-the-rocks>.

68 "Piden a la Corte Suprema seguir investigando al dueño del ingenio Ledesma", Minuto Uno vom 1. April 2015, abrufbar unter <www.minutouno.com/notas/358986-piden-la-corte-suprema-seguir-investigando-al-dueno-del-ingenio-ledesma>.

69 *International Commission of Jurists*, Corporate Complicity & Legal Accountability, 2008, abrufbar unter <www.icj.org/report-of-the-international-commission-of-jurists-expert-legal-panel-on-corporate-complicity-in-international-crimes>. Der Fokus der Studie liegt ausdrücklich auf der Teilnahme von Unternehmen an Völkerstraftaten, nicht aber auf der täterschaftlichen Begehung solcher Verbrechen (ebd., S. 2-4).

70 Vgl. zu dem sog. „multi-perpetrator setting", *Wirth,* in: Stahn/Sluiter (Hrsg.), The Emerging Practice of the International Criminal Court (2009), S. 329 ff.

gen, die die Verbrechen anderer konzipieren, kontrollieren oder erleichtern und deren Verantwortung damit sogar größer sein mag, als die des direkten Täters.

Sowohl die jeweiligen Statuten der internationalen *ad hoc* und Hybrid-Tribunale, als auch das Römische Statut des Internationalen Strafgerichtshof sehen die Möglichkeit der Tatbegehung durch *aiding and abetting* vor.[71] Das Römische Statut beispielsweise besagt in seinem Artikel 25 Abs. 3 c), dass derjenige, der zur Erleichterung einer Völkerstraftat Beihilfe oder sonstige Unterstützung bei deren Begehung oder versuchten Begehung leistet, einschließlich der Bereitstellung von Mitteln für die Begehung, strafbar ist.

Die Rechtsprechung der *ad hoc* Tribunale verlangt in objektiver Hinsicht (*actus reus*), dass die Unterstützungshandlung, die vor, während oder nach der Haupttat erfolgen kann,[72] eine substantielle Wirkung (*substantial effect*) auf die Begehung der Haupttat hat.[73] Damit soll nach Meinung der *International Commission of Jurists* in erster Linie ausgeschlossen werden, dass belanglose Handlungen, die sich unterstützend auswirken, eine strafrechtliche Inanspruchnahme nach sich ziehen.[74] Gleichzeitig ist eine darüber hinausgehende Kausalität, etwa dass die Tat ohne die Unterstützungshandlung keinen Erfolg gehabt hätte, nicht erforderlich.[75]

Ob ein Verhalten letztendlich als *aiding and abetting* qualifiziert werden kann, ist eine Frage des Einzelfalls. Konkrete Beispiele für *aiding and abetting* im Zusammenhang mit Unternehmensbeteiligung an Völkerstraftaten umfassen unter anderen

---

71 Vgl. Art. 7 Abs. 1 JStGH-Statut; Art. 6 Abs. 1 JStGH-Statut; Art. 6 Abs. 1 SLSGH-Statut; Art. 29 des Gesetzes über die Einrichtung Außerordentlicher Kammern an den Gerichten Kambodschas; Art. 3 STL-Statut; Art. 25 Abs. 3 c) Römisches Statut.

72 So u.a. JStGH (Berufungskammer), *Prosecutor v. Blaškić*, Urteil vom 29. Juli 2004, para 48.

73 So etwa JStGH (Berufungskammer), *Prosecutor v. Blagojević und Jokić*, Urteil vom 9. Mai 2007, para 127; JStGH (Berufungskammer), *Prosecutor v. Simic*, Urteil vom 28. November 2006, para 85; JStGH (Berufungskammer), *Prosecutor v. Blaškić*, Urteil vom 29. Juli 2004, paras 45-46; JStGH (Berufungskammer), *Prosecutor v. Vasiljević*, Urteil vom 25. Februar 2004, para 102.

74 Trotz einer fehlenden Kodifizierung des Erfordernisses der substantiellen Wirkung im Römischen Statut und in Ermangelung bisheriger diesbezüglicher IStGH-Rechtsprechung, ist daher zu erwarten, dass auch der IStGH diese Anforderung an den *actus reus* der Beihilfe stellen wird.

75 *Werle*, Völkerstrafrecht, 2. Auflage (2007), S. 445.

- die Bereitstellung von Gütern und Dienstleistungen, die im Rahmen von der Begehung eines Verbrechens benutzt werden, Beispiele wären die Fälle *Ford* und *Ledesma* in Argentinien sowie die beiden niederländischen Fälle,
- die Übermittlung von Informationen, die zu der Begehung von Verbrechen führt, wie beispielsweise im *Mercedes Benz Argentina*-Fall geschehen,
- die Überlassung von Personal zur Begehung von Verbrechen, wie etwa im Fall *Ledesma*,
- die Leistung von logistischer Unterstützung zur Begehung von Verbrechen,
- die Beschaffung oder Nutzung von Gütern oder Ressourcen (einschließlich Arbeit) im Wissen darum, dass die Lieferung (*supply*) dieser Ressourcen die Begehung von Verbrechen umfasst

und

- Bankdienstleistungen, damit die Erlöse von Verbrechen hinterlegt werden können.[76]

Neben aktivem Tun kann allerdings auch ein Unterlassen die für *aiding and abetting* erforderliche Unterstützung darstellen, soweit dieses einen entscheidenden Einfluss auf die Verwirklichung des Verbrechens hat.[77] Dies ist gegeben, wenn eine Person nichts tut, obwohl sie die Möglichkeit hat, die Verwirklichung eines Verbrechens zu verhindern, zu beenden oder dieses jedenfalls abzumildern, oder wenn das stille Hinnehmen der Begehung eines Verbrechens so gewertet werden kann, dass es diese legitimiert, fördert oder moralisch unterstützt.[78]

Auf subjektiver Seite (*mens rea*) fordert die Rechtsprechung der *ad hoc* Tribunale, dass der *aider and abettor* einerseits weiß, dass sein Verhalten

---

76 Vgl. *International Commission of Jurists*, Corporate Complicity & Legal Accountability, Criminal Law and International Crimes (2008), S. 19, abrufbar unter <www.icj.org/report-of-the-international-commission-of-jurists-expert-legal-panel-on-corporate-complicity-in-international-crimes>.

77 JStGH (Berufungskammer), *Prosecutor v. Blaškić*, Urteil vom 29. Juli 2004, para 47.

78 Näher hierzu, *International Commission of Jurists*, Corporate Complicity & Legal Accountability, Criminal Law and International Crimes (2008), S. 19 f., abrufbar unter <www.icj.org/report-of-the-international-commission-of-jurists-expert-legal-panel-on-corporate-complicity-in-international-crimes/>.

den Haupttäter unterstützt, und sich andererseits über die wesentlichen Elemente der Haupttat bewusst ist.[79] Wissen hinsichtlich des konkreten Verbrechens ist hingegen nicht erforderlich.

Allerdings löste insbesondere die jüngere Rechtsprechung des Jugoslawien-Tribunals Unsicherheit bezüglich der Voraussetzung einer völkerstrafrechtlichen Verantwortlichkeit im Rahmen von *aiding and abetting* aus. Die Berufungskammer dieses Tribunals forderte in ihrer Entscheidung vom 28. Februar 2013 nämlich erstmals eine „spezifische (Aus-)Richtung" (*specific direction*) bei der Tatbegehung durch *aiding and abetting,* d.h. die fragliche Unterstützung müsse spezifisch auf die Verübung der zu Grunde liegenden Straftaten ausgerichtet sein, und hob das erstinstanzliche Urteil gegen den ehemaligen jugoslawischen Generalstabschef *Perišić*, in dem er zu 27 Jahren Haft wegen Beihilfe zu Verbrechen gegen die Menschlichkeit an bosnischen Muslimen verurteilt worden war, in Ermangelung des Vorliegens dieses objektiven Tatbestandsmerkmals auf.[80] Obwohl *Perišić* bosnische Serben bewusst und massiv unterstützte, kam die Berufungskammer zu dem Schluss, es sei nicht nachzuweisen, dass diese Unterstützung nicht nur generell auf die Unterstützung der Kriegführung der bosnischen Serben, sondern spezifisch auf die Begehung von Verbrechen in Form ethnischer Säuberungen ausgerichtet war.

Obwohl die Rechtsprechung des Jugoslawien-Tribunals (sowie die des Ruanda-Tribunals) grundsätzlich als richtungweisend für andere Völkerrechtstribunale gilt, wich das *ad hoc* Tribunal in Sierra Leone in seinem mittlerweile in zweiter Instanz bestätigten Urteil gegen *Charles Taylor* von der Rechtsprechung im Falle *Perišić* ab, indem es eine *specific direction* gerade nicht forderte.[81]

Das Urteil gegen den ehemaligen Präsidenten Liberias vom 26. April 2012 ist damit für die hier geführte Diskussion vielleicht die spannendste

---

79 JStGH (Berufungskammer), *Prosecutor v. Blagojević und Jokić*, Urteil vom 9. Mai 2007, para 127; JStGH (Berufungskammer), *Prosecutor v. Simic*, Urteil vom 28. November 2006, para 86; JStGH (Berufungskammer), *Prosecutor v. Blaškić*, Urteil vom 29. Juli 2004, paras 45-46; JStGH (Berufungskammer), *Prosecutor v. Vasiljević*, Urteil vom 25. Februar 2004, para 102.

80 JStGH (Berufungskammer), *Prosecutor v. Perišić*, Urteil vom 28. Februar 2013, paras 25 ff.

81 Auch die Berufungskammer des Internationalen Strafgerichtshof für das ehemalige Jugoslawien im Fall Šainović et al kritisierte die Perišić Entscheidung hinsichtlich der dort geforderten specific direction, vgl. JStGH (Berufungskammer), *Prosecutor v Šainović et al,* Urteil vom 23. Januar 2014, paras 1617-1625, 1650.

Entscheidung internationaler Tribunale, da es sich in aller Ausführlichkeit mit den Voraussetzungen für *aiding and abetting* auseinandersetzt und letztendlich zu einem weiteren Anwendungsbereich dieser rechtlichen Figur kommt, als etwa das Jugoslawien-Tribunal im Falle *Perišić*.[82] *Taylor* wurde wegen seiner Unterstützung der *Revolutionary United Front* (RUF) bei der Begehung von Kriegsverbrechen wie der Rekrutierung und dem Einsatz von Kindersoldaten und von Verbrechen gegen die Menschlichkeit in Form von sexualisierter Gewalt zwischen dem 30. November 1996 und dem 18. Januar 2002 während des Bürgerkriegs in Sierra Leone schuldig gesprochen und schließlich am 30. Mai 2012 zu 50 Jahren Haft verurteilt. Dabei stellte das Gericht fest, dass eine strafrechtliche Verantwortlichkeit auf Grund von *aiding and abetting* voraussetzt, dass der Beschuldigte "practical assistance, encouragement, or moral support which had a substantial effect on the perpetration of a crime" geleistet hat – *Taylors* Unterstützung der *RUF* erfüllte dieses Tatbestandsmerkmal, da sie einen entsprechenden „substantial effect" hatte, ohne dass nachgewiesen werden musste, dass diese spezifisch auf die Unterstützung der von der *RUF* verübten Verbrechen ausgerichtet war. Der Beschuldigte muss wissen, dass diese Unterstützung "would assist the commission of the crime by the perpetrator" oder er muss "aware of the substantial likelihood", dass dies der Fall sein würde, gewesen sein.[83] Damit sind auch die Anforderungen an die innere Tatseite zumindest nominell geringer als in der Rechtsprechung des Jugoslawien-Tribunals – während letzteres für eine Verurteilung für *aiding and abetting* sicheres Wissen fordert, reicht dem Sierra Leone Tribunal ein *dolus eventualis* aus.[84] Wie ausgeführt (dazu III. 1), war genau diese Unterscheidung im Fall *Van Anraat* die entscheidende juristische Frage.

Die Berufungskammer bestätigte das erstinstanzliche Urteil im September 2013[85] und macht *Charles Taylor* damit seit dem zweiten Weltkrieg zum ersten ehemaligen Staatschef, der rechtskräftig durch ein internationales Gericht verurteilt wurde.

---

82 SLSGH (Verfahrenskammer), *Prosecutor v. Taylor*, Urteil vom 26. April 2012.

83 Ebd., para 6904.

84 Prosecutor v. Taylor. Special Court for Sierra Leone Rejects "Specific Direction" Requirement for Aiding and Abetting Violations of International Law, Harvard Law Review 127 (2014), S. 1851 (Fn. 41).

85 SLSGH (Berufungskammer), *Taylor*, Urteil vom 26. September 2013, vgl. insbesondere paras 452 ff. zu dem Erfordernis einer specific direction.

Diese Entwicklungen hin zu einem weiteren Anwendungsbereich von *aiding and abetting* innerhalb der Rechtsprechung kann auch in der Berufungsentscheidung des Jugoslawien-Tribunals vom 23. Januar 2014 im Falle *Sainovic et al* beobachtet werden. Darin befanden die Richter die vorherige Forderung nach einer *specific direction* im *Perišić*-Urteil derselben, damals aber aus anderen Richtern zusammen gesetzten, Berufungskammer, für falsch.[86] Diese Rechtsprechung könnte weitreichende Auswirkungen auf zukünftige Fälle haben, in denen die materielle Unterstützung von Unternehmen für Völkerstraftaten zur Verhandlung steht, da es in solchen Fällen regelmäßig schwer nachzuweisen sein dürfte, dass eine derartige Unterstützung spezifisch auf die Begehung von Völkerstraftaten ausgerichtet war.

2. *Die UN-Leitprinzipien für Wirtschaft und Menschenrechte nach* John Ruggie

Eine Tendenz weg vom bisher vorherrschenden Paradigma der freiwilligen Übernahme von sozialer Verantwortung durch Unternehmen (*Corporate Social Responsibilty*) hin zu tatsächlicher Verantwortlichkeit und Haftung von Unternehmen für Menschenrechtverletzungen zeigen die UN-Leitprinzipien für Menschenrechte und Unternehmen, die unter Leitung des ehemaligen UN-Sonderbeauftragten für Wirtschaft und Menschenrechte, *John Ruggie*, erarbeitet wurden. Dieses umfassende Rahmenwerk, das 2011 vom UN-Menschenrechtsrat verabschiedet wurde und nun von Staaten in nationale Aktionspläne umgesetzt werden muss,[87] richtet sich an Staaten und an die Wirtschaft zugleich. Es basiert auf den drei Grundsätzen *„Protect, Respect, Remedy"*: den Staaten obliegt die *state duty to protect,* also die völkerrechtliche Pflicht, Menschenrechte zu schützen und zu fördern und ihre Einhaltung auch durch andere Akteure (beispielsweise Unternehmen) zu gewährleisten; Unternehmen wird eine

---

86 Siehe: *Milanovic*, The Self-Fragmentation of the ICTY Appeals Chamber, EJIL Talk!, 23. Januar 2014, abrufbar unter <www.ejiltalk.org/the-self-fragmentation-of-the-icty-appeals-chamber>.

87 Großbritannien und die Niederlande haben solche Pläne bereits vorgelegt. Im aktuellen Koalitionsvertrag von CDU/CSU und SPD wurde die Umsetzung dieser UN-Leitprinzipien beschlossen. Zudem veröffentlichte die EU im Juli 2013 sogenannte Umsetzungshilfen zu den Ruggie-Prinzipien.

corporate responsibility to respect human rights zugeschrieben, die von Unternehmen verlangt Menschenrechte auch dann zu achten, wenn Staaten ihren Menschenrechtspflichten noch nicht nachgekommen sind; Opfern von Menschenrechtsverletzungen durch Unternehmen muss zudem *access to remedy* gewährleistet werden, also effektiver Zugang zu Beschwerde- und Sanktionsmechanismen juristischer und nicht-juristischer Art.[88]

Auch wenn der Normenkatalog die primäre Pflicht zum aktiven Schutz von Menschenrechten zu Recht den Staaten auferlegt, so betont *Ruggie* dennoch, dass die „Ära der deklaratorischen CSR vorbei ist".[89] Vielmehr müssen Unternehmen nun aktiv insbesondere in Form einer Due-Diligence-Prüfung zeigen, dass sie hinsichtlich der Menschenrechte mit besonderer Sorgfalt handeln.[90]

Diesen Ansatz verfolgten Menschenrechtsorganisationen bereits in den Fällen *Nestlé*, *Danzer* und *Lahmeyer*, indem sie sich auf den Standpunkt stellten, bereits im geltenden Recht sei die Pflicht für Unternehmen verankert, eine menschenrechtliche Risikoanalyse durchzuführen, wenn diese in Regionen mit schwierigen Menschenrechtssituationen tätig sind. Diese juristische Argumentation stützt sich insbesondere auf die bestehende Rechtsprechung des Bundesgerichtshofs zur Geschäftsherrenhaftung,[91] aber auch auf zahlreiche internationale Standards, die eine solche Pflicht bereits verlangten.

---

88 Deutsches Global Compact Netzwerk (DGCN): Schwerpunktthema 2011. Hintergrundpapier Wirtschaft und Menschenrechte, S. 5, abrufbar unter <www.globalcompact.de/sites/default/files/jahr/publikation/dgcn_st2011_wirtschaft_und_menschenrechte_hintergrundpapier.pdf>.

89 Stellungnahme von *John Ruggie*, 65th session of the General Assembly, 26. Oktober 2010, S. 3, abrufbar unter <www.ohchr.org/Documents/Issues/Business/2010GA65Remarks.pdf>.

90 Zu den fünf Elementen einer solchen Due-Diligence-Prüfung, vgl. DGCN: Schwerpunktthema 2011. Hintergrundpapier Wirtschaft und Menschenrechte, S. 6, abrufbar unter <www.globalcompact.de/sites/default/files/jahr/publikation/dgcn_st2011_wirtschaft_und_menschenrechte_hintergrundpapier.pdf>.

91 Vgl. BGHSt 54, S. 44 ff. bzw. BGHSt 57, S. 42 ff.

VI. Fazit

Wie verhält sich die vorstehende Bestandaufnahme zu einem entstehenden Wirtschaftsvölkerstrafrecht? Dieser Beitrag folgte einem weiten Begriff des Wirtschaftsvölkerstrafrechtes, um einen möglichst umfassenden Überblick über die Möglichkeiten der rechtlichen Aufarbeitung von Unternehmensbeteiligung an Völkerstraftaten zu geben. Wie dargelegt bietet das Völkerstrafrecht im klassischen Sinne dazu durchaus Spielraum. Aber auch zivilrechtliche Klagen und das transnationale Strafrecht, also etwa Strafverfahren auf Grundlage des besonderen Teils des deutschen Strafgesetzbuches (StGB) im Falle von Unternehmensbeteiligung an Völkerstraftaten im Ausland, haben hierbei eine Rolle zu spielen.

Es bleibt festzuhalten, dass zwar in den letzten Dekaden erhebliche Völkerstraftaten unter teilweiser Beteiligung von nationalen und transnationalen Unternehmen begangen wurden, die Beteiligung von Wirtschaftakteuren jedoch in den seltensten Fällen juristisch aufgearbeitet wurde. Auch aktuell liegt der Schwerpunkt staatsanwaltschaftlicher Aktivitäten eher bei der Ahndung von Verstößen gegen Außenwirtschaftsnormen und UN-Sanktionen als bei der Ermittlung konkreter Beteiligungen an extraterritorialen Straftaten.

Dies liegt nicht an einem Mangel an anwendbaren Strafrechtsnormen. Die Klärung zentraler Bestandteile des Völkerstrafrechts durch die internationalen *Ad Hoc*- und Hybridtribunale, insbesondere hinsichtlich Strafbarkeit auf Grundlage von *aiding and abetting,* und die umfangreiche Kodifizierung des Völkerstrafrechts durch das Römische Statut und die dazugehörigen Verbrechenselemente sowie deren Transponierung in nationale Rechtssysteme, etwa durch das deutsche Völkerstrafgesetzbuch (VStGB), haben eine Rechtsgrundlage geschaffen, um Wirtschaftsakteure, die an der Begehung von Völkerstraftaten beteiligt sind, zur Rechenschaft zu ziehen. Die laufende Umsetzung der UN-Leitprinzipien zu Wirtschaft und Menschenrechten in nationalen Aktionsplänen, die die Schaffung effektiver Beschwerdemöglichkeiten im Falle von Menschenrechtsverletzungen durch Unternehmen erfordert, stellt eine potentiell wichtige Ergänzung dieses bestehenden Rechtsrahmens dar.

Dass die rechtliche Reaktion auf die Beteiligung von Wirtschaftsakteuren an Völkerstraftaten bisher dennoch eher vereinzelt geblieben ist, hängt mit verschiedenen rechtlichen und faktischen Schwierigkeiten zusammen. Zunächst ist es häufig schwer, die Kausalität zwischen einem Unternehmenshandeln und der Verübung einer Völkerstraftat und vor allem deren

Zurechenbarkeit zu individuellen Beschuldigten zu beweisen. Auch ist die Erfüllung der Anforderungen an die innere Tatseite in solchen Fällen häufig nicht leicht nachweisbar, wenn Urteile wie in den *Van Anraat* und *Charles Taylor* Fällen, die lediglich das Vorliegen von *dolus eventualis* erfordern, einen Trend darstellen. Um diesen Schwierigkeiten zu begegnen, wäre eine Unterlassungshaftung von Führungskräften i.S. der deutschen Geschäftsherrenhaftung ein sinnvolles Instrument. Diese müsste dann greifen, wenn die Geschäftsherren keine ausreichende Sorgfalt geübt haben, um Menschenrechtsverletzungen durch die von ihnen gesteuerten Wirtschaftstätigkeiten zu verhindern. Allerdings ist eine solche Haftung im deutschen Strafrecht und auch in anderen Ländern nicht abschließend geklärt. Der Umsetzungsprozess der UN-Leitprinzipien zu Wirtschaft und Menschenrechten stellt auch in dieser Hinsicht eine Chance dar, um die entsprechenden Sorgfaltspflichten zu konkretisieren. Gleichzeitig wird hierbei jedoch ein weiteres Problem deutlich: Eine adäquate nationale Umsetzung internationaler Standards ist keineswegs selbstverständlich, insbesondere dann wenn die potentiell Betroffenen derart viele politische Ressourcen zur Verfügung haben, wie dies bei großen Unternehmen der Fall ist.

Dazu kommen spezifische, Probleme bei Ermittlungen im – oft nichteuropäischen – Ausland und ein Mangel an Ressourcen um entsprechende, meist verhältnismäßig umfangreiche Untersuchungen angemessen durchzuführen. Diese Schwierigkeiten bestehen allerdings auch bei Strafverfolgung anderer transnationaler Sachverhalte wie Terrorismus und Betäubungsmittelkriminalität, ohne dass sich in diesen Fällen europäische Strafverfolger davon abhalten ließen, auch umfangreiche und komplexe Verfahren zu führen. Zudem wird von Staatsanwaltschaften und Gerichten oft ignoriert, dass zum Teil umfangreiche Ermittlungen an lokalen Tatorten gegen direkte Täter von örtlichen Ermittlungsbehörden geführt werden und diese für deutsche und europäische Verfahren nutzbar gemacht werden könnten. In solchen Fällen müssen europäische Strafverfolger nicht den gesamten Sachverhalt aufklären, da die Rechtsverletzungen bereits festgestellt wurden. Der Schwerpunkt der Untersuchungen läge daher eher in Ermittlungen konzerninterner Kommunikations- und Entscheidungsstrukturen. Diese sind bekanntermaßen nicht einfach, jedoch, wie zahlreiche Wirtschafts-Großverfahren der jüngsten Vergangenheit belegen, durchaus möglich. Dass nur so wenige Ermittlungen wegen Wirtschafts-Völkerstraftaten überhaupt begonnen wurden, liegt mithin nicht zuletzt an der mangelnden Gewöhnung europäischer Juristen an den Gedanken, dass auch an Menschen außerhalb Europas begangene Straftaten hier verfolgt werden können. Teilweise wird sich dies vielleicht im Laufe der Zeit ändern, handelt es sich doch beim Wirtschaftsvölkerstrafrecht um ein relativ junges Feld, das erst noch als fester Bestandteil der Rechtspraxis etabliert werden muss.

Allerdings erscheinen bisher eingeleitete Verfahren häufig eher als Prozess des *Scapegoating*, in dem einzelne Wirtschaftsakteure als scheinbar deviante Straftäter verurteilt werden, denn als ernsthafter Beitrag dazu, strukturelles, durch Unternehmenshandeln bedingtes Unrecht aufzuarbeiten. Das bestehende Anwendungsdefizit der aufgezeigten Mechanismen zur rechtlichen Inanspruchnahme von Wirtschaftsunternehmen im Zusammenhang mit Völkerstraftaten und die daraus entstehenden Privilegien für Wirtschaftsstraftäter sind eindeutig auch auf mangelnden politischen Willen und die großen politischen Ressourcen potentiell betroffener Unternehmen zurückzuführen.

Möglicherweise kommt die Bewegung jedoch aus der anderen Richtung: In vielen Staaten des globalen Südens bedienen sich soziale Bewegungen und Nichtregierungsorganisation zunehmend rechtlicher Mittel – auch um gegen Menschenrechtsverletzungen von Unternehmen vorzugehen. Nicht nur in Ländern mit großer Tradition wie Indien und Südafrika, sondern vor allem auch in Mittel- und Südamerika ist eine bedeutende Zunahme von derartigen Verfahren zu verzeichnen.

Diskussionsbericht

Janosch Kuner

Im Anschluss an Rechtsanwalt *Wolfgang Kalecks* Vortrag skizzierte Professor *Robin Geiß* Entwicklungstendenzen im Bereich unternehmerischer Verantwortlichkeit für Völkerrechtsverbrechen aus Sicht der Völkerrechtswissenschaft. Nach *Geiß* könne die gegenwärtige Praxis in zwei parallele „Trends" unterteilt werden. Die erste Entwicklungslinie sei der Versuch völkerrechtlicher „Großprojekte". Zu diesen „Großprojekten" zählte *Geiß* etwa die Debatte um die Anerkennung transnationaler Unternehmen als eigene Völkerrechtsubjekte oder die Überlegungen zur Implementierung einer Verbandsverantwortlichkeit im Völkerstrafrecht während der Vertragsverhandlungen 1998 zum Römischen Statut. Diese „Großprojekte" müssten im Wesentlichen als gescheitert angesehen werden. Ebenso sei der großangelegte Versuch, Unternehmen für Völkerrechtsverbrechen auf zivilrechtlichem Wege durch Klagen nach dem U.S. Alien Tort Statute zur Verantwortung zu ziehen, durch die Entscheidung des Supreme Court im Fall *Kiobel* erheblich eingeschränkt worden. Als zweiten Trend neben diesen „Großprojekten" beobachtete *Geiß* eine diffuse, pragmatische Herangehensweise. Diese sei gekennzeichnet durch einen dezentralen Ansatz, wobei sowohl auf zivil-, straf- und verwaltungsrechtliche Instrumentarien, als auch auf nationale und völkerrechtliche Regelungswerke zurückgegriffen werde. Durch diesen – noch im Entstehen begriffenen – Ansatz werde das völkerrechtliche *soft law*, etwa die *Ruggie*-Prinzipien, in der nationalen Durchsetzung nunmehr schrittweise zu *hard law*. Beispielhaft zu nennen sei hier etwa die Berücksichtigung menschenrechtlicher Verpflichtungen im Bereich des Wettbewerbsrechts. Abschließend konstatierte *Geiß*, dass in Anbetracht internationaler Abkommen wie der UN Konvention gegen Korruption oder der Cybercrime-Konvention die völkerrechtliche Entwicklung recht klar in Richtung einer generellen Etablierung einer Unternehmensstrafbarkeit zeige.

In der anschließenden Diskussion nahm Professor *Gerhard Werle* zunächst auf das von *Geiß* beschriebene Bild vom „juristischen Flickenteppich" Bezug; dieses sei durchaus hilfreich zur Beschreibung des thematischen Gegenstandes des Symposiums. Im engeren Sinne gehe es bei einem „Wirtschaftsvölkerstrafrecht" um die Frage, unter welchen Voraussetzungen Völkerrechtsverbrechen unter Beteiligung von Wirtschaftsunternehmen individuell zurechenbar seien. Die von *Wolfgang Naucke* in seiner Schrift „Der Begriff der politischen Wirtschaftsstraftat – Eine Annäherung" angestellten Überlegungen gingen über einen solcherart eng konturierten Gegenstand aber hinaus. *Naucke* nehme bestimmte, spezifisch durch Unternehmen begangene Handlungen (wie etwa Finanzmarktmanipulationen) sowie die hierdurch eintretenden äußerst gravierenden Folgen für ganze Volkswirtschaften in den Blick. Da derartiges Unternehmenshandeln in seinen Folgen vergleichbar mit schweren Menschenrechtsverletzungen sein könne, erwäge *Naucke*, diese Handlungen auch in vergleichbarer Form strafrechtlich zu verfolgen. Ein derart weit verstandenes „Wirtschaftsvölkerstrafrecht" würde laut *Werle* allerdings ein „Großprojekt" im von *Geiß* beschriebenen Sinne darstellen. Geschehnisse am Finanzmarkt überhaupt nicht aus dem strafrechtlichen Blickwinkel zu betrachten, sei allerdings wertungswidersprüchlich. *Geiß* stimmte *Werle* in diesem Punkt ausdrücklich zu und erkannte insoweit eine eklatante Lücke im Völkerrecht. Während militärische Handlungen wie etwa ein einziger Schuss bereits klar vom Völkerrecht erfasst werden, existierten für wirtschaftliche Maßnahmen mit massiven Auswirkungen auf andere Staaten keinerlei vergleichbare Regelungen. Allerdings hielt er trotz dieses offenkundigen Regelungsdefizits ein entsprechendes Großprojekt in der Durchsetzung für nicht erfolgsversprechend. Hier sei vielmehr ebenfalls eine Form des „bottom-up" erforderlich.

Auf Nachfrage Dr. *Kim Priemels*, ob es eine konkrete Basis für den von ihm konstatierten optimistischen Ausblick gäbe, verwies *Geiß* auf den durch Harmonisierungsmaßnahmen entstehenden Handlungsdruck auf Staaten. Das in seinem Vortrag beschriebene „bottom-up" der Menschenrechte habe hierdurch eine Eigendynamik entwickelt, welche Anlass zu Optimismus biete.

Priemel griff die im Vortrag und Kommentar beschriebene Thematik von Klagen nach dem *Alien Tort Statute* auf und fragte, inwieweit hierbei ein Nebeneinander von Straf- und Zivilrecht bestehe oder ob nicht aneinander vorbeigeredet werde. Hierzu Stellung nehmend erläuterte *Kaleck* näher, wie Straf- und Zivilrecht parallel laufen können und wo die Vorteile von Verfahren nach dem *Alien Tort Statute* lägen, so etwa im vergleichsweise geringen Prozesskostenrisiko für die Kläger sowie der sie begünstigen Beweislastverteilung. Die durch die jüngere Rechtsprechung des *U.S. Supreme Court* erfolgte Einschränkung von *Alien Tort Statute*-Verfahren habe aber auch Freiräume für lokale Gerichtsverfahren in den Tatortstaaten geschaffen. Derartige lokale Prozesse wiesen den Vorteil auf, dass sie die konkret Betroffenen viel stärker einbezögen und eine umfangreichere gesamtgesellschaftliche Auseinandersetzung mit den begangenen Verbrechen ermöglichten. *Kaleck* stand einem „Großprojekt Wirtschaftsvölkerstrafrecht“ insgesamt sehr skeptisch gegenüber. Gerade in Anbetracht der zunehmenden Kritik am Internationalen Strafgerichtshof, insbesondere in Afrika, aber auch in Lateinamerika, sollten definitiv keine neuen Kompetenzen geschaffen werden, sondern vielmehr lokale Strafverfahren und die Etablierung des Internationalen Strafgerichtshofs gefördert werden.

Professor *Jochen Bung* nahm auf die von *Geiß* als erratische und diffuse Praxis beschriebene Durchsetzung der von Unternehmensverantwortung im Völkerrecht Bezug und stellte zur Diskussion, ob ein „top-down-approach“ im Hinblick auf Legitimitätsfragen nicht durchaus weiterhin seine Berechtigung habe. Die Großprojekte als „gescheitert“ zu bezeichnen, sei möglicherweise etwas defätistisch. Schließlich könne eine entsprechende Großtheorie auch zunächst erforderlich sein, damit sich eine entsprechende diffuse Praxis entwickeln kann. *Geiß* stimmte *Bung* insoweit zu. Großprojekte seien durchaus hilfreich, um die entsprechenden Gedankengerüste zu entwickeln. Letztlich seien sowohl „top-down“ als auch „bottom-up“-Herangehensweisen notwendig.

Bezugnehmend auf die von *Geiß* herausgearbeitete Bedeutung des auf den Staaten lastenden Handlungsdrucks plädierte Professorin *Susanne Karstedt* für eine optimistischere Sichtweise. Die in der Forschung zu *International Relations* skizzierten internen und externen Wirkmechanismen eines solchen Handlungsdruck auf Staaten zur Umsetzung internationaler Menschenrechtsstandards ließen sich möglicherweise auch auf Wirtschaftsunternehmen übertragen.

Auf eine Nachfrage von Dr. *Boris Burghardt*, inwiefern auch Banken Gegenstand der bisherigen strafrechtliche Aufarbeitung unternehmerischen Handelns gewesen sind, erläuterte *Kaleck*, es habe in Argentinien Versuche gegeben, Banken für ihre Kreditvergaben juristisch zu Verantwortung zu ziehen. Aufgrund der Schwierigkeit eines Kausalitätsnachweises seien dies aber eher symbolische Verfahren gewesen.

II. Teil: Befragungen

Strafrechtliche Grundlagen

Nauckes Narrative – Politisches Wirtschaftsstrafrecht statt Wirtschaftsvölkerstrafrecht?

Jochen Bung

Seitdem ich strafrechtlich denken kann, sind meine Überlegungen mit dem verbunden, was ich *Nauckes* Narrativ nennen möchte. Nicht nur in seiner Einführungsvorlesung, die ich seinerzeit besucht habe, auch in seinem Einführungsbuch,[1] das wie kein anderes geeignet ist, seine Leser für eine tiefergehende Beschäftigung mit dem Strafrecht zu begeistern, bietet *Naucke* nicht nur technisches strafjuristischen Wissen an, er integriert dieses Wissen in einen weitläufigeren Zusammenhang, er bettet es in eine große Erzählung ein. *Nauckes* Narrativ ist eine Verfallsgeschichte, die Geschichte vom Verfall des rechtstaatlichen Strafrechts. Die Geschichte entwickelt eine große Suggestivkraft, häufige Rekurse auf *Kant* zertifizieren ihre Dignität und ihren Wahrheitsanspruch. Man darf dabei nicht philologische Pingeligkeit erwarten, es geht nicht um eine historisch genaue Rekonstruktion der großen Referenztexte, es geht auch nicht darum, ob es überhaupt jemals eine historische Formation gegeben hat, die den Namen eines rechtsstaatlichen Strafrechts verdiente.[2] *Naucke* arbeitet auf eigene Rechnung, er erzählt seine eigene Geschichte.[3]

I. Strafrecht als Verfalls- und Heilsgeschichte

Die Suggestivkraft von *Nauckes* Narrativ speist sich aus drei Quellen. Zum einen ist *Naucke* ein begnadeter Erzähler. Er bedient sich einer kraftvollen, markanten Sprache, einer Sprache der Vereinfachung, aber auch der Verfremdung. Es gibt bei *Naucke* auch eine Koketterie mit der Einfachheit. Die theoretische „Schmucklosigkeit“ der Darlegungen wird her-

---

1 *Naucke*, Strafrecht. Eine Einführung, 10. Auflage (2002).
2 Zweifel insoweit *Lüderssen*, Abschaffen des Strafens? (1995), S. 381 ff.
3 Zum narrativen Charakter auch *Kubiciel*, Die Finanzmarktkrise zwischen Wirtschaftsstrafrecht und politischem Strafrecht, ZIS 2013, S. 53 ff. (57).

vorgehoben, dafür aber ihre praktische „Entschiedenheit" betont.[4] Sein Lieblingswort ist das vom *Vorgang*. *Naucke* beobachtet Vorgänge, sie verdichten sich in seinem Narrativ zur Diagnose eines Niedergangs, nämlich des Niedergangs vom rechtsstaatlichen Strafrecht. Dieser Niedergang ist keine Erfindung. Es lassen sich deutliche Tendenzen ausmachen, die die Gestalt dessen, was *Kant* „striktes" Recht nannte,[5] erheblich verändern. Striktes Recht muss enges und klares Recht sein. Das moderne Strafrecht ist weit und unklar. Dass dies nicht die Schuld des Strafrechts beziehungsweise derjenigen ist, die Strafrecht machen und anwenden, sondern dass die Veränderung des Rechts in der Entwicklungslogik des modernen Wohlfahrtsstaats und in den gesellschaftlichen Prozessen funktionaler Differenzierung angelegt ist, bleibt in *Nauckes* Erzählung undeutlich. Das rechtsstaatliche Strafrecht in *Nauckes* Verständnis ist nicht Produkt der Gesellschaft, sondern *Rechtsmetaphysik*.[6] Als solche, so die ausdrückliche Empfehlung *Nauckes*, sollte es auch dem demokratischen Prozess entzogen sein.[7] Indem man das Recht der Demokratie überantwortet, begründet man die Geschichte seines Niedergangs, seines Verfalls.

Das aber ist noch nicht die ganze Geschichte. Die Suggestivkraft von *Nauckes* Narrativ speist sich noch aus einer anderen Quelle. *Naucke* erzählt seine Geschichte im Lichte einer Gegenerzählung. Es geht nicht nur um die Geschichte eines Verfalls. Die Gesamtanlage des Narrativs schließt zugleich die Erzählung einer *Heilsgeschichte* ein. Heilsbringerin ist ein kämpferisches Strafrecht, das die „Machtprobe"[8] mit den Mächti-

---

4 Vgl. *Naucke*, Der Begriff der politischen Wirtschaftsstraftat – Eine Annäherung (2012), S. 3, 5.

5 *Kant*, Metaphysik der Sitten [1797], Reclam-Ausgabe (1990), S. 69.

6 *Naucke*, Über die Zerbrechlichkeit des rechtsstaatlichen Strafrechts (2000), S. 379 ff. „Echtes Recht stützt sich auf eine besondere metaphysische Ableitung.", ebd., S. 384. „Mit dem Wegfall einer Metaphysik des Rechts kommt es zum Wegfall aller Möglichkeiten, Recht [...] zu legitimieren", ebd., S. 385. Zu Nauckes Rechtsmetaphysik siehe auch *Bung*, Wissen und Wollen im Strafrecht (2009), S. 18 ff.

7 *Naucke*, ebd., S. 425 ff.: „Das rechtsstaatliche Strafrecht degeneriert zur bloßen Form. Die Form wird durch die Politik, die sich durchsetzt, und die jede Politik sein kann, gefüllt. [...] Es bleibt nichts übrig, als dafür zu plädieren, die Politik aus dem Rechtsstaatsbegriff herauszunehmen [...] Hier liegt eine der wohl drängendsten [...] Fragen, die man sich im Augenblick vorstellen kann: Wie ist der Schutz des rechtsstaatlichen Strafrechts vor dem Gesetzgeber möglich?".

8 *Naucke*, Der Begriff der politischen Wirtschaftsstraftat – Eine Annäherung (2012), S. 2.

gen sucht, denn Strafrecht, so erfahren wir, ist ein „Strafrecht der Machtverneinung".[9] Der Leitfaden dieses Narrativs ist: So wie das Völkerstrafrecht sich als Verneinung politischer Macht bzw. des Missbrauchs politischer Macht etabliert hat, so muss das Strafrecht nun noch den Kampf mit den wirtschaftlichen Mächten aufnehmen, damit, in *Nauckes* Worten, „das Grundanliegen modernen Rechts, die Kontrolle jeder Macht über die menschliche Freiheit, vollständig geordnet [ist]".[10] Ich möchte hier anlässlich dieser Tagung, die nach den Perspektiven eines Wirtschaftsvölkerstrafrechts fragt, der Plausibilität dieses heilsgeschichtlichen Narrativs nachgehen.

II. Der Begriff der politischen Wirtschaftsstraftat

Naucke bezieht das entscheidende Stichwort, den Begriff eines *Wirtschaftsvölkerstrafrechts*, aus einer Untersuchung von *Florian Jeßberger*, der in einem 2009 in der Juristenzeitung erschienenen Beitrag[11] darauf hingewiesen hat, dass die Aufmerksamkeit für den stark auf prominente Einzelpersonen fokussierenden Nürnberger Hauptkriegsverbrecherprozess nicht darüber hinwegsehen lassen darf, dass Nürnberg in Gestalt der sog. Nachfolgeprozesse ein rechtspolitisch viel ambitionierteres Anliegen hatte, als nur die öffentlichen Gesichter des NS-Regimes vorzuführen, nämlich „die Verstrickung der deutschen Eliten in den nationalsozialistischen Unrechtsstaat […] sichtbar zu machen".[12] *Jeßberger* rekonstruiert den 1947 und 1948 durchgeführten *I.G. Farben*-Prozess als Versuch, „unternehmerisches Handeln mit dem Instrumentarium des Völkerstrafrechts zu erfassen".[13] Der dogmatische Ertrag sei zwar eher als gering zu veranschlagen, als umso wichtiger jedoch stelle sich die völkerstrafrechtspolitische Bedeutung des *I.G. Farben*-Prozesses dar. Er habe, so *Jeßberger*, „das Zeug dazu gehabt, als Grundstein für ein „Wirtschaftsvölkerstrafrecht" zu wirken", doch sei es „zu einer Anknüpfung an den Farben-Pro-

---

9 Ebd., S. 10.

10 Ebd., S. 101, siehe auch S. 9.

11 *Jeßberger,* Die I.G. Farben vor Gericht. Von den Ursprüngen eines „Wirtschaftsvölkerstrafrechts", JZ 2009, S. 924 ff.

12 Ebd., S. 930.

13 Ebd., S. 924.

zess in dieser Hinsicht bis heute nicht gekommen".[14] Die Verantwortlichkeit von Wirtschaftsunternehmen im Zusammenhang mit Völkerrechtsverbrechen sei nach Nürnberg kein Gegenstand besonderer Aufmerksamkeit mehr gewesen. Es sei daher „an der Zeit, dass sich die Völkerstrafrechtspraxis, jedenfalls aber die Völkerstrafrechtswissenschaft wieder an die Ursprünge der Verantwortlichkeit für unternehmerisches Handeln erinnert".[15]

Naucke greift diese Beobachtung *Jeßbergers* auf, unterfüttert sie mit rechtsphilosophischen Argumenten und entwickelt unter Rekurs auf von ihm herausgegriffene zeitgeschichtliche Sachverhalte und zeitgenössische juristische Diskussionen sein Narrativ, wonach eine innere Folgerichtigkeit zu einer Vervollständigung jenes „machtverneinenden" strafrechtlichen Ordnungsprogramms dränge, welches mit den Nürnberger Tribunalen sich historisch wirkmächtig ins Werk gesetzt habe. Um den Zusammenhang herzustellen, spricht *Naucke* von der *politischen Wirtschaftsstraftat*. Fasst man die Definitionen zusammen, geht es bei politischen Wirtschaftsstraftaten um Taten, bei denen „mithilfe einer Wirtschaftsorganisation"[16] in staatlich unterstützter oder vom Staat nicht kontrollierter Weise[17] „zerstörend auf die persönliche Freiheit und auf die freiheitsschützenden rechtlichen Institutionen"[18] eingewirkt wird. Diese Einwirkung sei „ein Problem der Verfassung der freiheitssichernden Demokratie, ein politisches Problem".[19] Es ist schon bemerkenswert, dass *Naucke* im Kontext seines heilsgeschichtlichen Narrativs die Liebe zur Demokratie entdeckt, während er im verfallsgeschichtlichen Teil das corpus mysticum des metaphysischen Strafrechts gerade vom Zugriff des Volkes fernhalten möchte.

Unbezweifelbar ist es so, dass man bestimmte dysfunktionale Erscheinungen des Wirtschafts- und Finanzsystems besonders im Hinblick auf ihre fragwürdige demokratische Legitimation skandalisieren kann. „Das Gebiet, auf welchem der folgenreiche Zwiespalt zwischen Liberalismus

---

14 Ebd., S. 931.
15 Ebd., S. 932.
16 *Naucke*, Der Begriff der politischen Wirtschaftsstraftat – Eine Annäherung (2012), S. 4.
17 Ebd.
18 Ebd.
19 Ebd., S. 3.

und Demokratie sich am stärksten offenbart, ist das der Finanz",[20] beobachtete schon *Carl Schmitt*, der in seinem Beitrag „Demokratie und Finanz" von 1927 darauf hinweist, dass bereits *Rousseau* ein tiefes Misstrauen gegen die Finanzmärkte hegte: „Die Finanz ist etwas der Demokratie Gefährliches [...]. Deshalb darf es nach Rousseau in einem demokratischen Staat nur einfache, nur geradezu frugale Verhältnisse und vor allem keinen Gegensatz von arm und reich geben".[21] Für *Schmitt* „ein typisch rousseauistisches Ausweichen in eine idyllische Primitivität, das aber trotzdem einen politischen Instinkt für die Gefahr zeigt, welche der Demokratie vom Ökonomischen und Finanziellen her droht".[22] Es ist genau dieser Instinkt, der *Nauckes* Philosophie der politischen Wirtschaftsstraftat befeuert.

III. Freiheitskonkordanz, Naturalientausch und Geldwirtschaft

Die philosophische Grundlegung ist in der Tat schmucklos. Es geht um eine Konstruktion von Freiheit, die populärkantianisch als praktische Konkordanz individueller Selbstbestimmungssphären gedacht wird. In diesem Konstrukt kann jedes Ungleichgewicht prinzipiell als Unrecht, als nicht durch eine wechselseitige Abstimmung von Selbstbestimmungsansprüchen legitimierter Machtübergriff gedeutet werden, so dass sich zur materiellen Wahrung des Freiheitsgleichgewichts tatsächlich wohl eine Art frugaler Naturalientauschwirtschaft am besten empfiehlt: Ich gebe Dir eine Tüte Milch und du reparierst meinen Schuh. In dem Moment, wo wirtschaftliche Transaktionen an symbolisch generalisierte Medien gebunden werden, die den unmittelbaren Gebrauchswert transzendieren, entsteht das Problem der unabsehbaren Vermögensakkumulation, das schon *Locke* erkannte, ohne eine Lösung dafür zu haben und das *Marx* zu seiner Geschichtsphilosophie eines finalen krisenhaften Zusammenbruchs des Kapitalismus stimulierte.

---

20 *Schmitt*, Positionen und Begriffe, 4. Auflage (2014), S. 97.

21 Ebd. Rousseau selbst schreibt: „Das Wort Finanzwesen ist ein Sklavenwort; in der Polis ist es unbekannt. In einem wirklich freien Staat tun die Bürger alles eigenhändig und nichts mit Geld." *Rousseau*, Vom Gesellschaftsvertrag [1762], Reclam-Ausgabe Französisch/Deutsch (2010), S. 209.

22 Ebd.

Freilich ist ohne symbolisch generalisierte Tauschmedien, ist ohne Geldwirtschaft, kein Handel möglich, der über unmittelbar vor Ort organisierte Austauschgeschäfte hinausginge. Umgekehrt ermöglichen kapitalwirtschaftlich organisierte Handelsbeziehungen die globale Interaktion von Wirtschaftssubjekten, was nicht durchweg als Bedrohung des Weltfriedens, sondern vielmehr immer auch in ihrer friedensstiftenden Wirkung wahrgenommen wurde. Dieser Wahrnehmung misstraut aber *Naucke*. Er kritisiert *Montesquieu* für dessen Bemerkung, dass Friedensliebe die natürliche Folge des Handels sei, er nennt diese Einschätzung „gefährlich bieder".[23] Es ist nicht sofort zu erkennen, worin die Biederkeit bestehen soll. Selbstverständlich ist Welthandel kein Moralunternehmen und selbstverständlich können auch Handelsbeziehungen feindselige Auseinandersetzungen nicht ausschließen, wofür schon der Begriff des Handelskrieges spricht. Gleichwohl kann man schwerlich bestreiten, dass Handelsbeziehungen zwischen Staaten auch befriedende Wirkung entfalten. Kein Geringerer als *Kant* hat das gesehen und als global friedensstiftende Form neben dem Recht auch den Handel angesehen: „So wie die Natur [...] die Völker trennt, [...] so vereinigt sie auch andererseits Völker, die der Begriff des Weltbürgerrechts gegen Gewalttätigkeit und Krieg nicht würde gesichert haben, durch den wechselseitigen Eigennutz. Es ist der *Handelsgeist*, der mit dem Kriege nicht zusammen bestehen kann, und der früher oder später sich jedes Volkes bemächtigt."[24]

Natürlich entstehen, wo Geldwirtschaft existiert, materielle Ungleichheiten, die sich im formalen Modell der koordinierten Individualfreiheiten als illegitime Gleichgewichtsverschiebungen darstellen lassen. Wo aber genau ist die Einsatzstelle für das Strafrecht? Wo wird das ökonomische Ungleichgewicht zum Ausdruck einer Macht, gegen die sich das machtkritische und machtverneinende Strafrecht richten muss?

IV. Staatliche und private Macht

Nauckes Narrativ beginnt mit der Aufklärung und der Diagnose einer lediglich halbherzigen Machtkritik. Das „Projekt der europäischen Aufklä-

---

23 *Naucke*, Der Begriff der politischen Wirtschaftsstraftat – Eine Annäherung (2012), S. 8.

24 *Kant*, Zum ewigen Frieden [1795], Reclam-Ausgabe (2008), S. 33.

rung"[25] beschäftige sich nur mit politischer, namentlich staatlicher Macht. „Dass andere gesellschaftliche Kräfte oder Organisationen ebenso viel Macht über den einzelnen Bürger gewinnen können wie der Staat selbst, diskutieren die [...] Hauptgewährsleute des 18. Jahrhunderts – Montesquieu und Rousseau – nicht".[26] Das ist kein Wunder, ist doch der Einfluss mächtiger, global oder transnational agierender Privatakteure kein Problem des 18. Jahrhunderts, sondern erst heute in seinen drastischen Auswirkungen erkennbar. Sofern sich *Nauckes* Diagnose auf die Gegenwart bezieht, ist an ihr nichts auszusetzen: „Ich sehe", sagt er, „keine Machtform, die so tief und unwiderstehlich in unseren Alltag eingriffe, wie das Wirtschafts- und Finanzsystem".[27] Und weiter: „Der Wirtschaftsfunktionär und der Finanztechniker, die national oder global durch ihre Entschlüsse die Existenzweise vieler Bürger prägen, also politisch handeln können, sehen sich von den Kontrollmechanismen eines modernen demokratischen Staates nicht erreicht".[28]

Freilich muss man sehen, dass nicht wenige die Modernität einer Demokratie gerade darüber definieren, dass die staatlichen Kontrollmechanismen nicht überall die gleiche Dichte aufweisen und namentlich im Bereich der Wirtschaft eine geringere Dichte aufweisen als in anderen Bereichen. Das Wesen moderner Gesellschaften ist funktionale Differenzierung, d.h. Ausdifferenzierung von Teilsystemen mit spezifischen Binnenrationalitäten.[29] Wesentlicher Ausdruck dieser Differenzierung ist eine Varianz von mehr oder weniger dichten Kontrollregimes und zwar deswegen, weil die Funktionsweise im Hinblick auf Öffnung des Systems für Kontingenz und Risiko variiert. Unternehmerisches Entscheiden und Handeln ist intrinsisch risikofreudiger als beispielweise Verwaltungshandeln, das liegt nicht an den Personen, die handeln, sondern an den Systemen, deren spezifischer Rationalität sie sich anpassen. Das muss man nicht sympathisch finden und vielleicht sind die wenigsten in der Lage zu jener Rollendistanz,[30] die es braucht, wenn es darum geht, fünftausend Leute zu

25 *Naucke*, Der Begriff der politischen Wirtschaftsstraftat – Eine Annäherung (2012), S. 8.
26 Ebd.
27 Ebd.
28 Ebd., S. 9.
29 Grundlegend *Luhmann*, Soziale Systeme (1987), S. 261, 264.
30 Zur Bedeutung der Rollendistanz s. etwa *Welzer*, Täter. Wie aus ganz normalen Menschen Massenmörder werden, 3. Auflage (2009), S. 38 ff.

entlassen und sie der Arbeitslosigkeit zu überantworten. Nach *Nauckes* Kriterium des Politischen, dass Entscheidungen „die Existenzweise vieler Bürger prägen“,[31] sind Massenentlassungen eminent politische Taten, die nicht nur Existenzen prägen, sondern vernichten. Wer in die Arbeitslosigkeit entlassen wird, dem muss man nicht lange erklären, dass seine Freiheitssphäre durch die Freiheitsansprüche anderer beeinträchtigt wird. Es droht nichts Geringeres als die Vernichtung der sozialen Existenz. Leider bringt *Naucke* das Beispiel der Entlassungen nicht, obwohl sie nach seinem eigenen Kriterium der politischen Wirtschaftsstraftat ein besonders geeignetes Beispiel für strafwürdiges Unrecht abgeben würden. Allerdings zeigt das Beispiel auch die Grenzen und den Konservatismus des Nauckeschen Wirtschaftsstrafrechts auf, denn die Produktion von Arbeitslosen gehört zu den Produktionsbedingungen kapitalistischer Wirtschaft, so dass das Beispiel der Arbeitslosigkeit eher Anlass zu systemischer Kapitalismuskritik geben müsste, als nach einzelnen schwarzen Schafen zu fahnden, die an den herrschenden Verhältnissen viel unschuldiger sind, als es die populärmoralischen Skandalisierungen exorbitanter Bonizahlungen suggerieren.

V. Die „Leiter der Märkte“

Man muss nicht annehmen, dass das Wirtschafts- und Finanzsystem sich der spezifischen Grammatik rechtlicher Zurechnung verschließt.[32] Auch in diesem System verhält es sich so, dass Personen Entscheidungen treffen, danach handeln und für die Konsequenzen ihrer Entscheidungen und Handlungen verantwortlich sind oder verantwortlich gemacht werden können. Wenn wir das nicht annehmen, verstehen wir nicht, was in der Wirtschaft vor sich geht und das kann und darf nicht sein. Insofern hat *Naucke* Recht, wenn er sich gegen zu grobkörnige Konzepte systemischer Autopoiesis wendet. Mich wundert nur ein wenig, warum er, der so viel Wert auf juristische Zeitgeschichte legt, mit keinem Wort auf das Urteil im Tokioter

---

31 *Naucke*, Der Begriff der politischen Wirtschaftsstraftat – Eine Annäherung (2012), S. 9.

32 Maßgeblich immer noch *Kant*, Metaphysik der Sitten [1797], Reclam-Ausgabe (1990), S. 63: „Zurechnung [...] ist das Urteil, wodurch jemand als Urheber [...] einer Handlung, die alsdann Tat [...] heißt und unter Gesetzen steht, angesehen wird“.

Kriegsverbrecherprozess eingeht, in dem viel feinkörnigere Überlegungen zur individuellen Verantwortung in transindividuellen Kontexten zu finden sind, als im Urteil von Nürnberg, auf das sich *Naucke* exklusiv bezieht. Allerdings neigt *Naucke* leider insgesamt zu einer zuweilen schon schmerzhaften Simplifizierung der Sachverhalte, so etwa, wenn er zur Erfassung strafwürdigen Geschehens auf den Kapitalmärkten auf die „Leiter der Märkte" abstellt. Zum Corporate Governance Kodex meint er: „Die Regeln belegen eine misstrauische Unruhe bei den Leitern der Märkte, auch der Finanzmärkte".[33] Zum Normierungsregime des *UN Global Compact* meint *Naucke*: „So sehr der Compact die menschliche Freiheit zu würdigen weiß, so sehr ist er bemüht, den Leitern der Märkte die Einhaltung der Menschenrechte nicht aufzuzwingen [...]".[34] Eine solche Darstellung, die suggeriert, es gäbe mit dem Aufgabenkreis von Marktleitern in einem Supermarkt ähnliche Verantwortungsstrukturen in den globalisierten Güter-, Dienstleistungs- und Kapitalmärkten, ist wirklich sach- und weltfremd. Selbst wenn man dem Buch, dessen Methode sich selbst als Materialsammlung sieht, ein gewisses Recht zum holzschnittartigen Zugriff auf einen erst noch zu gewinnenden Gegenstand zugesteht, sind es genau solche Passagen, die dazu führen, dass man Schwierigkeiten hat, *Nauckes* Narrativ tatsächlich als Beitrag zur Lösung des Problems der Freiheitsbedrohung durch das Wirtschafts- und Finanzsystem ernst zu nehmen.

VI. No bailout: Haushaltsrecht statt Menschenrechte

Dem Buch, und dies ist mein Haupteinwand, liegt überhaupt keine menschenrechtliche und universalistische Denkweise zugrunde, denn Menschenrechte sind nicht nur Freiheitsrechte oder Rechte auf politische Partizipation. Es geht nicht nur um Freiheit und Demokratie, sondern, gerade in einer Welt globalisierter Informations- und Güterströme, um die Angleichung der materiellen Existenzbedingungen im Sinne sozialer und ökonomischer Gerechtigkeit. Nichts verdeutlicht die moralische Borniertheit der Wohlhabenden besser, als die Rede von den „Wirtschaftsflüchtlingen", mit denen man existenzbedrohten Menschen den Aufenthalt auf dem

33 *Naucke*, Der Begriff der politischen Wirtschaftsstraftat – Eine Annäherung (2012), S. 96.

34 Ebd., S. 99.

eigenen Territorium versagt. Auch *Naucke* verharrt in einem nationalstaatlichen Denkrahmen, was vielleicht nirgends deutlicher wird als in seiner bitterbösen Schilderung der politischen Maßnahmen in der Europäischen Finanzkrise. Hier spitzt sich für *Naucke* nämlich das Muster zu, das er bereits am Beispiel des Finanzmarktstabilisierungsfondsgesetzes von 2008 „mit strafrechtlichen Begriffen“[35] analysiert hat. Die Analyse hat einen verschwörungstheoretischen Kern: „Vermutlich kommt man an dieser Stelle dem Begriff der politischen Wirtschaftsstraftat am nächsten: die Machtbalance in der Republik, die die Freiheit des Bürgers sichern soll, wird verändert zugunsten der Regierung und privater Machthaber, die Einfluss auf die Regierung gewinnen.“[36] *Naucke* ist enttäuscht, dass es mit den Mitteln des geltenden Strafrechts nicht geht, aber er will und würde gerne bestrafen, insbesondere wegen Erpressung und Nötigung von Verfassungsorganen. Eine Anpassung der §§ 105, 106 StGB (Nötigung von Verfassungsorganen sowie Nötigung des Bundespräsidenten und von Mitgliedern eines Verfassungsorgans) an den „modernen finanzabhängigen Politikbetrieb“[37] ist für ihn der Nukleus des Unternehmens. Wortwörtlich schreibt er: „Eine Auseinandersetzung über die Neufassung dieser Bestimmungen kann den Begriff der politischen Wirtschaftsstraftat in seiner avanciertesten Form sichtbar machen. Eine solche Neufassung hätte für die Freiheit des Bürgers eine ähnliche Bedeutung wie das Entstehen des Völkerstrafgesetzbuchs.“[38] Wie dringlich eine Reform der §§ 105, 106 StGB ist, offenbart sich für *Naucke* vor allem im politischen Prozess zum Europäischen Stabilitätsmechanismus: „Das ‘Muster FMStFG’ wiederholt sich. Grundlage des gesamten Verfahrens ist ein vorsätzlicher Bruch des Vertrages über die Arbeitsweise der Europäischen Union [...]. Dieser Vertrag schließt einen europäischen Rettungsmechanismus mit unbezweifelbaren Formulierungen aus (Art. 125 I AEUV). Die Exekutive hält sich an den AEUV nach Opportunität. [...] Das ist ein neuer Rechtsstil [...], ein autoritärer Stil. Die juristischen Denkformen, die der Freiheit dienen, werden abgeschliffen.“[39] Empört ergänzt *Naucke* in einer Fußnote, das sei „ein Hohn auf europäische juristische Arbeitstraditionen“[40] Es bleibt un-

35 Ebd., S. 67.
36 Ebd., S. 72 f.
37 Ebd., S. 75.
38 Ebd.
39 Ebd., S. 77.
40 Ebd., S. 77 (Fn. 157).

klar, welche Traditionen er damit meint. Jedenfalls das Argument der unbezweifelbaren Formulierungen, eine Art verabsolutiertes Wortlautargument, gehört nicht zu dieser Tradition.

Naucke ist empört: „Es ist das politische Glück der europäischen Exekutiven, dass der AEUV nicht Verfassung, sondern nur Vertrag heißt. So kommt das Handeln gegen Art. 125 AEUV als Vertragsbruch und nicht als Verfassungsbruch davon."[41] Das ist nicht weltbürgerlich, sondern klein- und wutbürgerlich argumentiert, es erinnert, mit Verlaub, eher an *Peter Gauweiler* und die AfD als an *Kant*.

VII. Wirtschaftsvölkerstrafrecht

Nauckes Narrativ erweckt den falschen Eindruck, als seien die Schritte der Ausweitung der strafrechtlichen Kampfzone sozusagen eine logische und stringente Fortschreibung der Nürnberger Prinzipien. Dass die Herausbildung der völkerstrafrechtlichen Ordnung als eine der größten zivilisatorischen Errungenschaften betrachtet werden kann, ist kaum zu bezweifeln. Es gibt, auch hier ist *Kant* der entscheidende Bezugspunkt, Unrecht, das auf der ganzen Welt wahrgenommen wird.[42] Dass man zur Verfolgung dieses Unrechts auf der ganzen Welt befugt ist, ist ein Rechtsgrundsatz, der schon viel früher artikuliert wurde,[43] dem aber erst im 20. Jh. der Durchbruch gelang und von dem man wünschen muss, dass er im 21. Jh. noch weiter zur Wirksamkeit gelangt. Es ist auch völlig unstreitig – und insofern ist der Ausdruck vom Wirtschaftsvölkerstrafrecht, wie er von *Jeßberger* eingeführt worden ist, berechtigt –, dass völkerstrafrechtlich relevante Sachverhalte einen wirtschaftlichen Bezug aufweisen können und häufig aufweisen. Der schlimmste Genozid des zwanzigsten Jahrhunderts war nicht nur ein Menschenvernichtungs-, sondern zugleich auch ein gigantisches Bereicherungsprojekt. Das geltende Völkerstrafrecht bezieht wirtschaftlich relevante Sachverhalte in weitem Umfang ein. Paradigmatisch: Eine Sachbeschädigung, wenn sie bestimmte, durch das humanitäre Völkerrecht spezifizierte Kontextbedingungen erfüllt, ist ein Völkerrechtsverbrechen und kann als solches angeklagt und verfolgt werden. Man vertiefe sich einmal in die zahlreichen Untertatbestände des Menschlichkeits-

---

41 Ebd., S. 78 f.

42 *Kant*, Zum ewigen Frieden [1795], Reclam-Ausgabe (2008), S. 24.

43 *Locke*, Über die Regierung [1689], Reclam-Ausgabe (2007), S. 7 f.

verbrechens oder der Kriegsverbrechen. Macht man sich klar, dass im Kontext des Völkerstrafrechts wesentliche Begriffe, etwa Folter und Sklaverei, zum Teil weit über ihre klassischen Bedeutungsgehalte hinaus gehen, dass etwa Sklaverei auch bestimmte Formen ausbeuterischer Arbeit, dass Folter auch das Handeln privater Akteure erfasst, muss man sich fragen, was *Naucke* dazu treibt, über diesen differenzierten Stand der Erfassung menschenrechtsverletzenden kriminellen Handelns, der zunächst einmal effektive Anwendung und sorgfältige juristische Bearbeitung verlangt, hinauszueilen und die Inangriffnahme weiterer, zum Teil ganz anders gelagerter Sachverhalte als strafrechtliche Schlussfolgerung aus Nürnberg zu präsentieren.

Wirtschaftliche Organisationen können zweifellos genauso viel oder sogar noch mehr Macht über den einzelnen oder ein Gemeinwesen ausüben als politische, namentlich staatliche Formationen. Das spricht entscheidend dafür, das Kriterium der *organizational policy* in Art. 7 Abs. 2 lit. a IStGH-Statut *weit* auszulegen und nicht etwa über das Merkmal der Staatsähnlichkeit einzuengen.[44] *Organizational policy* setzt nach richtiger Auffassung „lediglich voraus, dass es sich um eine auf gewisse Dauer angelegte Personenverbindung mit gefestigten Strukturen handelt".[45] Das können paramilitärische oder terroristische Gruppen,[46] aber natürlich auch Wirtschaftsorganisationen sein. Über diese notwendigen Anpassungen des geltenden Völkerstrafrechts verliert *Naucke* jedoch kein Wort. Er pervertiert die Grundidee des Völkerstrafrechts, indem er, mit der Dignität dieses Weltrechts argumentierend, seinen Blick auf Sachverhalte von lediglich lokaler oder nationaler Relevanz verengt. Weitgehend distanzlos rekurriert er auf Kriminalisierungsansätze totalitärer politischer Systeme: wirtschaftlicher Hochverrat und politische Untreue. Seine Auseinandersetzung mit dem *Honecker*-Verfahren sowie mit dem Verfahren gegen den namentlich nicht genannten „früheren isländischen Ministerpräsidenten" weist so manche Merkwürdigkeit auf. Es verwundert, wenn *Naucke* meint, ein Tatbestand wie derjenige in Ausführungsgesetz 4/1963 zu Art. 14 der isländischen Verfassung, „Gefährdung der Interessen des Landes", könne „[f]ür die Ausbildung eines Begriffs der politischen Wirtschaftsstraftat beson-

44 Vgl. *Werle*, Völkerstrafrecht, 3. Auflage (2012), Rn. 885 ff; s. auch *Werle/Burghardt*, Erfordern Menschlichkeitsverbrechen die Beteiligung eines Staates oder einer „staatsähnlichen" Organisation?, ZIS 2012, S. 271 ff.

45 *Werle*, Völkerstrafrecht, 3. Auflage (2012), Rn. 884.

46 Ebd.

ders aufschlussreich [sein]".[47] Strafbar soll danach sein, „jedes Handeln oder Verursachen, das vorhersehbar die Wohlfahrt des Landes gefährdet, auch wenn dieses Tun nicht besonders durch ein Gesetz verboten ist".[48] Befremdend sind seine Rekurse auf nationalsozialistische Gesetzesbegründungen zur politischen Untreue. Seine Invektiven gegen die Politiken in der Europäischen Finanzkrise zeigen, dass seiner Perspektive nicht der zuversichtliche Universalismus der Menschenrechte, sondern der ängstliche Lokalismus des deutschen Steuerzahlers zugrunde liegt.

VIII. Kollektive und politische Verantwortung

Dabei wird etwas Entscheidendes vergessen. *Naucke* hebt zu Recht hervor, dass die zentrale Botschaft von Nürnberg war, dass sich Einzelne (politische Führer und ihre Helfer und Helfershelfer) nicht hinter dem Staat verstecken können. Das ist der Meilenstein, der revolutionäre Angriff auf das Stahlgehäuse des herkömmlichen Souveränitätsgedankens durch das Strafrecht. Sie ist als Fortschritt im Zeichen von Humanität und Menschenrechten zu werten. Was allerdings nicht vergessen werden darf, ist Folgendes: Mit der Durchsetzung individueller Verantwortungszuschreibung gegen Modelle kollektiver Haftung, die ebenfalls im Rahmen der vorbereitenden Erörterungen zu den Nürnberger Prozessen zur Diskussionen standen, sind diese Haftungsgesichtspunkte zwar in der Evolution der Nürnberger Prinzipien einstweilen überlagert, aber keineswegs obsolet geworden. So wie es nicht sein darf, dass sich Personen hinter Staaten oder Organisationen verstecken, darf es ebenso nicht sein, dass sich Staaten oder Organisationen ihrer Verantwortung dadurch entledigen, dass sie sie auf ein paar natürliche Personen abwälzen. Für das kollektive Schuldbewusstsein eines tief mit dem Unrechtssystem verstrickten Volkes sind Tribunale gegen einzelne Täter eine wunderbare Neutralisierungstechnik. Es ist gerade in den Diskussionen zur Europäischen Finanzkrise aus deutscher Perspektive daran zu erinnern, in welch drastischem Umfang sich NS-Deutschland nicht nur an Teilen der eigenen Bevölkerung, sondern auch an der Bevölkerung anderer Länder, ganz besonders übrigens auch Griechenlands, bereichert hat. Die Reparations- und Wiedergutmachungs-

---

47 *Naucke*, Der Begriff der politischen Wirtschaftsstraftat – Eine Annäherung (2012), S. 42.

48 Ebd.

leistungen bewegen sich einstweilen im bloß symbolischen Bereich. Ob dies alles völkerrechtskonform ist, ist zweifelhaft, insbesondere ist unklar, nach welchen Gesichtspunkten die Ersatzansprüche verjähren sollen. Jedenfalls aber gebieten es die politische Moral und der Anstand, bei der Bewertung der institutionellen Prozesse zu den innereuropäischen Finanzhilfen, die für die betroffenen Länder existenziell notwendig waren, nicht auf den historisch belasteten Begriff des Ermächtigungsgesetzes zurückzugreifen.[49] Im Übrigen sind die Finanzhilfen über die Konstruktion des sog. Fiskalpakts mit einer für die einzelnen Bürgerinnen und Bürger der Krisenstaaten katastrophalen Sparpolitik verbunden. Gerade im Bereich der Gesundheitsleistungen befinden sich Teile der Bevölkerung in einer Situation dramatischer medizinischer Unterversorgung. Könnte man nicht *das* als politische Wirtschaftsstraftat brandmarken? Warum schweigt *Naucke* zu diesen Sachverhalten? Warum gerät ihm der Blick nach Europa kaum über den Rand der Geldbörse des deutschen Stimm- und Steuerbürgers?

Mit scharfen Worten geißelt *Naucke* unter Verweis auf allfällig kursierendes Vokabular zur Finanzkrise den „angstmachende[n], Handlungsdruck erzeugende[n] sprachliche[n] Unfug".[50] Aber er selbst verwendet gerne oder zitiert gerne Ausdrücke – „ökonomische Kriegsverbrechen",[51] „Derivate als Massenvernichtungswaffen"[52]– denen nicht ohne weiteres anzusehen ist, was sie von dem anderen sprachlichen Unfug unterscheidet. *Nauckes* Schrift ist populistisch und vielleicht darf man nicht die Maßstäbe anlegen, die man an einen herkömmlichen wissenschaftlichen Text anlegen würde. Aber die ausgebreitete Erzählung enthält grobe Verkürzungen, Fehler und Widersprüche. Man kann sich keine Arbeitsweise wünschen, die, wie es *Naucke* fordert, „Nürnberg mit Mannesmann verbinden könnte".[53] Entgegen der Behauptung *Nauckes*, Wirtschaftsmächtige hätten keinen Eingang in das Statut des Internationalen Strafgerichtshofs gefunden,[54] ist klarzustellen, dass selbstverständlich auch private Machtinhaber taugliche Täter von Verbrechen nach dem Statut sein können. Hier liegt, wie bereits hervorgehoben wurde, die eigentliche und dringliche juristische und rechtspolitische Aufgabe. Verwunderlich ist auch, dass *Naucke*

49 Vgl. ebd., S. 70 f.
50 Ebd., S. 68.
51 Vgl. ebd., S. 2.
52 Vgl. ebd., S. 88.
53 Ebd., S. 61.
54 Vgl. ebd., S. 24.

als Kantianer eine der zentralen kantischen Einsichten verfehlt, dass nämlich völlige Freiheit zugleich absolute Unfreiheit ist. Mit Blick auf die Ungeregeltheit der Finanzmärkte bei gleichzeitiger Verweigerung von persönlicher Verantwortung meint *Naucke*: „Das ist schon eine merkwürdige Vorstellung: völlige Freiheit ist absolute Unfreiheit".[55] Aber genau das ist der Witz der Kantischen Engführung von Freiheit und Vernunft. Nur der Zustand, der durch vernunftbestimmte Regeln geordnet ist, ist ein Zustand der Freiheit, so dass die regellose, die „deregulierte" Freiheit tatsächlich ein Zustand der Unfreiheit ist, was bei der Frage der Kriminalisierungswürdigkeit von individuellem Verhalten auf den Finanzmärkten auf jeden Fall zu berücksichtigen wäre.

IX. Zusammenfassung und Ausblick

Ich komme zum Ende und möchte zusammenfassen: Private Macht kann die Freiheit des Einzelnen genauso und in Einzelfällen sogar noch massiver bedrohen als staatliche Macht. In den meisten Fällen geht die Bedrohung in Form einer öffentlich-privaten Gemengelage vonstatten: *NSA* und *Google* gegen informationelle Selbstbestimmung zum Beispiel. Hier müssen juristische Neujustierungen stattfinden. Eine der wichtigsten ist, wie ich versucht habe in einem anderen Zusammenhang zu zeigen, ein neues Nachdenken über unmittelbare Horizontalwirkung von Grund- und Menschenrechten.[56] Die Horizontalwirkung führt im Grunde auch erst zu einer selbständigen Rechtfertigung des Völkerstrafrechts, dessen Legitimation nicht von einem Rechtsbegriff abhängig gemacht werden darf, der als Recht nur anerkennt, was staatlichen Normsetzungsprozessen entstammt. Dieses menschheitsunmittelbare Recht hat im Völkerstrafrecht bahnbrechenden Ausdruck gefunden und mittlerweile einen Stand der kodifikatorischen und dogmatischen Ausdifferenzierung erreicht, der beeindruckend ist und auch einen großen, insbesondere auch wirtschaftliche Sachverhalte einbeziehenden Regelungsumfang hat. Es gibt also schon in großem Umfang Wirtschaftsvölkerstrafrecht, insbesondere die Tatbestände der Menschlichkeits- und Kriegsverbrechen in Verbindung mit den allgemeinen Zurechnungsregeln lassen einen umfassenden Regelungsanspruch er-

---

55 Ebd., S. 91.

56 *Bung*, Grundlagenprobleme der Privatisierung von Sanktions- und Präventionsaufgaben, ZStW 125 (2013), S. 536 ff. (546 ff.).

kennen, der sowohl den Schutz individueller Freiheit als auch denjenigen freiheitssichernder Institutionen umfasst. Dieses Recht muss weiter entwickelt und, vor allem, angewendet werden, sonst droht, kelsenianisch, Geltungsverlust durch Unwirksamkeit. Die Erweiterung des strafrechtlichen Kontrollprogramms durch Anleihen aus totalitären Rechtsordnungen, Verrat und politische Untreue, ist demgegenüber abzulehnen, weil das Recht sich damit gegen seine ursprüngliche Intention kehrt, Garant der Freiheitsordnung zu sein. Durch Entlehnung totalitärer Bestrafungsansätze wird das machtverneinende Strafrecht unter der Hand zum politischen Machtinstrument, wie man vielleicht am besten an *Nauckes* eigener Argumentation verdeutlichen kann, der die strafrechtliche Verfolgung von politischen Konkurrenten durch das ungarische *Orban*-Regime, das es schon seit Jahren unternimmt, wesentliche verfassungsrechtliche Freiheitsgarantien abzuschaffen, kritiklos als Beispiel dafür verwendet, dass das eigene heilsgeschichtliche Narrativ auf der Höhe der Zeit ist.[57] In solchen Momenten werden einem *Nauckes* Narrative sogar ein wenig unheimlich.

---

57 Siehe *Naucke*, Der Begriff der politischen Wirtschaftsstraftat – Eine Annäherung (2012), S. 43 f.

Grenzen eines internationalen Wirtschaftsstrafrechts zur Ahndung von Menschenrechtsverletzungen

Tobias Singelnstein[1]

Versucht man die Essenz des Beitrags von *Jochen Bung* zusammenzufassen, fallen vor allem vier Aspekte ins Auge. Erstens sieht er es als unstreitig an, dass private Akteure im transnationalen Wirtschaftsleben Handlungen begehen, die als strafwürdig anzusehen sind. Dies gilt insbesondere dann, wenn die Geschehensabläufe mit erheblichen Menschenrechtsverletzungen verbunden sind. Zweitens – und das ist ebenso zutreffend – konstatiert er, dass das Strafrecht in diesem Kontext kaum angewendet wird. Drittens lautet die Einschätzung von *Jochen Bung*, dass auf der Ebene des Völkerstrafrechts die meisten relevanten Sachverhalte bereits durch die bestehende Rechtsordnung erfasst seien und die bestehenden Tatbestände nur angewendet werden müssten. Viertens schließlich warnt er vor einer Ausweitung des somit bereits bestehenden Wirtschaftsvölkerstrafrechts; er wirbt für kriminalpolitische Zurückhaltung und klare Grenzziehungen – formuliert in der Frage nach der Einsatzstelle für das Strafrecht.

Damit bietet der Beitrag von *Jochen Bung* für einen Kommentar eine Vielzahl möglicher Anknüpfungspunkte, die für das Thema der Tagung von höchstem Interesse sind – in einem Kommentar jedoch kaum sinnvoll zu bearbeiten wären. Erstens ist die Frage aufgeworfen, wo die erwähnte Grenzziehung vorzunehmen ist. Welche Geschehensabläufe im Rahmen transnationaler Wirtschaftsaktivitäten müssen erfasst werden – welche sollten es nicht sein? Zweitens wäre die Frage zu diskutieren, inwiefern das bestehende Völkerstrafrecht – aber auch das nationale Strafrecht – diese Geschehensabläufe tatsächlich bereits erfassen. Bedarf die Rechtsordnung insofern einer Erweiterung? Oder ist gar das hier schon viel genannte Großprojekt eines Wirtschaftsvölkerstrafrechts von Nöten? Drittens schließlich lässt sich natürlich vortrefflich über *Jochen Bungs* Bewertung

1 Es handelt sich um eine leicht ergänzte und mit einigen Nachweisen zu zentralen Fragen versehene Version des auf der Tagung gehaltenen Kommentars. Der Vortragsstil wurde im Wesentlichen beibehalten.

des Buchs von *Wolfgang Naucke*[2] streiten. Auch wenn ich manche Aspekte der Kritik – trotz ihrer Schärfe – gut nachvollziehen kann, geht sie mir doch im Grundsatz zu weit. Immerhin leistet der Band zwei wichtige Dinge, die auch für das Entstehen der hiesigen Tagung ein Anstoß waren: Er zeigt, welche zentrale Rolle der Aspekt der Macht im vorliegenden Kontext spielt. Und er arbeitet heraus, dass das bestehende Strafrecht für einen Teil der im transnationalen Wirtschaftsleben zu beobachtenden strafwürdigen Geschehensabläufe schlicht blind ist.

Ich kann all diese Fragen, die im Rahmen der Diskussion eine Rolle spielen werden, aus Zeitgründen nicht weiter vertiefen. Stattdessen möchte ich *Bungs* Betrachtungen als Ausgangspunkt nehmen, um zwei weitere Aspekte zu behandeln, die im Bereich der strafrechtlichen Grundlagen bzw. der Kriminologie für das vorliegende Thema von zentraler Bedeutung sind.

I. Die Dilemmata des internationalen Wirtschaftsstrafrechts

Jochen Bung hat die aus meiner Sicht zentrale Grundfrage im Bereich der strafrechtlichen Grundlagen bereits gestellt: Ist ein rechtsstaatlich begrenztes Strafrecht in der Praxis tatsächlich in der Lage, strafwürdige Menschenrechtsverletzungen im internationalen Wirtschaftsleben zu bearbeiten? Wie eingangs bereits erwähnt kann es einerseits als Konsens gelten, dass es entsprechende Geschehensabläufe gibt, die nach dem bestehenden Verständnis in die Zuständigkeit des Strafrechts fallen müssten. Eine radikale Perspektive, unter die sich auch *Naucke* mit seinem Ansatz eines machtverneinenden Strafrechts fassen lässt, geht sogar davon aus, dass vor allem oder ausschließlich solche Handlungen vom Strafrecht erfasst werden müssen. Auf der anderen Seite steht eine solche Zuständigkeit und Ausweitung des Strafrechts in direktem Widerspruch zu den rechtsstaatlichen Grenzen des Strafrechts – im materiellen Recht wie auch im Verfahrensrecht – und damit zu der in der Literatur dominanten liberalen Perspektive auf das Strafrecht.[3]

---

2 *Naucke*, Der Begriff der politischen Wirtschaftsstraftat – Eine Annäherung (2012).

3 Siehe dazu etwa die Beiträge von *Zerbes* und *Wittig* in diesem Band; allgemein zum Wirtschaftsstrafrecht *Weigend*, in: Freund u.a. (Hrsg.), Festschrift Frisch (2013), S. 17 ff. (23); siehe auch *Naucke*, Der Begriff der politischen Wirtschaftsstraftat – Eine Annäherung (2012), S. 9 f.

Bungs Betrachtungen kann man angesichts dessen als Versuch lesen, liberale und radikale Perspektive zu versöhnen: strafrechtliche Zuständigkeit für derartige Handlungen ja, aber bei Beibehaltung und Schonung der bestehenden rechtsstaatlichen Grenzen. Wie dies konkret ausgestaltet sein kann, ist von *Bung* aber nur angedeutet worden. Ich bin skeptisch, inwieweit eine solche Versöhnung tatsächlich möglich ist – ich will dem hier aber nicht weiter nachgehen, da das Thema auch in den folgenden Panels noch ausgiebig diskutiert werden wird.

Anstelle dessen möchte ich zu einem weiteren Problem kommen. Die Dilemma-Diskussion dreht sich im vorliegenden Kontext zumeist nur um die dogmatischen Grenzen, die durch ein Wirtschaftsvölkerstrafrecht bzw. ein transnationales Wirtschaftsstrafrecht unter Druck geraten würden. Die Etablierung entsprechender Regelungen ist indes nur eine Seite der Medaille. Eine andere Frage ist, ob und wie diese Regelungen in der Praxis angewendet werden, wie es also um das *law in action* bestellt ist. Hierauf verweist ja auch *Jochen Bung*, wenn er das Problem der fehlenden Bearbeitung von Menschenrechtsverletzungen im Rahmen von transnationalen wirtschaftlichen Aktivitäten in erster Linie bei einer mangelnden Anwendung völkerstrafrechtlicher Regelungen in der Praxis verortet. Allerdings gilt dieser Befund nicht alleine für das Völkerstrafrecht, sondern ebenso für das nationale Wirtschaftsstrafrecht. Als These lässt sich also formulieren: Die entscheidende Hürde für die strafrechtliche Bearbeitung einschlägiger Geschehensabläufe ist nicht die Etablierung rechtlicher Regelungen, sondern deren alltägliche Durchsetzung in der Praxis. Und damit komme ich zu meinem zweiten Aspekt.

II. Ökonomisierung und Verrechtlichung

Die hier verhandelten Fragen eines transnationalen Wirtschaftsstrafrechts bzw. eines Wirtschaftsvölkerstrafrechts lassen sich als rechtspolitisches Projekt verstehen, dass eine (weitergehende) Verrechtlichung ökonomischer Prozesse zum Ziel hat. Dem steht eine Entwicklung gegenüber, die als Ökonomisierung des Rechts bzw. der Rechtsanwendung bezeichnet wird[4] und die sich in einer Vielzahl unterschiedlicher Prozesse nieder-

---

4 Dazu *Singelnstein*, Strafrecht und neoliberales Regieren. Entwicklungstendenzen des Strafrechts als Einschreibung von Regierungstechniken im Sinne der Gouvernementalität, KJ 2011, S. 7 ff. (12), m.w.N.

schlägt. Diese Entwicklung steht in unmittelbarem Gegensatz zum Versuch der Verrechtlichung ökonomischer Prozesse, wie im Folgenden an zwei Gesichtspunkten gezeigt werden soll.

Einerseits und vordergründig ist die Frage nach der Ökonomisierung rechtlicher Prozesse eine Frage nach Ressourcen, die bei der Strafjustiz zur Bearbeitung strafrechtlich relevanter Geschehensabläufe zur Verfügung stehen. Solche Ressourcen sind ein zentrales Steuerungselement hinsichtlich des Aufkommens und der Erledigung von Fällen und damit des Aufkommens von gesellschaftlich wahrgenommener Kriminalität.[5] In dem hier in Rede stehenden Bereich wird man um solche Ressourcen streiten müssen, wie bereits die Situation im Völkerstrafrecht zeigt. An dieser Stelle lässt sich *Nauckes* Topos des machtverneinenden Strafrechts wieder aufgreifen. Dieses zielt darauf ab, Geschehensabläufe strafrechtlich zu erfassen, die Ausdruck gesellschaftlicher Macht sind, die es danach besonders zu kontrollieren gilt.[6] Daraus folgt umgekehrt, dass Geschehensabläufe, die eine solche Verbindung zur Macht nicht aufweisen, der Zuständigkeit des Strafrechts unter Umständen entzogen werden können. Es geht also nicht um einen Ausbau des Strafrechts, sondern um eine Verschiebung des strafrechtlichen Fokus', die nicht unbedingt nach einem Ausbau von Ressourcen verlangt.

Gravierender als die Frage der Ressourcen ist aber der Umstand, dass die Ökonomisierung auch die Selektionsprozesse im Rahmen der Kriminalisierung prägt, um es kriminologisch zu formulieren. Dies betrifft erstens die Frage, welche Geschehensabläufe überhaupt durch das Kriminaljustizsystem erfasst und bearbeitet werden. Aus der Gesamtheit aller strafbaren Verhaltensweisen wird stets nur ein geringer Anteil herausgegriffen und verfolgt. Je weniger Ressourcen zur Verfügung stehen, desto selektiver ist dieser strafrechtliche Zugriff.[7] Wie, wann und wem gegenüber er erfolgt ist stark von der polizeilichen, staatsanwaltlichen und gerichtlichen Praxis abhängig. Der strafrechtliche Zugriff hängt mithin nicht vorrangig mit dem tatsächlichen Aufkommen abweichenden Verhaltens zusammen,

---

5 *Kunz*, Kriminologie, 6. Auflage (2011), § 19 Rn. 5 ff., 27 ff.

6 *Naucke*, Der Begriff der politischen Wirtschaftsstraftat – Eine Annäherung (2012), S. 10 f.

7 *Singelnstein*, Sieben Thesen zur Entwicklung und Gestalt des Strafrechts, ZfRSoz 2014, S. 321 ff. (326).

sondern wird vor allem von bestimmten gesellschaftlichen Bedingungen geprägt, wie etwa politischen Vorgaben oder gesellschaftlicher Macht.[8]

Andererseits schlägt sich die Ökonomisierung im Strafrecht auch in einer Entformalisierung des Strafverfahrens nieder. Die strafrechtliche Hauptverhandlung ist heute zur Ausnahme geworden; das Strafbefehlsverfahren und die Opportunitätseinstellungen spielen ebenso eine massive Rolle wie das Absehen von Strafverfolgung nach den §§ 154, 154a StPO und der Deal – um nur die zentralen Schlagworte zu nennen.[9] Beide Gesichtspunkte – selektiver Zugriff und Entformalisierung des Verfahrens – prägen die strafrechtliche Praxis schon heute erheblich; in ganz besonderem Maße gilt dies für das Wirtschaftsstrafrecht;[10] nochmals verstärkt sein wird die Bedeutung, wenn es um die Bearbeitung transnationaler Sachverhalte geht.

Kurz gesprochen sind Kriminalisierungsprozesse zunehmend selektiver und gleichzeitig weniger formal ausgestaltet. Dies führt dazu, dass sie stärker vermachtet sind – was wiederum eine besondere Relevanz entfaltet, wenn es wie hier um den strafrechtlichen Zugriff auf besonders machtvolle Akteure geht. Die Frage nach einem transnationalen Wirtschaftsstrafrecht bzw. einem Wirtschaftsvölkerstrafrecht betrifft somit nicht alleine die Etablierung einer entsprechenden Dogmatik. Ein solcher Ansatz verlangt es auch, die rechtspolitische Auseinandersetzung, die hinter einem solchen Projekt steht, in der Praxis täglich neu zu führen. Der Anspruch eines solchen Projekts kann dabei auch scheitern; vermutlich kann er gar in sein Gegenteil verkehrt werden. Zwei mögliche Wege dessen haben meine Vorredner bereits angesprochen: *Jochen Bung* hat darauf hingewiesen, das nicht nur der Umstand eine Gefahr darstellt, dass sich Personen hinter Strukturen verstecken. Vielmehr ist es ebenso problematisch, wenn sich Strukturen und Institutionen hinter der Verantwortlichkeit einzelner Individuen zu verschanzen vermögen. *Wolfgang Kaleck* hat darauf hingewiesen, wie wesentlich es ist, strafrechtlich relevante Geschehensab-

---

8 Siehe nur *Sack*, Neue Perspektiven in der Kriminologie, in: Sack/König (Hrsg.), Kriminalsoziologie (1968), S. 433, 469 ff.

9 Hierzu im Einzelnen *Singelnstein*, Sieben Thesen zur Entwicklung und Gestalt des Strafrechts, ZfRSoz 2014, S. 321 ff. (323).

10 Siehe *Techmeier*, Zur strafrechtlichen Immunisierung bei Wirtschaftsstrafsachen, in: Prittwitz u. a. (Hrsg.), Kriminalität der Mächtigen (2008), S. 61 ff.; *Theile*, Strafrechtliche Hypertrophie und ihre Folgen. Das Beispiel der verfahrenserledigenden Urteilsabsprachen in Wirtschaftsverfahren, MschrKrim 2010, S. 147 ff.

läufe nicht isoliert als strafbares Verhalten, sondern in ihrem jeweiligen gesellschaftlichen Kontext zu betrachten. Dies gilt im Besonderen aber nicht alleine für die von ihm erwähnte Gewalt.

III. Ausblick

Zusammenfassend besehen ist das Dilemma somit ein doppeltes – und bestehen aus Sicht der strafrechtlichen Grundlagen zwei zentrale Herausforderungen bei der Etablierung eines transnationalen Wirtschaftsstrafrechts bzw. eines Wirtschaftsvölkerstrafrechts zur Ahndung von Menschenrechtsverletzungen. Das Problem, wie der Anspruch eines solchen Projekts und die rechtsstaatlichen Grenzen des Strafrechts übereingebracht werden können, ist nur die erste Frage. Mindestens ebenso bedeutsam ist die Frage, ob dieser Anspruch auch tatsächlich eingelöst werden kann. Dies wird sich erst in der Praxis zeigen und ist stark abhängig von den bereitgestellten Ressourcen und davon, wie die Kriminalisierungsprozesse in der Praxis ausgeprägt sein werden. Der Chance, durch eine stärkere Verrechtlichung transnationaler wirtschaftlicher Aktivitäten einen besseren Menschenrechtsschutz zu erreichen, steht angesichts dessen die Gefahr gegenüber, dass rechtsstaatliche Begrenzungen des Strafrechts aufgeweicht werden, ohne dass ein solches internationales Wirtschaftsstrafrecht zum Schutz von Menschenrechten eine hinreichende Umsetzung findet, da in der Praxis die beschriebenen – durch die Ökonomisierung des Rechts verstärkten – rechtstatsächlichen Grenzen bestehen.

Vor diesem Hintergrund muss ein solches Projekt drei Aspekte verinnerlichen. Erstens sind die rechtsstaatlichen Begrenzungen des Strafrechts auch im hiesigen Kontext essentiell und zu schützen. Neben strafrechtlichen Regelungen zur Erfassung einschlägiger Geschehensabläufe bedarf es daher ebenso der Arbeit daran, materiellrechtliche Begrenzungen und die Formen eines rechtsstaatlichen Verfahrens weiterzuentwickeln, damit diese auch im vorliegenden Kontext ihre Aufgabe erfüllen. Zweitens stellen das Strafrecht und ganz besonders der hier behandelte Bereich ein Feld stetiger machtvoller Auseinandersetzungen dar, die täglich aufs Neue zu führen sind. Die bestehenden, auch von *Jochen Bung* konstatierten Anwendungsdefizite bereits vorhandener Regelungen sind als ein Ausdruck dessen zu verstehen. Deren Beseitigung sollte in der Tat Vorrang eingeräumt werden vor der Schaffung neuer Tatbestände und der Aufweichung bestehender Grenzen. Drittens schließlich ist stets zu bedenken, dass die strafrechtliche Bearbeitung gesellschaftlicher Probleme und Konflikte nur sehr unvollkommen funktioniert, wie die Kriminologie vielfach gezeigt hat.[11] Ein rechtspolitisches Projekt wie das hiesige, das Strafrecht zum Mittel der Konfliktbearbeitung machen will, muss sich immer bewusst sein, dass dies zwar ein gewisses normatives Signal darzustellen und eine öffentliche Debatte zu beleben vermag – zu einer darüber hinausgehenden Bearbeitung der in Rede stehenden gesellschaftlichen Konflikte aber nur sehr begrenzt in der Lage ist, weshalb der strafrechtliche Zugriff die politische Auseinandersetzung mit Menschenrechtsverletzungen im transnationalen Wirtschaftsleben nicht ersetzen kann.

11 Siehe die Nachweise bei *Singelnstein/Stolle*, Die Sicherheitsgesellschaft, 3. Auflage (2012), S. 147 f.

Diskussionsbericht

Janosch Kuner

Professor *Klaus Marxen* begann die Diskussion mit der Empfehlung an alle Symposiums-Teilnehmer, *Nauckes* Schrift „Der Begriff der politischen Wirtschaftsstraftat – Eine Annäherung“[1] selber zu lesen und sich eine eigene Meinung zu bilden. Man werde zu einer Bewertung gelangen, die sich grundlegend unterscheide von der in Professor *Jochen Bungs* Vortrag vertretenen Einschätzung. Diese werde *Nauckes* Text in keiner Weise gerecht. Nicht zur Geltung komme die berechtigte Kritik *Naucke*s an Defiziten im Strafrecht, insbesondere an einer bestimmten Form der Privilegierung der Mächtigen. Ungewürdigt bleibe die breite Diskussion die das Buch ausgelöst habe. Dazu gehöre gerade auch die Durchführung dieser Tagung. Auch müsste der Zusammenhang gesehen werden mit der Kategorie der „staatsverstärkten Kriminalität“, die *Naucke* zuvor entwickelt habe und die im deutschsprachigen völkerstrafrechtlichen Schrifttum grundlegend anerkannt sei. Bemerkenswert sei zudem, dass dieser Text von einem erimitierten Hochschullehrer stamme, während die jüngere deutsche Strafrechtswissenschaft einen derartigen Text nicht zustande gebracht habe. *Nauckes* Schrift sei insgesamt als ein Aufforderungsbuch zu verstehen. Aufgefordert werde unter anderem dazu über eine Erweiterung der klassischen Tatbestände des Völkerstrafrechts nachzudenken. Diese Aufforderung sei berechtigt. Aus *Bungs* Vortrag lasse sich hingegen die konservative Haltung herauslesen, „Alles ist gut und kann so bleiben“.

Bung verteidigte seinen Vortrag dahingehend, er habe gar nicht behaupten wollen, die bisherige Rechtslage sei vollständig ausreichend. *Bung* betonte, er habe vor den Gefahren eines „Staatsschutzstrafrechts gegen Wirtschaftsstraftaten“ warnen wolllen. An *Nauckes* Text sei insbesondere heikel, dass dieser seine Hauptthesen als quasi logische Folgerung aus Nürnberg wiedergebe. *Marxen* appelierte daraufhin erneut an die Teilnehmer, den Text selbst zu lesen. *Bungs* Thesen und Kritikpunkte seien schlicht

1 *Naucke*, Der Begriff der politischen Wirtschaftsstraftat – Eine Annäherung, (2012).

falsch. *Naucke* habe allgemeine Entwicklungstendenzen aufgezeigt, aber keine zwingenden historische Schlussfolgerungen gezogen.

Rechtsanwältin Dr. *Miriam Saage-Maaß* griff die Frage auf, inwiefern das bestehende Recht ausreichend ist, um unternehmerisches Handeln strafrechtlich zu erfassen. Bisher könnten überhaupt nur Exzesse und Beihilfehandlungen im Rahmen von Konfliktsituationen strafrechtlich erfasst werden. Das bestehende Recht weise demgegenüber große Defizite im Bereich der systemischen schweren Menschenrechtsverletzungen allein durch Unternehmen, der schweren Umweltstraftaten sowie bei der Zerstörung von Lebensgrundlagen durch Finanzmarktexzesse auf. Die bestehende Rechtslage müsse daher zunächst auf Lücken untersucht werden. Sodann wäre nach Lösungsmöglichkeiten zu suchen. Insbesondere müsse der globale Kontext viel stärker berücksichtigt werden, etwa wenn das Handeln am internationalen Finanzmarkt gravierende negative Auswirkungen auf die Gesundheitsvorsorge in Staaten wie z.B. Griechenland habe.

Professorin *Petra Wittig* bewertete den Text von *Naucke* ähnlich kritisch wie *Bung*. Vor allem *Nauckes* Formulierung, die Trennung von positivem und nicht-positivem Recht aufzuheben, erachte sie als äußerst problematisch.

Professor *Gerhard Werle* betonte, es gehe zunächst darum, die Möglichkeiten des geltenden Völkerstrafrechts zu nutzen. So sei es etwa bei der Auslegung des Tatbestandes der Verbrechen gegen die Menschlichkeit nicht überzeugend, das *policy element*, wie im völkerrechtlichen Schrifttum teilweise vertreten werde, dahingehend einschränkend auszulegen, dass nur staatsähnliche Organisationsformen erfasst werden. Wirtschaftliche Akteure seien als taugliche Täter bei vielen völkerrechtlichen Straftaten durchaus denkbar. Insoweit sei unstreitig, dass es eine Privilegierung der Mächtigen, auch der wirtschaftliche Mächtigen, nicht geben dürfe. Die von *Naucke* aufgeworfene, weitergehende Frage laute indes, ob und wie auf unternehmerische Entscheidungen mit äußerst schwerwiegenden Auswirkungen auf ganze Bevölkerungen und Landstriche reagiert werden könne bzw. müsse. Hierfür müsse zunächst geklärt werden, ob derartiges unternehmerisches Verhalten mit den Mitteln des Strafrechts definierbar und sanktionierbar ist. Der Kern von *Nauckes* Thesen sei in jedem Fall berechtig und stelle einen wichtigen Anstoß dar, in diese Richtung weiter zu denken.

Bung antwortete, er stimme ja vollständig zu, dass es eine strafrechtliche Privilegierung der wirtschaftlich Mächtigen nicht geben dürfe. *Nauckes* These aber, Strafrecht sei „machtverneinend“, entspräche in Anbetracht etwa der strafrechtlichen Verfolgung Drogenabhängiger kaum der Realität. Überzeugender wäre es zu fordern, Strafrecht „soll" machtverneinend sein. *Bung* erneuerte seine Kritik, die Thesen und Begrifflichkeiten *Nauckes*, wie etwa die Bezeichnung „Leiter der Märkte", seien viel zu holzschnittartig. Insgesamt überziehe *Naucke* gehörig.

In seinem Diskussionsbeitrag rief Rechtsanwalt Dr. *Stefan Kirsch* einleitend das bekannte Brecht Zitat aus der Dreigroschenoper („Was ist ein Einbruch in eine Bank gegen die Gründung einer Bank?") in Erinnerung. In Bezug auf ein „Wirtschaftsvölkerstrafrecht" sei in der Tat zu klären, ob es bloß ein Vollzugsdefizit gebe, oder ob es tatsächlich neuer rechtlicher Herangehensweisen bedarf. Neuerungen bedürfe es im Völkerstrafrecht aber nicht im Bereich der besonderen Tatbestände. Vielmehr gehe es hier um in erster Linie Probleme des „Allgemeinen Teils", insbesondere um Fragen der Zurechnung. Zur Diskussion stellte *Kirsch* die nach eigener Bezeichnung „steile These", über die Ausweitung der Zurechnungsformen des AT schaffe man im Ergebnis letztlich doch neuartige Straftaten („Gründen einer Bank"). Damit gehe es aber nicht mehr um bloße Beendigung von Vollzugsdefiziten, sondern um Rechtsschöpfung.

Professor *Tobias Singelnstein* schloß sich diesbezüglich der Beobachtung von *Kirsch* an. Zentrales Problem sei die Frage der strafrechtlichen Zurechnung unternehmerischen Verhaltens. Die bloße Schaffung neuer Straftatbestände würde an dieser bisher ungelösten Problemstellung wenig ändern. Der Widerspruch zwischen rechtsstaatlich begrenztem Strafrecht und Wirtschaftsvölkerstrafrecht bleibe eine schwierig zu lösende Aufgabe.

Bung insoweit zustimmend, erachtete Dr. *Kim Priemel* die Bezeichnung „machtverneinendes Straftrecht" für ein Oxymoron. *Priemel* sympathisierte ausdrücklich mit *Bungs* Lesart von *Naucke*. Ein Kernproblem an *Nauckes* Text sei, dass dieser begrifflich unscharf sei, sofern von „Politik" gesprochen werde, aber eigentlich „Staat" gemeint sei. Hier werde nicht ausreichend differenziert. Außerdem bleibe weitgehend ungeklärt, warum es für „politische Wirtschaftsstraften" immer einen Nexus zwischen wirtschaftlichem und staatlichem Handeln geben müsse. Wirtschaftsstraftaten ohne einen solchen Politikbezug ausdrücklich auszuklammern bedürfe einer Begründung, welche *Naucke* aber nirgends liefere.

Schließlich stellte *Priemel* noch die grundsätzliche Annahme einer „friedensstiftenden Wirkung des Handels"in Frage. In Anbetracht der Kolonialgeschichte sei dies – außerhalb einer eurozentristischen Sichtweise – durchaus zweifelhaft.

Kriminologie

Transnationale Unternehmen und Völkerstrafrecht: Kriminologische Perspektiven

Susanne Karstedt

I. Kriminologie als Perspektive

Die Perspektive der Kriminologie ist durch zwei grundlegende und konstituierende Merkmale geprägt. Sie ist zunächst eine empirische Wissenschaft, und zum zweiten interdisziplinär angelegt. Beides bringt sie unter das Dach der Sozialwissenschaften, wo sie auch international überwiegend zu Hause ist. Ihre Perspektive ist ferner durch ihre drei Aufgabenfelder bestimmt, die *Edwin Sutherland* klassisch und auch heute noch gültig 1940 so umrissen hat: „Die Untersuchung der Entstehung von (Straf)gesetzen, der Verstöße gegen Gesetze, und der Reaktionen auf Gesetzesverstöße" („The study of the making of laws, the breaking of laws and the reactions to the breaking of laws").[1] Das gesamte Spektrum der Kriminologie überschneidet sich demnach mit der sozialwissenschaftlichen Analyse des Rechts im weitesten Sinne, und umfasst die institutionellen wie auch die informellen Reaktionen auf Gesetzesverstöße in ihrer ganzen Bandbreite; dazu gehören heute auch Themen wie öffentliche Reaktionen und Meinung, Kriminalitätsfurcht und der Bereich der Viktimologie. In *Sutherlands* Definition sind diese Aufgaben dem traditionellen Kernbestand, der klassischen ätiologischen Kriminologie gleichgestellt. Prävention von Kriminalität, von *Sutherland* nicht ausdrücklich genannt, ist dann eine auf diesen drei Bereichen aufliegende und sie übergreifende Aufgabe, die jeweils in bestimmter Weise aus dem Blickwinkel jedes Gebietes angegangen wird. *Sutherlands* Definition ist vor allem dort von Bedeutung, wo neue Formen der Kriminalität entdeckt werden, wo neue Gesetze, ganze Gesetzesbereiche und zugeordnete Institutionen neu entwickelt werden, und wo es im Umfeld zu einer Neuorientierung und Neubewertung der moralischen und normativen Standards kommt, und mithin zu einer verän-

1 *Sutherland*, White Collar Criminality, Presidential Address to the American Society of Sociology, American Sociological Review 5 (1940), S. 1-12.

derten Reaktion auf Gesetzesverstöße. In einer so dynamisch geprägten Situation ist dann gewissermassen das gesamte Spektrum kriminologischer Analyse gefragt. Ganz eindeutig handelt es sich bei den Verstößen von transnationalen Unternehmen gegen das Völkerstrafrecht sowie gegen internationale Menschenrechtsstandards um ein solches Problem, das kriminologische Expertise in allen drei Bereichen abfragt.

Nicht umsonst hat *Sutherland* diese Aufgabenstellung der Kriminologie im zeitlichen Kontext einer anderen wissenschaftlichen Innovation entwickelt, die untrennbar mit seinem Namen verbunden ist. Mit seinem Werk zu *White Collar Crime*[2] hat er einen Begriff und ein Konzept geprägt, sowie einen der ganz wenigen Termini, die aus der Kriminologie in die Umgangssprache Eingang gefunden haben, sei es in Übersetzung, sei es in der ursprünglichen englischen Version. Seine bahnbrechende Analyse der Weisse-Kragen-Kriminalität war von einer Reihe von Beobachtungen motiviert. Erstens handelt es sich häufig um zwar schwere moralische (*transgressions*), jedoch nicht unbedingt um Verstöße gegen (Straf)Gesetze, aber in jedem Fall um Handlungen, die nach der moralischen Intuition einer breiten Mehrheit sowie nach dem Urteil von Experten im Hinblick auf Schwere und Schaden mit tatsächlich inkriminierten Handlungen gleichwohl vergleichbar sind. *Sutherland* hat damit eine „Moraltheorie“[3] der Wirtschaftskriminalität entwickelt, die der Tatsache Rechnung trägt, dass die Grenzen zwischen illegalen, illegitimen and inakzeptablen Handlungen in diesem Bereich schwer oder gar nicht zu ziehen sind, und dass viele Fälle in einer Grauzone angesiedelt sind.[4] Weiterhin lag ihm daran, die mangelhafte und oft kaum vorhandene Strafverfolgung gerade dieser Täter zum Thema und Gegenstand zu machen, ebenso wie ihre im Vergleich zu ‚normalen‘ Straftätern nur allzu milde Bestrafung. Schließlich wollte er auf den Schaden (*harm*) aufmerksam machen, der aus den Handlungen von Wirtschaftsführern und den Aktivitäten großer Unternehmen entstehen kann, auch wenn dabei keineswegs eindeutig Gesetze gebrochen werden. Damit war nicht nur die oft große Zahl der individuellen Opfer gemeint, sondern auch der Schaden für Gesellschaft und Wirtschaft, wenn solche Aktivitäten ohne eine (strafrechtliche) Reaktion bleiben. Ihre Straf-

---

2 *Sutherland*, White Collar Crime (1949).

3 *Green*, Lying, Cheating and Stealing, A Moral Theory of White-Collar Crime (2006).

4 *Henning*, The DNA of White-collar Crime, New Criminal Law Review 11 (2008), S. 323 ff. (325).

losigkeit aufgrund der Schwierigkeiten des Nachweises tatsächlicher Gesetzesverstöße, aber auch aufgrund ihres hohen Status und ihrer Reputation gibt den Tätern Raum, jegliche moralische wie auch rechtliche Schuld abzuleugnen (*denial*).[5] Damit eröffnet sich ihnen ein Reservoir an Neutralisationstechniken,[6] wie beispielsweise der Hinweis, dass dies alle tun, oder dass man selbst eigentlich das Opfer sei.[7]

Somit hatte das Thema des *White Collar Crime* von Beginn an ein hohes Potenzial für die Entwicklung innovativer Konzepte in der Kriminologie. Selbstredend versuchte die kriminologische Forschung mit der Entwicklung der globalen Wirtschaft und den damit einhergehenden ‚Innovationen' im Bereich der Wirtschaftskriminalität Schritt zu halten. Bereits 1958 hatte der Kriminologe *Donald Newman* bemerkt: „Der Kriminologe ist nicht länger ein Beobachter aus der Mittelschicht, der das Verhalten der Unterschicht untersucht. Heute richtet er seinen Blick auf die mächtigsten und prestigereichsten Gruppen der Gesellschaft [...]".[8] Insofern, und beginnend mit *Sutherland* wurde das Blickfeld vor allem in Richtung Elitekriminalität, Kriminalität der Mächtigen, und Unternehmenskriminalität (*corporate crime*) oder ganz generell Organisationskriminalität ausgedehnt. Damit geht die kriminologische Perspektive über den engeren Bereich der Wirtschaftskriminalität hinaus, und schließt mit der Kriminalität der Mächtigen auch Staatskriminalität ein.[9] Mit der Fokussierung auf Unternehmen und Organisationen kommen dann kollektive Verantwortung und kriminogene Unternehmensstrukturen in den Blick.[10]

Weniger die Tatsache, dass diese Täter oft straflos ausgehen, als vielmehr die Breite der informellen Erledigungen ihrer Gesetzesübertretungen regte dann dazu an, das was „für die da Oben" Recht im Wortsinne war, auch auf die „normalen" Straftäter und deren Kriminalität anzuwenden.

5 *Sutherland*, White Collar Crime, The Uncut Version (1983), S. 9.

6 *Stadler/Benson*, Revisiting the Guilty Mind: The Neutralization of White-Collar Crime, Criminal Justice Review 37 (2012), S. 494 ff.

7 Huisman gibt einen guten Überblick über aktuelle Fälle: *Huisman*, Business as Usual, Corporate Involvement in International Crimes (2010), S. 31.

8 *Newman*, White-Collar Crime, Law and Contemporary Problems 23 (1958), S. 735.

9 Siehe zu kollektiver Verantwortung *Karstedt*, The State as Organised Crime Actor, in: Paoli (Hrsg.), Oxford Handbook of Organised Crime (2014), S. 303 ff.

10 Siehe z.B. *McBarnett/Whelan*, Creative accounting and the cross-eyed javelin thrower (1999); zu Banken: *Braithwaite*, Restorative Justice for Banks through Negative Licencing, British Journal of Criminology 49 (2009), S. 439 ff.

Führend war hier der australische Kriminologe *John Braithwaite*, der die Prinzipien und Mechanismen der Reaktion auf Wirtschaftskriminalität generalisierte. Dabei stellte er zum einen auf die Bedeutung des Reputationsverlustes sowohl für die involvierten Täter wie auch für die betroffenen Unternehmen als ganzes ab; er entwickelte hier eine allgemeine Theorie der „integrativen Beschämung" (*integrative shaming*) und schuf damit eine Grundlage für *Restorative Justice*.[11] Zum zweiten fasste er die Vielfalt von administrativen, zivilrechtlichen und strafrechtlichen Folgen der Gesetzesverstöße von Wirtschaftsunternehmen zu einem weiter gespannten Regulationsnetzwerk zusammen, auch als „Compliance Netzwerk" (*web of compliance*) bezeichnet, das strafbewehrte Reaktionen ebenso enthält wie unternehmensinterne Compliance Programme.[12] Das Ergebnis dieser Überlegungen ist die sogennante *Braithwaite'sche Sanktionspyramide*, die auf einem breiten Sockel von geringfügigen Eingriffen aufliegt, und darauf eine Steigerung der Intensität des Eingriffs und der Sanktionsschärfe aufbaut; ich werde darauf unten zurückkommen.

Diese in den 1990er Jahren entwickelten Überlegungen griffen zum Teil der dann einsetzenden Entwicklung vor: der zunehmenden Bedeutung von zivilrechtlichen Organisationen in der Aufdeckung von Wirtschaftskriminalität; dem sich ausdifferenzierenden Instrumentarium der Überwachung, Prävention und Regulierung der Aktivitäten von Unternehmen und Banken; und schließlich der Entwicklung von *soft law* im Vorfeld von strafrechtlichen Sanktionen und zivilrechtlichen Folgen. Insofern befasst sich die Kriminologie derzeit mit einer großen Bandbreite von Verhaltensregulationen und ihren Wirkungen, die weit über die eigentliche Strafverfolgung hinausgehen, und nicht nur alle Tätergruppen sowie das gesamte Spektrum von Straftaten umfassen, sondern ebenso jene Verhaltensweisen, die sich in der Grauzone zwischen moralischem und rechtlichem Verstoß bewegen. Aus diesem Grund ist die Kriminologie hervorragend für die Erforschung und Analyse der Menschenrechtsverstöße von transnational operierenden Unternehmen positioniert; enttäuschenderweise liegt dieses Feld aber noch weitgehend brach, wohl auch deshalb, weil die Krimi-

11 *Braithwaite*, Crime, Shame and Reintegration (1989). „Restorative Justice" umfasst mehr als den sogenannten Täter-Opfer-Ausgleich und soll daher hier unübersetzt bleiben.

12 *Braithwaite/Ayres*, Responsive Regulation (1997); *Braithwaite*, Restorative Justice and Responsive Regulation (2002).

nologie erst vor relativ kurzer Zeit Völkerstraftaten und Verbrechen gegen die Menschlichkeit für sich als Forschungsgebiet entdeckte.

Dies ist umso erstaunlicher, als die Kongruenz zwischen internationaler Kriminalität[13] bzw. Völkerstraftaten und Unternehmenskriminalität unübersehbar ist. *Brants*[14] weist vor allem auf die Organisationsstrukturen und das bürokratische Umfeld hin, die beiden Kriminalitätsformen ursächlich gemeinsam sind: die Arbeitsteilung und Dispersion von Verantwortung, die dann zum moralischen Disengagement führt;[15] die Vorrangigkeit der Organisationsziele, die mit einer Ignorierung des potenziellen Schadens einhergeht; sowie die Distanz zu den Opfern. Hinzu kommen spezifische ideologische und Organisationskulturen mitsamt ihrer Karriere- und Anreizsysteme für den einzelnen Täter. Was rational im Sinne der Unternehmensaktivitäten ist, wird durch eine kollektive Mentalität geformt; diese fungiert dann als Leitlinie und Beschränkung der Handlungs- und Wahlmöglichkeiten der Unternehmen, sowohl bei Entscheidungen auf der Unternehmensebene wie auch für einzelne Entscheidungsträger.

Insofern liegt es nahe, die Ergebnisse der Forschungen zu *White Collar Crime*, Wirtschafts- und Unternehmenskriminalität im Hinblick auf die völkerstrafrechtliche Verwicklung von Unternehmen abzuklopfen. Jedoch ist dabei zu berücksichtigen, dass sich diese Art von Unternehmenskriminalität in einigen Punkten grundsätzlich von der ‚üblichen' und innerstaatlichen unterscheidet. Dies betrifft zum einen den kriminogenen Kontext, in dem diese Unternehmen operieren und in Verbrechen gegen die Menschlichkeit verwickelt werden.[16] Dieser ist nicht selten von hoher Unsicherheit, und Bürgerkriegen oder bürgerkriegsähnlichen Situationen geprägt. Hinzu kommen eklatantes Staatsversagen, häufig mit einer expo-

---

13 Der Begriff *international crimes* wird in der internationalen kriminologischen Forschung in der Regel für alle Völkerstraftaten verwendet, kann aber auch Terrrorismus einschliessen.

14 *Brants*, Gold-Collar Crime: The Peculiar Complexities and Ambiguities of War Crimes, Crimes Against Humanity and Genocide, in: Pontell/Geis (Hrsg.), International Handbook of White-Collar Crime and Corporate Crime (2007), S. 309 ff.

15 Vgl hierzu *Bauman,* Modernity and the Holocaust (1989); *Bandura*, Moral Disengagement in the Perpetration of Inhumanities. Personality and Social Psychology Review 3 (1999), S. 193 ff.

16 Vgl. hierzu die bei Vaughan aufgelisteten Forschungen: *Vaughan*, Beyond Macro- and Micro-Levels of Analysis, Organizations and the Cultural Fix, in: Pontell/Geis (Hrsg.), International Handbook of White-Collar Crime and Corporate Crime (2007), S. 3 ff.

nenziellen Dynamik, und ein Zusammenbruch des Rechtssystems und der Verwaltung, was jegliche Aufsicht oder Strafverfolgung der Unternehmensaktivitäten vor Ort obsolet macht. Zum zweiten ist für diese Form der Unternehmenskriminalität kriminelle Komplizenschaft mit einem Staat und dessen Organisationen bezeichnend, der oder die selbst in schwere und gewalttätige Verstöße gegen die Menschenrechte verwickelt sind. Staats- und Unternehmenskriminalität sind also eng miteinander verbunden, Wirtschaft und Staat agieren gemeinsam und als Komplizen. Wo der Staat als Garant der Menschenrechte versagt, ergibt sich eine Situation, in der weder Unternehmen noch der Staat selbst einer (straf)rechtlichen Aufsicht unterliegen.[17] Dies ist ein Nährboden für Kriminalität der staatlichen Organe (*crimes of dominance*), der Institutionen der Kontrolle (*crimes of control*) und von Unternehmenskriminalität, und insbesondere für die engen Verbindungen zwischen diesen.[18] Zugleich summieren sich kriminelle Komplizenschaft und legale Interessenverbindungen zu entscheidenden Hindernissen für die nationale und internationale Strafverfolgung.

In welcher Weise lässt sich die kriminologische Forschung für den Bereich der Menschenrechtsverletzungen durch transnational operierende Unternehmen nutzbar machen? Wie der Beauftragte der Vereinten Nationen für Menschenrechte und transnationale Unternehmen, *John Ruggie* konstatiert, agieren Unternehmen zunehmend auf der internationalen Ebene, and als Akteure dort haben sie Rechte und Pflichten, und unterliegen internationalem Recht.[19] Die Exploration dieses Feldes wird sich an den drei Fragestellungen *Sutherlands* orientieren: In welcher Weise hat sich das Völkerstrafrecht entwickelt und welche Schlüsse für die Strafverfolgung solcher Art von Unternehmenskriminalität können wir daraus zie-

---

17 Unübersetzbar: (Can) „governments police themselves?“ *Jorgensen*, Impunity and Oversight: When Do Governments Police Themselves, Journal of Human Rights 8 (2009), S. 385 ff.

18 Siehe *Vaughan*, Beyond Macro- and Micro-Levels of Analysis, Organizations and the Cultural Fix, in: Pontell/Geis (Hrsg.), International Handbook of White-Collar Crime and Corporate Crime (2007), S. 9; *Karstedt*, The State as Organised Crime Actor, in: Paoli (Hrsg.), Oxford Handbook of Organised Crime (2014); *Huisman*, Business as Usual, Corporate Involvement in International Crimes (2010), S. 46.

19 *UN Human Rights Council,* Report of the Special Representative of the Secretary-General on the issue of human rights and transnational corporations and other business enterprises, John Ruggie: Business and human rights: mapping international standards of responsibility and accountability for corporate acts, A/HRC/ 4/35, 19. Februar 2007, para 20.

hen? Welche spezifischen Muster der Kriminalität lassen sich derzeit feststellen? Welcher Art sind die formellen und informellen Reaktionen, und welchen Einfluss und unter Umständen präventiven Effekt haben diese? Dabei wird dieser Beitrag vor allem auf regulative und abschreckende Effekte abstellen, und sich dabei sowohl auf die Wirkungen internationaler Strafverfolgung generell wie auch entsprechende Effekte bei Unternehmenskriminalität und Weiße-Kragen-Täter konzentrieren. Vorangestellt werden einige Überlegungen zu den Schlüssen, die die Kriminologie aus den Nürnberger Prozessen gegen Wirtschaftsführer im Dritten Reich ziehen kann, wobei hier bereits alle Züge der derzeitigen Verwicklung von Unternehmen in internationale Verbrechen deutlich werden. Ein kurzer Überblick über Art und Umfang der gegenwärtigen Menschenrechtsverstöße transnational operierender Unternehmen beschließt die Einführung.

II. Unternehmen vor den Nürnberger Tribunalen 1945-1949

Zu Recht bezeichnet *Jeßberger* den Prozess gegen die *I.G. Farben* als „Ursprung eines Wirtschaftsvölkerstrafrechts".[20] In die Planungen für das Internationale Militärtribunal und die Nachfolgeprozesse waren die Wirtschaftseliten und Unternehmen immer einbezogen; galten sie doch als Steigbügelhalter des NS Regimes, und dann als aktive Partner in der Vorbereitung des Krieges, in der Ausbeutung von Kriegsgefangenen und Komplizen im Holocaust. Dies betraf zum einen die deutsche Rüstungsindustrie, ferner Unternehmen und Personen, die führend in der Enteignung und Aneignung der Industrien in den besetzen Ländern Europas beteiligt waren, und schließlich insbesondere jene Unternehmen, die unmittelbar mit der Todesmaschinerie und der Ermordung der jüdischen Bevölkerung Europas in Zusammenhang standen.[21] Die Alliierten vermuteten daher

---

20 *Jeßberger*, Die I.G. Farben vor Gericht, Von den Ursprüngen eines „Wirtschaftsvölkerstrafrechts", JZ 19 (2009), S. 924 ff.

21 Zu einzelnen Unternehmen und Prozessen: *Matthews*, Ordinary Business in Nazi Germany, in: Michalowski/Kramer (Hrsg.), State-corporate Crime, Wrongdoing at the Intersection of Business and Government (2002), S. 116 ff. (131); I.G. Farben: *Jeßberger*, Die I.G. Farben vor Gericht, Von den Ursprüngen eines „Wirtschaftsvölkerstrafrechts", JZ 19 (2009), S. 924 ff.; *Jeffreys*, Hell's Cartel (2008); Flick-Konzern: *Bähr/Drecoll/Gotto/Priemel/Wixforth*, Der Flick-Konzern im Dritten Reich (2008); Banken: *Ahrens*, Der Exempelkandidat, Vierteljahreshefte für Zeitgeschichte 52 (2004), S. 637 ff.; Krupp: vgl. zum Prozess *Taylor*, The Krupp-Trial:

völlig richtig, dass im totalitären Staat mit seiner dirigistischen Wirtschaft staatliche und wirtschaftliche Interessen in allen Sektoren hochgradig miteinander verflochten waren.

Hinzu kam hier die wirtschaftliche Aktivität der SS selbst, die sich vor allem aus der Organisation und Verwaltung der Konzentrationslager ergab, und im Wirtschafts- und Verwaltungshauptamt der SS gebündelt war, mit der entsprechenden Zusammenarbeit mit Wirtschaftsunternehmen, sowie Banken und dem Finanzsektor.

Auch wenn das Londoner Statut prinzipiell Organisationen als kriminelle Akteure anerkannt hatte, so waren Wirtschaftsunternehmen in der Liste nicht enthalten. Zudem wurden nur Personen individuell verantwortlich gemacht, wenngleich das Konzept der Verschwörung in einigen Anklagen eine Rolle spielte.[22] Während führende Manager, Industrielle und Wirtschaftsfunktionäre in den vier Nürnberger Prozessen (*Flick-*, *I.G. Farben-*, *Krupp-* und *Röchling*-Prozess) vor Gericht standen, gab es daneben Verfahren gegen Mitarbeiter von Unternehmen, die unmittelbar am Holocaust als Zulieferer beteiligt gewesen waren.[23] Darüber hinaus wurden Manager im Rahmen anderer Prozesse angeklagt, so als einziger Vertreter der großen Universalbanken auf einer Nürnberger Anklagebank der ehemalige Vorstandsprecher der *Dresdener Bank*, der dem sogenannten Wilhelmstraßen-Prozess gegen das Auswärtige Amt zugeordnet wurde.[24] Die Nürnberger Prozesse spiegeln deutlich die Verflechtung von Staats- und Unternehmenskriminalität wider, ebenso wie die verschiedenen Formen der Komplizenschaft zwischen Staat, Regierung und Unternehmen, oder mit Militär und Sicherheitskräften bei Verstößen gegen die Menschen-

---

Fact v. Fiction, Columbia Law Review 53 (1953), S. 197 ff.; *Priemel,* Der Sonderweg vor Gericht, Historische Zeitschrift 294 (2012), S. 391 ff.; andere: *van Baar/Huisman,* The Ovenbuilders of the Holocaust, British Journal of Criminology 52 (2012), S. 1033 ff.; Frei/Schanetzky (Hrsg.), Unternehmen im Nationalsozialismus (2010).

22 *Van der Wilt,* Corporate Criminal Responsibility for International Crimes: Exploring Possibilities, Chinese Journal of International Law 12 (2013), S. 43 ff.; siehe auch *Karstedt,* The State as Organised Crime Actor, in: Paoli (Hrsg.), Oxford Handbook of Organised Crime (2014), S. 303 ff.; *Meyer-Henrich,* Conspiracy in International Law, Annual Review of Law and Social Sciences 2 (2006), S. 341 ff.

23 *Van Baar/Huisman,* The Ovenbuilders of the Holocaust, British Journal of Criminology 52 (2012), S. 1033 ff.

24 *Ahrens,* Der Exempelkandidat, Vierteljahreshefte für Zeitgeschichte 52 (2004), S. 637 ff.; ebenfalls in diesem Prozess angeklagt war *Emil Puhl,* der ehemalige Vize-Präsident der Reichsbank als Vertreter des staatlichen Bankenwesens.

rechte. Vor allem aber werfen sie ein Schlaglicht auf das kriminogene Umfeld, das der totalitäre Staat für Unternehmen geschaffen hatte. Dies betraf keineswegs nur die Anreize für Gewinne, Beute und Plünderung, sondern auch die ideologischen Rechtfertigungen, die moralische und auch rechtliche Bedenken von der Unternehmenspitze bis zu den ausführenden Ebenen beiseite wischten. Dies leistete der Normalisierung dieser Kriminalität Vorschub und legitimierte Massengewalt, Genozid, Kriegsverbrechen und Verbrechen gegen die Menschlichkeit mit Rechtfertigungen, die bis weit in die Nachkriegszeit gängig und wirksam waren.[25]

Tabelle 1 gibt einen Überblick über die in den Wirtschaftsprozessen verhängten Sanktionen im Vergleich zu den anderen Prozessen.[26] Im Prinzip liegen diese mit vier bis fünf Jahren – Ausnahme der *Krupp*-Prozess mit ca. acht Jahren – deutlich unter den verhängten und damit auch unter den tatsächlich verbüßten Strafen. Sowohl im *Flick*- wie im *I.G. Farben* Prozess ist der Anteil der Freisprüche mit ca. 50% extrem hoch. Allerdings liegen sie mit über 80% an der Spitze des Anteils der verbüßten Strafe, was sicherlich auch der Tatsache geschuldet ist, dass ausschließlich vergleichsweise kurze Haftstrafen verhängt wurden. Angeklagte im *Krupp*-Prozess profitierten von den Begnadigungen bzw. vom Erlass der Haftstrafe, die der amerikanische Hohe Kommissar *McCloy* 1951 aussprach, und weiterhin von der Aufhebung der Beschlagnahmung des Industrievermögens.[27] Deutlich höhere Strafen wurden von einem britischen Militärgericht gegen den Eigentümer und Prokuristen der Firma verhängt, die das Material für die Gaskammern geliefert hatte; sie wurden zum Tode verurteilt und 1946 hingerichtet. Die Mitarbeiter der Firma, die die Verbrennungsanlagen geliefert hatten, wurden zu langen Freiheitsstrafen bzw. Arbeitslager verurteilt.[28] Im Vergleich zu den Urteilen gegen den Liefe-

25 Vgl. *van Baar/Huisman*, The Ovenbuilders of the Holocaust, British Journal of Criminology 52 (2012), S. 1033 ff.

26 Wenn nicht anders bekannt, wurde als Datum der Internierung der 1. Januar 1946 gewählt; die effektive Haftzeit wurde als die Dauer zwischen dem Tag der Internierung und dem der Entlassung bestimmt; die effektive Haftzeit in Prozent gibt das Verhältnis zwischen der tatsächlich verbüßten und verhängten (Haft-)Strafe an. Nicht vollstreckte Todesurteile und lebenslange Haftstrafe wurden mit 30 Jahren veranschlagt.

27 *Schwartz*, Die Begnadigung deutscher Kriegsverbrecher, Vierteljahreshefte für Zeitgeschichte 38 (1990), S. 375 ff.

28 *Van Baar/Huisman*, The Ovenbuilders of the Holocaust, British Journal of Criminology 52 (2012), S. 1033 ff; ebenso der Fall der Degesch, dessen Prokurist Peters

ranten von Zyklon B, ein kleines Unternehmen, fallen die gegen die Wirtschaftselite deutlich niedriger aus.

Tabelle 1: Strafverfahren vor den Internationalen Nürnberger Tribunalen 1945-1949

Prozess		Angeklagte	Freispruch	Freiheitsstrafe	Hinrichtung	Mittlere Haftstrafe (Jahre)	Mittlere effektive Haftzeit (Jahre)	Mittlere effektive Haftzeit (%) *	Selbstmord	Nicht zugeordnet **
Alle Prozesse		209	39	142	23	15,4	6,5	55,9%	5	
Hauptkriegsverbrecherprozess		23	3	7	11	22,1	18,4	78,4%	2	1
I	Ärzteprozess	23	7	9	7	23,9	7,7	34,3%	0	
II	Milch-Prozess	1	0	1	0	30,0	9,1	30,3%	0	
III	Juristenprozess	14	4	10	0	17,2	6,5	46,9%	0	1
IV	WVHS-Prozess	18	3	14	1	20,4	6,3	37,2%	0	
V	Flick-Prozess	6	3	3	0	4,8	3,8	82,9%	0	
VI	IG-Farben Prozess	23	10	13	0	4,3	3,5	92,8%	0	1
VII	Südost-Generäle-Prozess	11	2	8	0	18,0	6,2	40,9%	1	1
VIII	RuSHA-Prozess	14	1	13	0	12,6	4,6	69,4%	0	
IX	Einsatzgruppen-Prozess	22	0	17	4	24,3	8,3	32,0%	1	2
X	Krupp-Prozess	12	1	11	0	8,5	4,9	62,1%	0	
XI	Wilhelmstraßen-Prozess	21	2	19	0	10,3	5,0	59,1%	0	
XII	Prozess OKW	14	2	11	0	15,7	6,3	54,1%	1	
XIII	Röchling-Prozess	5	1	4	0	5,3	4,4	94,8%	0	

Quelle: Priemel/Stiller (Hrsg.), NMT. Die Nürnberger Militärtribunale zwischen Geschichte, Gerechtigkeit und Rechtschöpfung (2013); persönliche Information K. Priemel; eigene Berechnungen.

* Der Anteil der effektiven Haftzeit an der verhängten Strafe wurde für jeden einzelnen Angeklagten berechnet, und dann der Mittelwert für den jeweiligen Prozess bzw. alle Prozesse; Internierungszeiten wurden berücksichtigt; sofern keine genauen Daten vorlagen, wurde die Internierungszeit ab dem 1. Januar 1946 bis zum Prozessbeginn berechnet.

** Nicht zugeordnet (von oben nach unten): (i) Gustav Krupp von Bohlen und Halbach war krankheitsbedingt nicht prozessfähig. (ii) Karl Engert war verhandlungsunfähig. (iii) Max Brüggemann war krankheitsbedingt nicht prozessfähig. (iv) Maximilian von Weichs war krankheitsbedingt nicht prozessfähig. (v) Otto Rasch war krankheitsbedingt nicht prozessfähig. (vi) Eduard

in zahlreichen Verfahren schließlich mit im Vergleich geringen Strafen davonkam; *Hayes*, From Cooperation to Complicity, Degussa in the Third Reich (2004), S. 297.

Strauch wurde zum Tode verurteilt, anschließend nach Belgien ausgeliefert und abermals zum Tode verurteilt. Das Urteil wurde allerdings wegen Geisteskrankheit nicht vollstreckt.

Bereits mit den Nürnberger Prozessen begegnen wir einem entscheidenden Merkmal der justiziellen Aufarbeitung von Völkerstraftaten, die von Unternehmen begangen werden. In dem Zusammenspiel von zivil- und strafrechtlichen Prozessen, die entweder sequenziell oder gleichzeitig stattfinden können,[29] zeichnet sich bereits das heutige „Netzwerk der Verantwortlichkeit, rechtlichen Verbindlichkeiten und Haftung " (*web of liability*)[30] der Unternehmen ab. Die juristische Aufarbeitung der nationalsozialistischen Unternehmenskriminalität gestaltet sich dabei eher sequenziell mit den den Nürnberger Prozessen nachfolgenden Verhandlungen zwischen den beteiligten Unternehmen und der *Claims Conference* vor allem im Zusammenhang mit dem Einsatz von Zwangsarbeitern. Ein Meilenstein war hier der sogenannte Wollheim-Prozess, in dem es um die Entschädigung für Zwangsarbeit bei der *I.G. Farben* in Auschwitz ging. Er fand Anfang der 1950er Jahre und unter großem Presse-Echo statt, und war für den Kläger erfolgreich. Der Prozess fand mindestens ebenso viel Aufmerksamkeit wie die Strafprozesse, vor allem wegen der verhandelten Entschädigungssumme und deren Hochrechnung auf die Opferzahlen, die der deutschen Öffentlichkeit das Ausmaß der Verbrechen wie auch potenzielle finanzielle Verpflichtungen vor Augen führten. Die Vertreter der Nachfolgeunternehmen der *I.G. Farben* rechtfertigten sich öffentlich u.a. damit, dass „der Kläger der Beklagten (I.G. Farben bzw. Nachfolge) zu verdanken habe, dass er noch lebe".[31] Das Gericht ließ sich nicht beeindrucken, und stellte eine Sorgfalts- und Sorgepflicht für das Unternehmen fest, solange sich die Zwangsarbeiter in seinem Verantwortungsbereich befanden, von der auch eine Organisation wie die SS sie nicht freisprechen konnte. Der Wollheim-Prozess war daher bahnbrechend für die dann

---

29 Vgl. zur generellen Sequenzialisierung (sequencing) von Transitional Justice *Braithwaite/Nickson,* Timing Truth, Reconciliation and Justice after War, Ohio State Journal of Dispute Resolution 27 (2012), S. 443 ff.

30 *UN Human Rights Council*, Report of the Special Representative of the Secretary-General on the issue of human rights and transnational corporations and other business enterprises, John Ruggie: Business and human rights: mapping international standards of responsibility and accountability for corporate acts, A/HRC/4/35, 19. Februar 2007, para 20.

31 *Benz,* Der Wollheim-Prozess, Zwangsarbeit für I.G. Farben in Auschwitz, in: Herbst/Goschler (Hrsg.), Wiedergutmachung in der Bundesrepublik Deutschland (1989), S. 307 ff.

einsetzenden Verhandlungen über Entschädigungen für Zwangsarbeit mit allen an den Nürnberger Prozessen beteiligten Unternehmen, sowie die außergerichtlichen Vereinbarungen.[32]

Die Urteile in den Nürnberger Prozessen deuten nicht darauf hin, dass Wirtschaftsführer unangemessen von ihrem Status profitierten, standen doch generell Eliten vor Gericht. Jedoch können die damaligen Wirtschaftseliten deutlich sensibler auf den drohenden Reputationsverlust reagiert haben als die ehemaligen Partei-, Militär- und anderen Funktionseliten. Selbst wenn die Vertreter der *I.G. Farben* Nachfolgeunternehmen zu Beginn der 1950er Jahre mit unakzeptablen Rechtfertigungen hervortraten, so machte das Gericht eine alternative Sichtweise deutlich, die eben auch im Ausland geteilt wurde. Dass das wieder zunehmende Auslands-Engagement der deutschen Unternehmen generell eine Rolle dabei gespielt hat, dass dann in der Folgezeit Unternehmen, u.a. *Siemens*, in Verhandlungen über Entschädigungen eintraten, ist durchaus wahrscheinlich. Jedoch werden Reaktionen auf drohenden Reputationsverlust bereits in den Nürnberger Prozessen deutlich. Symptomatisch ist hier der Fall von *Karl Rasche*, dem ehemaligen Vorstandssprecher der *Dresdner Bank*. Er war der einzige hochrangige Vertreter der drei Großbanken auf der Anklagebank. Auch wenn die *Dresdner Bank* die Verteidigung zur Verfügung stellte, so war diese ganz überwiegend im Interesse des Unternehmens tätig, und weniger im Interesse des Angeklagten, der sich daher auch als „Exempelkandidat“ sah. Weiterhin versuchten die Vorstände der Bank, den nunmehr Verurteilten von einer internationalen Publikation des (für ihn günstigen) Minderheitenvotums abzuhalten. Nach der kurz darauf erfolgten Entlassung machte die *Dresdner Bank* eindeutig klar, dass er nicht zurückkehren konnte, auch wenn eine Abfindung gezahlt wurde. Im Gegensatz zu anderen Bankern, die in den Nürnberger Prozessen verurteilt und später wieder eingestellt wurden, war *Rasche* durch sein Engagement im nationalsozialstischen Staat und der Partei offensichtlich untragbar.[33]

Insgesamt finden wir also an den „Ursprüngen des Wirtschaftsvölkerstrafrechts“ die typischen Merkmale und Kontexte dieser Form von Unternehmenskriminalität, wie auch ihrer strafrechtlichen Aufarbeitung: die

32 Der Flick-Konzern weigerte sich, die 1964 ausgehandelte Entschädigungssumme zu zahlen, und erst beim Verkauf an die Deutsche Bank 1986 wurden von dieser die fünf Millionen DM gezahlt.

33 *Ahrens*, Der Exempelkandidat, Vierteljahreshefte für Zeitgeschichte 52 (2004), S. 637 ff.

Komplizenschaft von Staat und Wirtschaft, das Zusammenspiel von strafrechtlicher und zivilrechtlicher Verantwortlichkeit, und schließlich die Rolle von Reputation und deren Verlust, und damit die einer wie immer definierten Öffentlichkeit.

III. Völkerstraftaten heute: Kontexte, Akteure und Risiken

In Nürnberg standen Akteure vor Gericht, die in Komplizenschaft mit einem totalitären Staat und Regime gehandelt hatten, d.h. in einem starken Staat, der unmittelbar rechtlose Gewalt ausübte. Unternehmen heute, die in Völkerstraftaten verwickelt werden (können), sind ganz überwiegend in Hochrisiko-Zonen (*high risk zones*) tätig, in denen Staat und Regierung eher schwach sind oder ganz versagen. Es sind insbesondere Konfliktzonen, in denen Unternehmen in Massengewalt und Verbrechen gegen die Menschlichkeit involviert werden (können), und die nicht nur Unternehmen ein ausgesprochen permissives Umfeld für eine Bandbreite von illegalen und unrechtmäßigen Handlungen bieten. Diese reichen von Massengewalt und unilateraler staatlicher Gewalt gegen die Zivilbevölkerung bis hin zu anderen Verstößen gegen die Menschenrechte, zu Korruption oder Umweltstraftaten. Die Akteure sind staatliche Organisationen, vor allem die Sicherheitskräfte und Militär, Milizen, die im Auftrag der Regierung oder anderer Gruppen handeln, sowie *War Lords* und deren Gruppen. Das Gewaltpotential dieser Gruppen wird mit wechselnden Zielrichtungen und Motiven realisiert, und die Gruppen wechseln zwischen Opfern und Tätern. Ein solcher Kontext bietet einen fruchtbaren Boden für weitreichende Verletzungen der Menschenrechte, Massengewalt, sehr häufig in Form sexueller Gewalt, Verschwindenlassen von Menschen, Vertreibung und *ethnic cleansing*, also Verbrechen gegen die Menschlichkeit und Kriegsverbrechen. Hinzu kommen terroristische Anschläge und Entführungen. Generell gilt jedoch, dass einseitige Gewalt gegen die Zivilbevölkerung von staatlicher Seite einen wesentlichen Teil ausmacht. In derart „extrem gewalttätigen Gesellschaften“, die durch ein hohes Niveau aller Gewaltformen gekennzeichnet sind, eskaliert Gewalt deutlich häufiger zu Massengewalt und Genozid.[34]

---

34 *Gerlach*, Extrem gewalttätige Gesellschaften (2011); *Karstedt*, Contextualising mass atrocity crimes: The dynamics of extremely violent societies, European Jour-

Staatversagen (*state failure*) ist dadurch gekennzeichnet, dass Staat und Regierung Legitimität verlieren und ihre Staatsgewalt inbesondere nicht durchgängig über ein Territorium ausüben können; hier verfolgen Eliten eigene Interessen und gehen jeweils Allianzen ein (*elite fragmentation*). Die Sicherheitskräfte fungieren als „Staat im Staate", und der Staat kann seine Verpflichtung zum Schutz der Bevölkerung und als Garant ihrer Menschenrechte nicht mehr einlösen. Ein hohes Ausmaß an nicht rechtmäßiger staatlicher Gewalt, wie Folter, Verschwindenlassen von Personen, oder Anwendung tödlicher Gewalt, ist daher ein Kennzeichen von Staatsversagen: „*the state cannot police itself*", d.h. der Staat, die Regierung und Bürokratie, wie das Justizsystem sind außer Stande, sich selbst in rechstaatlicher Weise zu kontrollieren, oder gar diese internationalen Delikte zu verfolgen.[35]

Ein weiterer typischer Zusammenhang neben dem zwischen Gewalt und Staatsversagen ist demzufolge der zwischen illegaler Staatsgewalt und Korruption, der sich weltweit ebenso wie für Europa zeigt.[36] Transnational operierende Unternehmen sehen sich nicht nur in Sicherheitsdilemmata, sondern sind auch mit Forderungen nach Schutz- und Bestechungsgeldern auf allen Ebenen konfrontiert. Wo der Souverän in dieser Weise abgedankt hat, kann weder soziale noch formelle Kontrolle der Unternehmen durchgesetzt werden. Jedoch sind keineswegs alle für Unternehmen kriminogenen Kontexte durch Staatsversagen geprägt, sondern ebenso durch autoritäre oder eingeschränkt demokratische Regime; dazu gehören Südafrika unter dem Apartheids-Regime und derzeit China.[37]

In dem Report zu Menchenrechten und transnationalen Unternehmen des Berichterstatters *John Ruggie* an die UN, der auf einer Auswahl von

---

nal of Criminology, Special Issue on 'International Crimes and Transitional Justice 9 (2012), S. 499 ff.

35 Zur Definition und Indizierung von Staatsversagen siehe *Marshall/Cole*, Global Report 2011: Conflict, Governance and State Fragility (2011), abrufbar unter <www.systemicpeace.org/globalreport.html>. Zum Zusammenhang zwischen Staatsgewalt und Staatsversagen, sowie zu Korruption siehe *Karstedt*, State Crime, The European Experience, in: Body-Gendrot/Hough/Kerezsi/Lévy (Hrsg.), The Routledge Handbook of European Criminology (2014), S. 125 ff.

36 *Karstedt*, ebd.

37 *Rodman*, Think Globally, Punish Locally: Nonstate Actors, Multinational Corporations and Human Rights Sanctions, Ethics & International Affairs 12 (2006), S. 19 ff.; Business and Human Rights Resource Centre <http://business-humanrights.org>.

320 Fällen beruht, zeigt sich, dass betroffene Regionen vor allem in Asien, Afrika und Lateinamerika liegen; hier finden sich auch die meisten der zwanzig Länder mit dem höchsten Gewaltniveau.[38] Die Gewinnungsindustrie ist neben allen anderen Sektoren mit 28% am häufigsten vertreten. Zwar betrifft der größere Anteil der Verstöße internationale arbeitsrechtliche und Umwelt-Standards, jedoch stehen Völkerstraftaten im engeren Sinne an dritter Stelle; dabei handelt es sich vor allem um eine sogenannte „indirekte“ Beteiligung von Unternehmen, d.h. dass das Unternehmen zu Verstößen durch Dritte beitrug und/oder davon profitierte.[39] Das *Business and Human Rights Center* listet eine Vielzahl von Fällen, die chinesische, amerikanische und europäische Firmen betreffen, die im Kontext autoritärer Regime operieren. Die indirekte Beteiligung reicht dabei von der Unterstützung unrechtmäßiger Gewaltanwendung durch Polizei und Sicherheitskräfte bis zur Lieferung von Technologie zur Überwachung von Kommunen, Aktivisten und Regimegegnern, und der Einschränkung ihrer Menschenrechte.[40] Darunter sind 25 deutsche Firmen, die z.B. Sicherheitstechnologie liefern, oder zuließen, dass Polizei und Sicherheitskräfte illegal Gewalt in Arbeitskonflikten anwendeten. Indirekte Beteiligung kann auch dann gegeben sein, wenn Banken die Vermögenswerte von Staaten verwalten, die unmittelbar in genozidale Aktionen verwickelt sind, wie im Fall der *BNP Parisbas*.[41]

---

38 *UN Human Rights Council*, Report of the Special Representative of the Secretary-General on the issue of human rights and transnational corporations and other business enterprises, John Ruggie: Business and human rights: mapping international standards of responsibility and accountability for corporate acts, A/HRC/4/35, 19. Februar 2007, para 20; *UN Human Rights Council*, Report of the Special Representative of the Secretary-General on the issue of human rights and transnational corporations and other business enterprises. Corporations and human rights: a survey of the scope and patterns of alleged corporate-related human rights abuse, A/HRC/8/5/Add.2, 23. Mai 2008; Gewaltniveau: *Karstedt*, Contextualising mass atrocity crimes: The dynamics of extremely violent societies, European Journal of Criminology, Special Issue on 'International Crimes and Transitional Justice 9 (2012), S. 499 ff.

39 *UN Human Rights Council*, ebd., para 11.

40 Ebd.

41 "France's largest bank gets fined for evading American sanctions", The Economist vom 5. Juli 2014, abrufbar unter <www.economist.com/news/finance-and-economics/21606321-frances-largest-bank-gets-fined-evading-american-sanctions-capital-punishment>.

Die Organisation *Red Flag* stellt für Unternehmen eine Einschätzung ihrer Haftungs- und strafrechtlichen Risiken bereit. Die hier genannten Aktivitäten spiegeln den kriminogenen Kontext von Staatsversagen einerseits und autoritären Regimen andererseits in den Hochrisiko-Zonen wider:[42]

- Vertreibung unter Anwendung von Zwang vom Standort des Unternehmens;
- Einsatz von Zwangsmitteln und Zwangsarbeit, auch durch Partner oder Sicherheitskräte;
- Umgang mit und Nutzung von Vermögenswerten fragwürdiger Herkunft, einschließlich Geldwäsche;
- Korruption und Bestechung;
- Nutzung von Diensten oder Zulassung von Aktionen von staatlichen und anderen Sicherheitskräften, die bekannt für den Missbrauch und Einsatz illegaler Gewalt sind;
- Verstoß gegen Sanktionsregime;
- Bereitstellung von Mitteln und Technologie für die Anwendung von illegaler Gewalt und Völkerstraftaten;
- Eigentum des Unternehmens dafür zur Verfügung stellen;
- direkte Finanzierung von Völkerstraftaten, wenn dies substanziell zu den Straftaten beiträgt.

Insgesamt kann der Kontext, in dem Unternehmen ein hohes Risiko laufen, in Völkerstraftaten verwickelt zu werden, als eine anomische Situation gekennzeichnet werden, in dem soziale wie rechtliche Kontrollen versagen oder außer Kraft gesetzt worden sind. Die verschiedenen Risiken sind auf einem Kontinuum der Komplizität mit Staat und Regierungen, vor allem mit staatlichen Sicherheitskräften angesiedelt,[43] sie können jedoch auch andere Akteure wie z.B. Milizen oder *War Lords* in den Hochrisiko-Zonen einschließen. Welche Möglichkeiten der Kontrolle von Unternehmen und Unternehmenstätigkeit bieten sich in einer solchen Situation der Recht- und Straflosigkeit und der weitreichenden Komplizität?

---

42 *Red Flags* <www.redflags.info>.

43 *Kauzlarich/Mullins/Matthews,* A complicity continuum of state crime, Contemporary Justice Review: Issues in Criminal, Social and Restorative Justice 6 (2003), S. 241 ff.

IV. Die „Rechts-Kaskade" (Justice Cascade): Völkerstrafrecht, nationales Recht und Rechtsdurchsetzung

Seit den letzten Dekaden des 20. Jahrhunderts haben das Völkerstrafrecht, seine Institutionen, und die tatsächliche Verfolgung von Völkerstraftaten international und national einen nicht nur unvorhersehbaren, sondern auch exponenziellen Aufschwung genommen. Diese Entwicklung ist von der Politikwissenschaftlerin *Kathryn Sikkink* als „Rechts-Kaskade" (*justice cascade*) bezeichnet worden. Damit wird eine Dynamik der Rechtsentwicklung und –ausbreitung gekennzeichnet, die vertikale Prozesse von der internationalen zur nationalen Ebene ebenso wie horizontale Diffusionsprozesse zwischen Staaten und innerhalb von Regionen umfasst.[44] Ursprünglich an der lateinamerikanischen Situation entwickelt, ist dies ein Modell für die globale Rechtsentwicklung und Strafverfolgung von Menschenrechtsverletzungen, dessen entscheidende Merkmale seine Dezentralität (*decentralized*) und Interaktivität (*interactive*) sind.[45] Es ist dezentral, weil die Strafverfolgung entscheidend auf den nationalen Justizsystemen und deren Akteuren beruht, und interaktiv, weil Entscheidungen auf der internationalen und nationalen Ebene sich gegenseitig und in beide Richtungen verlaufend beeinflussen können. In diesem dezentralisierten System liegt der Erfolg der Strafverfolgung und Rechtsdurchsetzung im Wesentlichen bei den nationalen Justizsystemen, während die internationale Gerichtsbarkeit als *fall-back* fungiert. Gleichwohl bleibt die Strafverfolgung extrem fragmentiert und geradezu willkürlich.[46]

Abbildung 1 bildet diese Interaktion und Dezentraliät im Zeitverlauf gut ab. Der Proliferationsprozess beginnt mit lokaler Strafverfolgung und Wahrheitskommissionen, die beide bis in die erste Dekade des 21. Jahrhunderts das Bild bestimmen. Die Interaktion der Ebenen ist ebenso für die Verfolgung von Völkerstraftaten von Unternehmen zu beobachten; der UN Beauftragte *Ruggie* zitiert den *Unocal* Fall als Beispiel dafür, in wel-

---

44 *Sikkink*, The Justice Cascade (2011); *Karstedt*, The end of impunity? Global lawmaking and atrocity crimes, Zeitschrift für Rechtssoziologie, Special Issue on 'Sociology of Penal Law' 34 (2014), S. 125 ff.

45 *Sikkink/Kim*, The Justice Cascade, The Origins and Effectiveness of Prosecutions of Human Rights Violations, Annual Review of Law and Social Science 9 (2013), S. 269 ff.

46 Ebd., S. 269 ff. (272).

cher Weise ein US Gerichtshof sich auf im Völkerstrafrecht entwickelte Prinzipien individueller und kollektiver Verantwortung bezieht.[47]

Abbildung 1: Internationale Strafverfolgung – Verfahrenstypen (1974-2012)

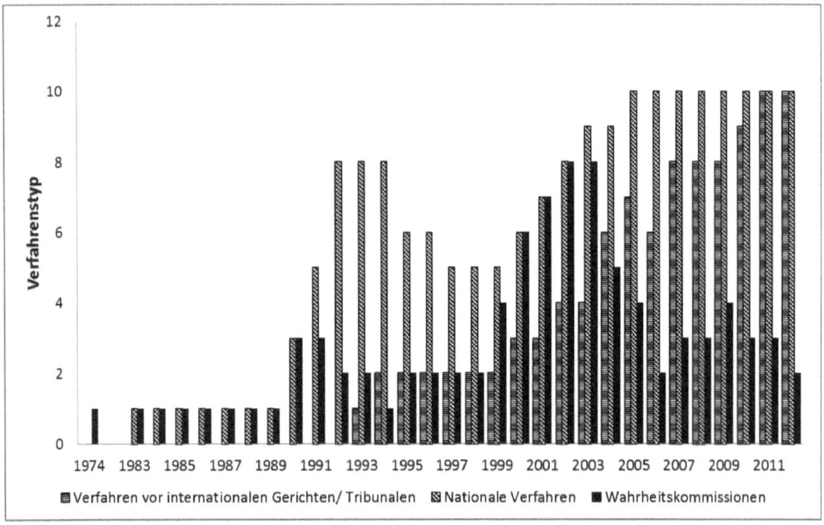

Quellen: International Criminal Court (<www.icc-cpi.int>); Olsen/Payne/Reiter, Transitional Justice in Balance. Comparing Processes, Weighing Efficacy (2010); eigene Berechnungen.

Die Rechts-Kaskade beginnt mit Aktionen von NGOs, Anwälten und Rechtsaktivisten, in nationalen und internationalen Organisationen, und transnationalen Organisationen wie z.B. *Amnesty International*.[48] Das gilt ebenso für die Vielfalt der Organisationen und Akteure, die sich derzeit

47 *UN Human Rights Council*, Report of the Special Representative of the Secretary-General on the issue of human rights and transnational corporations and other business enterprises, John Ruggie: Business and human rights: mapping international standards of responsibility and accountability for corporate acts, A/HRC/4/35, 19. Februar 2007, para 9.
Stan/Nedelsky (Hrsg.), Encyclopedia of Transitional Justice (2013); *Hayner*, Unspeakable truths. Transitional justice and the challenge of truth commissions, 2. Auflage (2010); eigene Berechnungen.

48 Vgl. zur Kooperation dieser Akteure beim Rom Statut z.B. *Glasius*, The International Criminal Court, A Global Civil Society Achievement (2006).

international und national für die Haftung von Unternehmen bei Menschenrechtsverstößen einsetzen. Hier zeigt sich der interaktive Charakter der internationalen Menschrechtsregimes. Erstaunlicherweise spielen lokaler Aktivismus und Interessengruppen eine entscheidende Rolle bei der Strafverfolgung hochrangiger Täter, während internationaler Druck erfolgreicher bei der Strafverfolgung der unteren Ränge ist.[49] Ein entscheidender Schritt ist die Diffusion und Transmission zwischen Staaten, die *Sikkink* für Lateinamerika und global nachweisen kann.[50] Interessanterweise ratifizieren Staaten in Konfliktzonen die völkerstrafrechtlichen Verträge ebenso häufig und frühzeitig wie stabile Demokratien, vermutlich als Signal in Richtung ihrer Konfliktpartner.[51] Inwieweit dies auf Diffusionsprozesse im Falle von Menschenrechtsverletzungen von Unternehmen zutreffen kann, läßt sich derzeit kaum abschätzen. Während *Sikkink* und *Kim*[52] für staatliche Menschenrechtsverletzungen hier einen gewissermaßen positiven Wettbewerb und Anreiz für Reputationsgewinne zwischen Staaten annehmen, kann der Wettbewerb zwischen Staaten und Unternehmen in der globalen Wirtschaft eher negative Auswirkungen auf Befolgung und Durchsetzung der Menschenrechte haben. Allerdings hat sich an den vielen Fällen gezeigt, in denen es zu einer außergerichtlichen Einigung kommt, dass drohender und faktischer Reputationsverlust für große und weltweit operierende Unternehmen eine nicht zu unterschätzende Rolle spielt.[53] Ein Indiz dafür mag sein, dass eine Mehrheit von Unternehmen auf Anfragen von zivilgesellschaftlichen und internationalen Organisationen reagiert, wenngleich nicht immer mit voller Offenheit.[54]

Zumindest für die staatlichen Verstöße gegen Menschenrechte ergibt sich eine eher optimistische Bilanz, sowohl für die Region (Lateinameri-

---

49 *Kim*, Structural Determinants of Human Rights Prosecutions after Democratic Transitions, Journal of Peace Research 49 (2012), S. 305.

50 *Sikkink*, The Justice Cascade (2011).

51 Vgl. die Zusammenfassung bei *Karstedt*, The end of impunity? Global lawmaking and atrocity crimes, Zeitschrift für Rechtssoziologie, Special Issue on 'Sociology of Penal Law' 34 (2014), S. 125 ff.

52 *Sikkink*/*Kim*, The Justice Cascade, The Origins and Effectiveness of Prosecutions of Human Rights Violations, Annual Review of Law and Social Science 9 (2013), S. 269 ff. (277).

53 Vgl. für Fälle in den USA: *Garrett*, Too Big to Jail, How Prosecutors Compromise with Corporations (2014).

54 *Kamminga*, Company Responses to Human Rights Reports (2015), abrufbar unter <http://ssrn.com/abstract=2559255>.

ka) wie auch global. Strafverfolgung wegen Menschrechtsverletzungen haben einen positiven Effekt auf Rechtsdurchsetzung und Beachtung der Menschenrechte; dies gilt sowohl für nationale wie auch supra-nationale und internationale Verfahren. Dies trifft innerhalb der einzelnen Länder zu, und ebenso läßt sich ein Diffusionsprozess der Befolgung und Aktivierung der Strafverfolgung auf benachbarte Länder beobachten.[55] Der Effekt schließt neben der formellen Strafverfolgung Wahrheitskommissionen mit ein und insofern scheinen normativer Druck wie auch materielle Bestrafung wirksam zu werden.[56]

Abbildung 2 verfolgt die Dynamik der Rechts-Kaskade und die Trendentwicklung der globalen Massengewalt und genozidalen Ereignisse. Auch wenn koinzidierende Trends eine generalpräventive und abschreckende Wirkung nicht belegen können, so stimmen sie doch mit den Beobachtungen von *Sikkink* überein. In Anbetracht der Komplizenschaft zwischen Unternehmen und Staaten bzw. ihren Regierungen kann man annehmen, dass normativer Druck auf Regierungen und eine Verbesserung der staatlichen Menschenrechts-Bilanz Auswirkungen auf die der Unternehmen haben kann. Das würde bedeuten, einen Präventionsschwerpunkt auf die Stärkung lokaler Strafverfolgung zu legen. Allerdings dürfte die Forderung von *Rodman*, „think globally, punish locally“ in Anbetracht der Situation in vielen Konfliktzonen nicht durchführbar sein.[57]

55 *Kim*, Structural Determinants of Human Rights Prosecutions after Democratic Transitions, Journal of Peace Research 49 (2012), S. 305 ff.

56 Ebd.

57 *Rodman*, Think Globally, Punish Locally: Nonstate Actors, Multinational Corporations and Human Rights Sanctions, Ethics & International Affairs 12 (2006), S. 19 ff.

Abbildung 2: Massengewalt und die Entwicklung internationaler Strafverfolgung 1945-2010

Quelle: Genocide Watch, Genocide and Politicides since 1945 (2010), abrufbar unter: <www.genocidewatch.org/genocide/genocidespoliticides.html>.

V. Unternehmenskriminalität, nationale Strafverfolgung und Abschreckung

Während wir die Befolgung der Menschenrechte nur aggregiert, d.h. für ganze Staaten messen können, liegen für Wirtschafts- und Unternehmenskriminalität sowie für Weiße-Kragen-Kriminalität generell eine Reihe von Untersuchungen zur Regulations-, Kontroll- und Abschreckungswirkung vor, die *Simpson* und ihre Kollegen 2014 einer systematischen Überprüfung (Meta-Analyse) unterzogen haben.[58] Die Resultate sind alles andere als eindeutig, vor allem, was einen Kontroll- und Abschreckungseffekt betrifft. Das gilt für die Einführung neuer Gesetze ebenso wie für Strafverfolgung und Sanktionen. Es gibt keinerlei konsistente Ergebnisse, die einen strafrechtlichen Abschreckungseffekt untermauern würden, weder auf individueller noch auf Unternehmens- oder regionaler Ebene. Etwas

58 *Simpson* u.a., Corporate Crime Deterrence. A Systematic Review (2014), abrufbar unter <www.campbellcollaboration.org>.

positiver fällt das Ergebnis für regulative und nicht-strafrechtliche Sanktionen aus. Hier zeigen sich positive und abschreckende Effekte auf die Normbefolgung, die sich im Zeitablauf abzuschwächen scheinen. Ein konsistenter Abschreckungseffekt ergibt sich nur bei multiplen Sanktionstypen, d.h. einem regulativen Mix, der das Strafrecht einschließen kann, und im Übrigen nach Ansicht der deutschen Manager auch sollte.[59]

Zwei Studien geben beispielhaft Einblick in die Faktoren und Prozesse, die individuelle und Unternehmensentscheidungen bestimmen. *Simpson* und *Koper* fanden für 38 Unternehmen, die zwischen 1928 und 1981 wegen Verstößen gegen Anti-Trust Gesetze verurteilt wurden, dass zwar die Sanktion sowie auch die normative Bekräftigung durch neue gesetzliche Regelungen positiv auf die Befolgung der Gesetze wirkte, dass jedoch der Unternehmenstyp ein deutlich stärkeres Gewicht hatte.[60] Generell gilt auch für Wirtschaftskriminalität, dass je stärker der moralische Code und die moralischen Überzeugungen ausgeprägt sind, desto geringer die Rolle von Abschreckung und entsprechenden Kalkülen wird.[61] Die Autoren plädieren sowohl für instrumentell-punitive wie auch moralisch-expressive rechtspolitische Maßnahmen im Umgang mit Wirtschaftskriminalität. Es ist nicht anzunehmen, dass Unternehmen prinzipiell anders reagieren, wenn es um eine Strafverfolgung wegen Menschenrechtsverstößen geht. Von daher lassen sich zwei Faktoren identifizieren, die sich negativ auf das Handeln transnationaler Unternehmen auswirken werden. Dies sind zunächst die unternehmerischen Interessen, die sich aus dem Typ und dem Unternehmenssektor ergeben, sowie aus dem Hochrisiko-Kontext, in dem sie operieren. Nicht umsonst ist die Gewinnungsindustrie an der Spitze der Menschenrechtsverstöße insgesamt und oft auch mit den schwersten vertreten. Dies ist zum zweiten der insgesamt anomische Kontext, in dem regulative Ordnungen und Aufsicht fehlen, oder nicht durchgesetzt werden, und der vor allem die Anwendung multipler Reaktionen und Sanktionen verhindert. Die Diskrepanzen zu den Resultaten für die staatliche Befolgung der Menschenrechte sind allerdings offenkundig. Möglicherweise

59 Allerdings nur für individuelle Täter, *Simpson* u.a., ebd.; *Sieber/Engelhart,* Compliance Programs for the Prevention of Economic Crimes. An Empirical Survey of German Companies (2014).

60 *Simpson/Koper,* Deterring Corporate Crime, Criminology 30 (1992), S. 347 ff.

61 *Paternoster/Simpson,* Sanction Threats and Appeals to Morality: Testing a Rational Choice Model of Corporate Crime, Law & Society Review 30 (1996), S. 549 ff.

läßt sich Unternehmens-Compliance eher indirekt und über den Umweg staatlicher Menschenrechtsbefolgung sowie die Stärkung nationaler Regulation, Aufsicht und Rechtsstaatlichkeit erzielen.

VI. Compliance Netzwerke und Sanktionspyramiden

Das internationale Menschenrechtsregime, das als dezentralisiertes und interaktives System fungiert, ist den für Unternehmens- und Wirtschaftskriminalität entwickelten Kontroll- und Regulationssystemen auf nationaler Ebene durchaus verwandt und teilt seine charakteristischen Merkmale. Das gilt für die *fall-back*-Funktion des Völkerstrafrechts, das seine Entsprechung in der ultima ratio des nationalen Strafrechts hat, wie auch für die gesamte Breite von informellen Reaktionen und regulativen Maßnahmen. Diese Relation wird in der sogenannten Sanktionspyramide abgebildet, die der Kriminologe *John Braithwaite* explizit für Wirtschafts- und Unternehmenskriminalität entwickelt hat.[62]

Abbildung 3 demonstriert den Eskalations-Mechanismus der Sanktionspyramide. Sie liegt auf einem breiten Sockel von Aufklärung, Information und Überzeugung auf, von dem aus sich dann beständig der Druck über Skandalisierung in der Öffentlichkeit, regulative und Kontrollmaßnahmen, zivilrechtliche Schadensersatzklagen und schließlich strafrechtliche Sanktionen erhöht, die zu einer Schließung des Unternehmens führen können. Die beteiligten Organisationen – von zivilgesellschaftlichen Organisationen bis hin zu staatlichen Aufsichtsbehörden und der Justiz – bilden dabei ein „Compliance Netzwerk“ (*web of compliance*) mit einer Bandbreite von Einwirkungsmöglichkeiten und rechtlichen Instrumenten, die von *soft* bis *hard law* reichen.

62 *Braithwaite*, Shame and Reintegration (1989); *Braithwaite/Ayres*, Responsive Regulation (1997); *Braithwaite*, Restorative Justice and Responsive Regulation (2002).

Abbildung 3: Braithwaites Sanktionspyramide[63]

Quelle: *Braithwaite/Ayres*, Responsive Regulation (2010); Übersetzung durch den Verfasser.

In seinem Bericht an die UN Generalversammlung stellt *John Ruggie* dem *web of liability* ein *web of compliance* gegenüber. Das Netzwerk der Verantwortlichkeit ist bereits dicht geknüpft, so dass allein „nach den Gesetzen der Wahrscheinlichkeit“ Unternehmen in Zukunft für internationale Delikte verantwortlich gemacht werden.[64] Dieses Netz scheint zunehmend dichter zu werden. Zwischen 2008 und 2014 ergab sich eine beispiellose Steigerung der berichteten und aufgedeckten Menschenrechtsverstöße von

63 Quelle: *Braithwaite/Ayres*, Responsive Regulation (2010), Übersetzung durch Verf.

64 *UN Human Rights Council*, Report of the Special Representative of the Secretary-General on the issue of human rights and transnational corporations and other business enterprises, John Ruggie: Business and human rights: mapping international standards of responsibility and accountability for corporate acts, A/HRC/4/35, 19. Februar 2007, para 20; *United Nations Human Rights Office of the High Commissioner*, Guiding Pinciples on Business and Human Rights (2011).

Unternehmen von 70%.[65] Es ist jedoch unwahrscheinlich, dass dem eine reale Zunahme zugrunde lag. Vielmehr dürften sich hier das immer dichtere Netzwerk wie auch die kontinuierlich ausgedehnten Aktivitäten der zahlreichen zivilgesellschaftlichen Institutionen niederschlagen, so dass es sich tatsächlich um einen Effekt des *web of liability* handelt.

Das *web of compliance*, in das nach *Ruggies* Auffassung Unternehmen eingebunden werden sollen, wird von einer Bandbreite von formellen und informellen Rechtsformen und entsprechenden Institutionen und Akteuren gebildet. Damit hat das Compliance Netzwerk eine Reihe von Merkmalen mit der Sanktionspyramide gemeinsam. Durch ihre transnationale Tätigkeit und Sichtbarkeit operieren diese Unternehmen zwischen verschiedenen Rechtssystemen mit ihren entsprechenden Strafverfolgungsbehörden und Gerichten. Das internationale Strafrecht kennzeichnet *Ruggie* als *fluid setting*, und trägt damit dem von *Sikkink* konstatierten dezentralisierten und interaktiven Charakter des Menschenrechts-Regimes Rechnung. Er sieht hier für nationale Gerichte eine entscheidende Rolle mit deutlichen Rückwirkungen auf das Völkerstrafrecht.

Dem harten Kern des Strafrechts stellt er das *soft law* zur Seite, das in sich nicht rechtlich bindend ist. Es gewinnt jedoch seine normative Kraft aus der Anerkennung der Erwartungen an Staaten und andere wichtige Akteuren und Organisationen; diese können wiederum in Erwartungen an Unternehmen umgesetzt werden. *Soft law* umfasst drei Mechanismen der Durchsetzung und Kontrolle von Normen und Standards. Das ist zunächst die traditionelle Rolle von internationalen und inter-staatlichen Organisationen, die Standards setzen, und Empfehlungen und Richtlinien herausgeben, wie die *Guiding Principles on Business and Human Rights* 2011 von den Vereinten Nationen.[66] Dazu gehören ferner die Mechanismen der Überwachung und Kontrolle, wie sie innerhalb der internationalen Organisationen, aber auch in supra-nationalen und inter-staatlichen Regimen zur Anwendung kommen. Schließlich komplettieren die neuen und vielfältigen Interessengruppen und Stakeholder das Compliance Netzwerk. Diese sehr breit gefächerte Gruppe umfasst nationale Regierungen und Bürokratien, international und national operierende zivilgesellschaftliche Akteure und Aktivisten, aber auch die Unternehmen selbst sowie deren nationale

---

65 "Human Rights Violations Have Increased 70% since 2008 Globally", The Guardian vom 9. September 2014.

66 *United Nations Human Rights Office of the High Commissioner*, Guiding Pinciples on Business and Human Rights (2011).

und internationale Verbände an prominenter Stelle. Dies sind dann eigene hybride und u.U. temporäre Netzwerke mit vielfältigen Kombinationen aus dem Heimat- und Gaststaat, in denen Unternehmen mit Vereinigungen der Industrie, Investoren-Gruppen, und schließlich zivilgesellschaftlichen Akteuren und betroffenen Gruppen auf nationaler und internationaler Ebene zusammenarbeiten. Vor allem zwischen den Akteuren aus Industrie und Wirtschaft können dann Selbstverpflichtungen und Compliance Programme mit gegenseitigen Beobachtungs- und Prüfverfahren entwickelt werden.

Als Beispiele für solche *soft law* Instrumente auf internationaler Ebene nennt *Ruggie* die *Tripartite Declaration Concerning Multinational Enterprises and Social Policy* der Internationalen Arbeitsorganisation, die globale Arbeitgeber, Gewerkschaften und Staaten einbezieht; auch das *Kimberley Process Certification* Verfahren, das den Handel mit sogenannten Konflikt-Diamanten unterbinden soll, ist auf der Ebene der UN angesiedelt, und bringt eine Vielzahl von Akteuren zusammern. Auf inter-staatlicher Ebene operieren die *OECD Guidelines*, die ein nicht-judizielles Beobachtungs- und Prüfverfahren etabliert haben; diese Richtlinien sehen nunmehr vor, dass Beschwerden gegen transnationale Unternehmen bei nationalen Kontakteinrichtungen (*National Contact Points*) vorgetragen werden können. Die *International Finance Corporation* (IFC) übt vergleichsweise mehr Druck aus: Unternehmen müssen bestimmten Standards genügen, um in den Genuss von IFC Investmentfonds zu kommen. Beispielhaft für hybride Netzwerke mit multiplen Akteuren ist die von den USA und Großbritannien sowie der Energie- und Gewinnungsindustrie ins Leben gerufene Initiative, die die *Voluntary Principles on Security and Human Rights* entwickelt. Ganz generell sind Inititativen mit dem Schwerpunkt auf der Gewinnungs- und Abbauindustrie vorherrschend, wie das *Kimberley Process Certification Scheme*, oder die *Extractive Industries Transparency Initiative*. Diese Initiative ist ein multiples Stakeholder-Netzwerk mit Repräsentanten von Regierungen, aus der Industrie und dem Finanzsektor, sowie von zivilgesellschaftlichen und internationalen Organisationen, dessen Standards für Transparenz in 48 Ländern implementiert wurden. Mit der Einbeziehung und gleichzeitigen Verpflichtung von Regierungen tragen beide Netzwerke der Komplizenschaft zwischen Unternehmen und Regierungen Rechnung, und sie richten sich daher vor allem auf den Kontext von Konflikt- und Hochrisiko-Zonen.[67]

Soft law in diesem Bereich beruht auf Information, Überzeugung und Ausbildung; ein weiterer Schritt sind freiwillige Selbstverpflichtungen auf gemeinsame Standards und die Öffnung für unabhängige Kontrollen. So führt *Voluntary Principles* Menschenrechtstraining mit Sicherheitskräften in Kolumbien durch. Die *Red Flags* Initiative, die im Wesentlichen von der Schweiz und vom Internationalen Komitee des Roten Kreuzes getragen wird, will durch Information der Unternehmen vor allem deren Sorgfalt (*due diligence*) bei Aktivitäten in Konfliktzonen verbessern, um auf diese Weise mögliche Gesetzesvestöße von vornherein zu vermeiden.[68] Der *UN Global Compact* informiert und warnt Unternehmen vor allem vor der Komplizenschaft mit sogenannten *rogue states*.[69] Wie eine Umfrage unter den von der Zeitschrift Fortune genannten 500 größten Unternehmen aus dem Jahr 2006 zeigt, sind diese Initiativen bekannt. 90% dieser Unternehmen haben begonnen, ein eigenes Compliance Programm mit einem internen Berichtssystem für Menschenrechte einzurichten, und 80% gaben an, mit örtlichen und internationalen *Stakeholdern* zusammen zu arbeiten.[70]

Überträgt man die Sanktionspyramide auf das Compliance Netzwerk und dessen verschiedene Regulationsnetzwerke, dann ergibt sich folgendes Bild (Abbildung 4).

Die strafrechtliche Reaktion stellt hier wie auch generell in der Sanktionspyramide die Spitze dar, mit dem Völkerstrafrecht und der nationalen Strafverfolgung in Erst- und Drittstaaten, gefolgt von der zivilrechtlichen Haftung, und der Vielzahl von anderen Formen der Beobachtung und Überwachung. Wie die Sanktionspyramide ausweist, kommt der eigentlichen Strafverfolgung eine eher geringe Rolle in der Hierarchie der Kon-

---

67 *UN Human Rights Council*, Report of the Special Representative of the Secretary-General on the issue of human rights and transnational corporations and other business enterprises, John Ruggie: Business and human rights: mapping international standards of responsibility and accountability for corporate acts, A/HRC/4/35, 19. Februar 2007, paras 47-52.

68 *Greminger*, Business & Conflict: Red Flags: Corporate Respect for Human Rights in High Risk Zones (2009).

69 *UN Global Compact*, Ten Principles, abrufbar unter <www.unglobalcompact.org/AboutTheGC/TheTenPrinciples/Principle2.html>.

70 *Ruggie*, Human Rights Policies and Management Practices of Fortune Global 500 Firms: Results of a Survey (2006).

troll- und Regulationsmechanismen zu. Wie *Ruggie* anmerkt, werden hier allerdings die Grenzen zwischen freiwilliger Bindung und obligatorischer Verpflichtung verwischt, was durchaus schwerwiegende Folgen für Unternehmen haben kann.[71] Wenn der norwegische Staatsfond seine Investitionen aus zwei Unternehmen zurückzieht, dann hat das unter Umständen eine stärkere Signalwirkung als eine Gefängnisstrafe selbst für hochrangige Manager. Auf der anderen Seite scheinen die Instrumente des *soft law* für sich allein nur geringe Wirkung zu entfalten, und sind eher wirkungsvoll im Verbund mit anderen Instrumenten, wie auch *Simpson* u.a. für Wirtschafts- und Unternehmenskriminalität zeigen.[72]

Abbildung 4: Sanktionspyramide internationale Wirtschaftskriminalität

71 *UN Human Rights Council*, Report of the Special Representative of the Secretary-General on the issue of human rights and transnational corporations and other business enterprises, John Ruggie: Business and human rights: mapping international standards of responsibility and accountability for corporate acts, A/HRC/4/35, 19. Februar 2007, para 61.

72 *Engle*, Corporate Social Responsibility (CSR): Market-Based Remedies for International Human Rights Violations, Willamette Law Review 40 (2004), S. 103; *Simpson* u.a., Corporate Crime Deterrence. A Systematic Review (2014), abrufbar unter <www.campbellcollaboration.org>.

Die Effekte dieses vielfältigen Instrumentariums auf die betroffenen Unternehmen sind schwer abzuschätzen. 2010 stellte *Huisman* fest, dass bislang kein Unternehmen für Menschenrechtsverletzungen strafrechtlich zur Verantwortung gezogen wurde, und daran hat sich nichts geändert.[73] Verfahren nach dem *Alien Tort Claims Act* vor amerikanischen Gerichten sind bislang nicht erfolgreich gewesen. Andererseits wurden individuelle Manager einiger Unternehmen verurteilt, allerdings selten wegen völkerstrafrechtlicher Tatbestände. Jedoch kommt es häufig zu außergerichtlichen Einigungen; Modell sind hier die USA, mit einer aktiven Strafverfolgung von Unternehmenskriminalität, die in der Regel mit einer Einigung und immensen Zahlungen (in die Staatskasse) enden.[74] Für die Strafverfolgung von transnationalen Unternehmen bei Verstößen gegen das Völkerstrafrecht liegen keine systematischen Daten vor, jedoch dürften die Erfahrungen mit Kompensationszahlungen deutscher Unternehmen in den Jahrzehnten nach den Nürnberger Prozessen sowie die derzeitige Praxis in den USA eher für eine Zunahme von zivilrechtlichen und außergerichtlichen Verfahren sprechen. In allen Fällen wird eine strafrechtliche Verantwortung abgelehnt, und beide Seiten sind daran interessiert, langwierige und kostspielige Verfahren zu vermeiden. Dabei dürfte gerade auch der drohende Reputationsverlust eine Rolle spielen.

VII. Prävention im Compliance Netzwerk

Am unteren Ende der Pyramide überschneiden sich Reaktion und Prävention. *Ruggies* Unternehmensbefragung aus dem Jahre 2006 zeigt, dass vielen Unternehmen die Probleme bekannt waren, und die meisten darauf reagiert hatten ohne selbst direkt in einen Fall verwickelt oder gar beklagt gewesen zu sein.[75] Dies weist auf einen generellen präventiven Effekt von Information, Aufklärung und Ausbildung hin. In der Tat zielen viele der *soft law* Instrumente oft eher auf Prävention. Die präventiven Instrumente und Mechanismen umfassen Information bis hin zur Mobilisierung der öffentlichen Meinung, Boykotte im nationalen und internationalen Rahmen,

---

73 *Huisman*, Business as Usual, Corporate Involvement in International Crimes (2010), S. 50.

74 *Garrett*, Too Big to Jail, How Prosecutors Compromise with Corporations (2014).

75 *Ruggie*, Human Rights Policies and Management Practices of Fortune Global 500 Firms: Results of a Survey (2006), S. 3-5.

sowie Instrumente zur Selbst- und gegenseitigen Kontrolle. *Engle* hält sie daher für sich allein genommen nicht für effektiv, dagegen jedoch im Kontext und Zusammenspiel mit anderen normativen Regimen.[76] Entsprechend der Sanktionspyramide bedarf es der Drohung mit den schärferen Instrumenten an der Spitze, um denen unten Wirkung zu verleihen. Staaten, Regierungen und nationale Justizsysteme spielen in der Durchsetzung daher eine bedeutende Rolle, wenn auch im Konzert mit anderen Akteuren und im Rahmen von normativen Regimen unterhalb wie auch oberhalb der staatlichen Ebene.

Die derzeitige Kriminalprävention setzt bei den situativen und kontextuellen Faktoren an, die das Begehen einer Straftat erleichtern oder gar nahelegen. Im Prinzip gehen diese Überlegungen alle von dem Dreieck aus Anreiz und Motivation für die Täter, leicht zu erreichbaren und lohnenden Zielen, und fähiger und potenter Überwachung aus (*capable guardians*). Im Kontext von Hochrisiko- und Konflikt-Zonen, und in Situationen des Staatsversagens fallen Staat und Justiz mit ihren Funktionen der Garantie, Überwachung und des Schutzes der Menschenrechte aus, und damit der Staat als Gesetzeshüter (*incapable guardian*).[77] Die Mechanismen und Instrumente der sogenannten situativen Prävention, die nicht am Täter sondern am Gesamtkontext der Tatbegehung ansetzt, sind allerdings bislang weder für Wirtschafts- und Unternehmenskriminalität noch für das Völkerstrafrecht intensiv sondiert worden. Im Folgenden sollen daher ihre Prinzipien auf transnationale Unternehmenskriminalität übertragen werden; zu denken wäre an folgende Möglichkeiten:

- Prinzip: Erhöhung des notwendigen Aufwandes für das Delikt, z.B. durch Sicherungsmassnahmen.

Im Bereich der Wirtschaftskriminalität bedeutet das vor allem, den Verstoß zu erschweren und generell intensiver zu kontrollieren; Sanktionen-Regimes erhöhen beispielsweise den Aufwand für potenzielle Täter, da sie erhebliche Geheimhaltungs- und Sicherungsmaßnahmen erfordern.

---

76 *Engle*, Corporate Social Responsibility (CSR): Market-Based Remedies for International Human Rights Violations, Willamette Law Review 40 (2004), S. 103 ff.

77 *Karstedt*, The State as Organised Crime Actor, in: Paoli (Hrsg.), Oxford Handbook of Organised Crime (2014), S. 303 ff.

- Prinzip: Erhöhung des Risikos der Entdeckung

Hierzu gehören alle Maßnahmen, die Transparenz erhöhen, wie gegenseitige Überwachung, Überwachung durch zivilgesellschaftliche Akteure, durch nationale und internationale Verbände, und internationale Institutionen; sowohl Heimat- wie Dritt-Staaten sind hier in die Verantwortung zu nehmen. Bei Ressourcen wird Kontrolle über und Transparenz der Provenienz im transnationalen Güterverkehr wichtig.

- Prinzip: Reduzierung der Gewinne aus Gesetzesverstößen

Dies betrifft Sanktionen auf allen Ebenen, den Ausschluss von bestimmten Märkten und Transaktionen, vom Zugang zu Investitionen oder die Drohung mit Desinvestition.

- Prinzip: Ächtung/Ablehnung von Rechtfertigungen und Rechtfertigungsgründen

Dies betrifft die Stärkung des moralischen Code und seiner normativen Verbindlichkeit. Rechtfertigungen und Neutralisationstechniken haben seit jeher in der Wirtschaftskriminalität eine herausragende Rolle gespielt, und für das Völkerstrafrecht stellt *Huisman* eine beeindruckende Liste derartiger Techniken und ihres Gebrauchs zusammen.[78]

Bei der Prävention geht es auch um die moralisch-expressive Funktion des Rechts und mithin darum, ein moralisches Klima zu schaffen, in dem Verantwortlichkeit, Selbstkontrolle und unternehmensinterne Mechanismen gedeihen können, die Akzeptanz von Menschenrechten selbstverständlich und ihre Überwachung verbindlich machen. Nur in einem solchen moralischen Klima kann die Androhung von Reputationsverlusten wirksam greifen. Das schließt die Entwicklung einer Unternehmensidentität ein, für die Menschenrechte wichtig sind. Derzeit scheinen Unternehmen zunehmend Reputationsverlusten seitens einer Öffentlichkeit ausgesetzt zu sein, die sich offensichtlich stärker internationalisiert als bisher. Inwieweit diese dann mit einer nationalen oder internationalen Unternehmenskultur übereinstimmt oder von ihr divergiert, dürfte nicht unbedeutend sein. Aus den Nürnberger Prozessen lässt sich die Lehre ziehen, dass Öffentlichkeit und die angeklagten Eliten zunächst in ihrer Einschätzung bzw. Ablehnung der Strafverfolgung stärker divergierten, um sich dann in

---

78 *Huisman*, Business as Usual, Corporate Involvement in International Crimes (2010), S. 31-38.

den 1950er Jahren in einem Klima kollektiver Amnesie aufeinander zu zu bewegen. Mit den 1960er Jahren beginnt dann eine Phase, in der sich Übereinstimmung auf der Grundlage von Einsicht in die Verbrechen und Akzeptanz der Schuld entwickelt. Bereits zu Beginn zeichnet sich zudem eine wichtige Rolle der internationalen öffentlichen Meinung ab, die die Aktionen der Bundesregierung wie auch der Wirtschaft bestimmt.[79]

Welche Rolle kann und wird ein internationales Wirtschaftsvölkerstrafrecht in diesem Compliance Netzwerk spielen? Aus kriminologischer Sicht wird man hier eher skeptisch sein müssen. Zu Optimismus geben dagegen die vielfältigen Regulations- und Kontrollinitiativen Anlass, die an der breiten Basis der Sanktionspyramide angesiedelt sind, jedoch in jedem Fall einer starken Spitze bedürfen. Eine weniger staats- und strafrechtszentrierte Perspektive, die die gesamte Pyramide in den Blick nimmt, wäre sicherlich empfehlenswert.

79 Siehe *Karstedt,* The Lives and Times of Sentenced Nazi War Criminals: Re-negotiating Guilt and Innocence in Post-Nuremberg Germany 1950 – 1975, in: Brants-Langenaar/Hol/Siegel (Hrsg.), Transitional Justice: Images and Memories (2013), S. 33 ff.; *dies.,* The Life Course of Collective Memories: Persistency and Change in West Germany between 1950 and 1970, Polish Sociological Review 165 (2009), S. 27 ff.

Zur Idee eines Wirtschaftsvölkerstrafrechts – Betrachtungen aus kriminologischer Sicht

Ingke Goeckenjan

Bei dem Einsturz einer Textilfabrik in Sabhar, nahe Dhaka in Bangladesch, fanden im Jahr 2013 über 1.000 Personen den Tod; Hunderte wurden schwer verletzt.[1] Die fehlende Einhaltung von Standards der Bausicherheit und des Arbeitsschutzes im *Rana Plaza* genannten Gebäude legt es nahe, dass leitende Unternehmensmitarbeiter, Gebäudeeigentümer und verantwortliche Bauingenieure diese Tötungen und Verletzungen jedenfalls fahrlässig (mit-)verursacht haben. Die nationalen Strafverfolgungsbehörden haben entsprechende Strafverfahren eingeleitet. Da in der Fabrik Bekleidung für europäische und speziell deutsche Firmen produziert wurde, stellt sich auch die Frage nach einer (straf-)rechtlichen Mitverantwortung der betreffenden ausländischen Unternehmen und ihrer Entscheidungsträger.

Allein dieses Beispiel macht deutlich, welch dramatische und weitreichende Konsequenzen Straftaten im Kontext des globalisierten Wirtschaftslebens zeitigen können. Aus diesem Grund sind in jüngster Zeit Forderungen lauter geworden, grenzüberschreitende Wirtschaftsstraftaten großen Umfangs auch strafrechtlich konsequenter zu erfassen und zu verfolgen.[2] Mithilfe der Kriminologie lässt sich diese Debatte auf einer breiteren und erfahrungswissenschaftlich reflektierten Grundlage führen. Im Folgenden werden – ergänzend zu dem Beitrag *Susanne Karstedt*s – einige Eckpunkte dessen benannt, was aus kriminologischer Sicht zur Diskussion beigetragen werden kann.

1 Siehe nur ZEIT ONLINE vom 22. April 2014, abrufbar unter <www.zeit.de/wirtschaft/2014-04/rana-plaza-jahrestag-hilfsfonds>.

2 Vgl. vor allem die Schrift von *Naucke*, Der Begriff der politischen Wirtschaftsstraftat – Eine Annäherung (2012).

I. Verortung des Themas innerhalb der Kriminologie

Soweit die Forderung erhoben wird, in Anlehnung an das bestehende Völkerstrafrecht ein neues „Wirtschaftsvölkerstrafrecht" zu schaffen,[3] stellt sich die Frage, ob ein solches – erst noch zu setzendes Strafrecht – überhaupt zum Gegenstandsbereich der Kriminologie gehört oder ob es nicht vielmehr der Kriminalpolitik vorbehalten ist. Nach einem juristischen Straftatbegriff sind solche Verhaltensweisen Gegenstand der Kriminologie, deren Strafbarkeit vom Gesetzgeber in den einzelnen Tatbeständen festgelegt ist.[4] Allerdings ließen sich Kriminalitätsphänomene nicht gegenstandsangemessen erschließen, wenn die Kriminologie gleichsam darauf warten müsste, was ihr der Gesetzgeber als Ausgangspunkt ihrer Forschungen vorlegt. Vielmehr müssen neben den gesetzlich als Straftaten beurteilten Geschehensabläufen auch diejenigen formellen und informellen interaktiven Prozesse in die Analyse einbezogen werden, die – auf Gesetzgebungsebene wie bei der Strafrechtsanwendung – zu einer Definition als Straftat führen.[5] Dies gilt auch und besonders für Verhaltensweisen, die Gegenstand diskutierter Strafbarkeitserweiterungen sind. In ihnen kommen sich verändernde gesellschaftliche Einstellungen und Wertungen zum Ausdruck, die auch im Übrigen Einfluss auf die Wahrnehmung von Kriminalität haben (etwa auf das Sicherheitsempfinden in der Bevölkerung oder die Anzeigebereitschaft) und damit kriminologisch von Interesse sind.

Die Betrachtung und Einordnung von Wirtschaftsdelikten großen Umfangs, die bereits nach geltendem Recht strafbar sind, wird dadurch erschwert, dass angesichts der internationalen Verflechtung von Unternehmen und der in ihnen Verantwortlichen nicht immer eindeutig ist, nach welcher Strafrechtsordnung sie zu beurteilen sind, bzw. konkurrierende Strafanwendungsregelungen bestehen. Die Kriminologie kann das Gesamtphänomen nur dann erfassen, wenn sie sich als genuin internationale Humanwissenschaft begreift. Die nun angestoßene Diskussion legt daher zu Recht besonderes Augenmerk darauf, dass schwere Rechtsgutsverletzungen im Zusammenhang mit dem Wirtschaftsleben nicht nur nationale oder auf bestimmte Märkte begrenzte Phänomene sind; vielmehr zeichnen

---

3 Ebd.

4 Zu den in der Kriminologie diskutierten Straftatbegriffen vgl. etwa *Eisenberg*, Kriminologie, 6. Auflage (2005), § 1 Rn. 20 ff.

5 Siehe zum Ganzen *Eisenberg*, Kriminologie, 6. Auflage (2005), § 2 Rn. 5 ff.

sie sich – wie das globalisierte Wirtschaftsleben selbst – durch grenzüberschreitende Verflechtungen und Auswirkungen aus.

Dass Wirtschaftsstraftaten in den Fokus der Kriminologie gerückt sind, ist vor allem ein Verdienst *Sutherlands*, der schon Mitte des vergangenen Jahrhunderts den Begriff der „Weiße-Kragen-Kriminalität" prägte.[6] Mit ihm machte *Sutherland* darauf aufmerksam, dass in Ausübung des Berufs begangene Rechtsverletzungen von Personen mit hohem gesellschaftlichem Status sozial wenig sichtbar sind, obgleich sie besonders sozialschädlich sein können. Die kriminologischen Untersuchungen dieses Kriminalitätsbereichs in den vergangenen Jahrzehnten haben sicherlich dazu beigetragen, dass ihm zunehmend Aufmerksamkeit auch von Seiten der Kriminalpolitik und Strafverfolgung geschenkt wird. Es ist nicht ausgeschlossen, dass diese Fokusverschiebung mitunter bereits zu punktuellen (medialen, möglicherweise auch strafjustiziellen) Überreaktionen auf Wirtschaftsstraftaten führen könnte.

In Fortführung der begrifflichen Überlegungen wird in der Kriminologie teilweise von „Kriminalität der Mächtigen" gesprochen, zu der neben Staatskriminalität auch die Wirtschaftskriminalität gezählt wird.[7] Als einen Unterfall der Staatskriminalität sieht *Neubacher* die Makrokriminalität an. Er geht davon aus, dass Makrokriminalität politischer Macht bedarf; sie umfasse daher nicht die Wirtschaftsdelinquenz. Als Gegenstand seiner kriminologischen Untersuchung des internationalen Strafrechts schließt *Neubacher* sie daher aus: „Mit Wirtschaftskriminalität hingegen werden die Einzelstaaten auf herkömmlichem Wege, einschließlich traditioneller bi- oder multilateraler Abkommen, fertigwerden können".[8] Diese Einschätzung steht somit den jüngsten Forderungen nach Schaffung eines Wirtschaftsvölkerstrafrechts entgegen. *Neubacher* weist jedoch zu Recht auf die Bedeutung gesellschaftlicher Macht der möglichen Tätergruppen hin; diese spielt nicht nur bei der Einordnung als Kriminalitätsphänomen, sondern bereits bei der Frage nach der Kriminalisierung entsprechender Verhaltensweisen eine wichtige Rolle.

---

6 *Sutherland*, White Collar Crime (1949). Zu dessen Bedeutung für die hier interessierenden Zusammenhänge vgl. auch *Karstedt*, Transnationale Unternehmen und Völkerstrafrecht: Kriminologische Perspektiven, in diesem Band, S. 159 ff.

7 *Neubacher*, Kriminologische Grundlagen einer internationalen Strafgerichtsbarkeit (2005), S. 28.

8 *Neubacher*, Kriminologische Grundlagen einer internationalen Strafgerichtsbarkeit (2005), S. 24.

II. Strafrechtliche Erfassung von Wirtschaftsvölkerstraftaten

Betrachtet man zunächst die Ebene der Strafgesetzgebung, so gilt allgemein, dass die Entstehung und Entwicklung strafrechtlicher Normen maßgeblich von den jeweils bestehenden gesellschaftlichen und politischen Machtverhältnissen abhängen. Nun kann gesellschaftlicher Einfluss nicht nur zwischen unterschiedlichen sozialen Gruppierungen ungleich verteilt sein; bei globaler Betrachtung lassen sich Machtasymmetrien auch zwischen verschiedenen Staaten ausmachen. Unternehmen, die ihre Produktion in Staaten mit erheblich niedrigeren Lohnkosten auslagern, verfügen zumeist über bedeutenden ökonomischen Einfluss sowohl in den Ländern ihrer Produktionsstätten als auch ihres eigenen Sitzes. Diese wirtschaftliche Bedeutung wird sich auch darin niederschlagen, dass die Staaten, in denen der Unternehmenssitz gelegen ist, an einer internationalen (straf-)rechtlichen Verankerung von Mindeststandards der sozialen Absicherung (etwa existenzsichernde Löhne, schriftliche Arbeitsverträge, effektives Verbot von Kinderarbeit), des Arbeitsschutzes (beispielsweise Brandschutz, Sicherheitsmaßnahmen beim Umgang mit gesundheitsschädlichen Stoffen) und des Umweltschutzes wenig Interesse zeigen. Diese bleiben vielmehr bislang überwiegend der freiwilligen Verpflichtung der Unternehmen unter dem Signum der Corporate Responsibility vorbehalten.

Auch auf der Ebene der Strafverfolgung zeigt sich die Bedeutung gesellschaftlicher Macht. Die zentrale Rolle mutmaßlich Verletzter bei der Initiierung von Strafverfahren durch die Erstattung von Strafanzeigen gehört zum gesicherten Bestand kriminologischer Erkenntnis.[9] Nun sind die von gefährlichem unternehmerischen Handeln Betroffenen zumeist diejenigen mit dem geringsten sozialen Einfluss, so dass sie ein bestehendes Interesse an strafrechtlicher Ahndung nicht oder nur mit wenig Nachdruck verfolgen können. Hinzu kommt, dass in einigen der produzierenden Länder die staatlichen Strukturen so fragil sind, dass eine effektive Strafverfolgung kaum möglich ist.[10] Und schließlich zeichnen sich Rechtsverletzungen im Zusammenhang globalisierten Wirtschaftens oftmals durch kaum zu durchschauende, nationale Grenzen überschreitende Verantwortlichkeiten aus, so dass die Strafverfolgung schon aus diesem Grund er-

---

9 *Eisenberg*, Kriminologie, 6. Auflage (2005), § 26 Rn. 3 ff.

10 Vgl. dazu auch *Karstedt*, Transnationale Unternehmen und Völkerstrafrecht: Kriminologische Perspektiven, in diesem Band, S. 159 ff.

schwert ist. Hinsichtlich des Gebäudeeinsturzes von *Rana Plaza* lassen sich den Auftraggebern Verantwortlichkeiten kaum zuweisen, weil ein weit verzweigtes System von Zulieferfirmen und Subunternehmen es unmöglich zu machen scheint, nachzuvollziehen, für welches Unternehmen Ware an welchen Standorten produziert wird.[11]

III. Verhaltensbeeinflussende Faktoren

Die Kriminologie kann aber auch die Faktoren erhellen, die zu einem – aktuell oder nach den Maßstäben möglicherweise zukünftig geltender internationaler Regelungen – strafrechtlich relevanten Verhalten selbst beitragen oder dieses zumindest begünstigen. Ein Blick auf die Makrostrukturen des globalisierten Wirtschaftslebens zeigt, dass das hohe Maß an Arbeitsteilung zu einer Diffundierung von Verantwortung führt. Hier werden interessante Parallelen zum Völkerstrafrecht augenfällig, und zwar nicht nur in Bezug auf strafrechtsdogmatisch bedeutsame Zurechnungsprobleme, sondern auch im Hinblick auf kriminologisch-ätiologische Überlegungen.

Die vorsätzliche oder durch Nachlässigkeit herbeigeführte Verletzung grundlegendster Rechtsgüter, wie Leib und Leben Dritter, widerspricht der inneren moralischen Haltung der weitaus meisten – auch der am Wirtschaftsleben verantwortlich beteiligten – Menschen. Dennoch zeigt sich immer wieder, dass diesen Überzeugungen zuwider gehandelt wird. Es waren die US-amerikanischen Kriminologen *Sykes* und *Matza*, die in Erwiderung auf die Subkulturtheorien auf die Bedeutung innerer Rechtfertigungsstrategien hingewiesen und diese mit dem Begriff der „Neutralisierungstechniken“ veranschaulicht haben.[12] Im Zusammenhang mit Rechtsgüterverletzungen durch globalisiertes Wirtschaftshandeln scheint der Leugnung der Verantwortung (*denial of responsibility*) besondere Bedeutung zuzukommen. Bei dieser Neutralisierungstechnik wird das strafbare Verhalten auf Ursachen zurückgeführt, die von dem Handelnden nicht beeinflusst werden können. Er hält sich somit für nicht verantwortlich und

---

11 Vgl. ZEIT ONLINE vom 22. April 2014, abrufbar unter <www.zeit.de/wirtschaft/2014-04/rana-plaza-jahrestag-hilfsfonds>.

12 Grundlegend *Sykes/Matza*: Techniques of Neutralization: a Theory of Delinquency, American Sociological Review 22 (1957), S. 664 ff.

kann auf diese Weise Inkonsistenzen zwischen seinem Selbstbild als moralische Person und seinem moralisch fragwürdigen Verhalten vermeiden.

Anzeichen für solche Rationalisierungen zeigen sich auch im Fall der eingestürzten Textilfabrik in Bangladesch. Viele der Firmen, die in *Rana Plaza* haben produzieren lassen, bestritten dies zunächst, bis Medien eindeutige Nachweise dafür vorlegen konnten. Berichten zufolge hätten mehrere Unternehmen argumentiert, gar nicht gewusst zu haben, dass Ware für sie in *Rana Plaza* gefertigt wurde.[13] Demzufolge hätten sie auf die Produktionsbedingungen auch keinen Einfluss nehmen können. Mit einer ähnlichen Begründung ist auch eine Initiative des Bundesministers für wirtschaftliche Zusammenarbeit und Entwicklung zunächst gescheitert, die deutsche Textilbranche mithilfe eines Siegels auf höhere Sozial- und Ökostandards zu verpflichten. Die Textil- und Modeindustrie zog sich auf die Position zurück, sie habe – da sie keine eigenen Fabriken betreibe – „nur geringen Einfluss auf die Produktionsbedingungen".[14] Diese Initiative sollte die Bereitschaft der Branche zeigen, aus dem verheerenden Einsturz von *Rana Plaza* positive Schlüsse für die Zukunft zu ziehen.

Zusätzlich steigt die Zugänglichkeit für solche Neutralisierungstechniken mit der räumlichen Entfernung des Handelnden zum (potentiellen) Opfer. Bereits mit dem bekannten *Milgram*-Experiment ließ sich zeigen, dass mit zunehmender räumlicher Distanz des (vermeintlichen) Opfers die inneren moralischen Hemmungen, dem anderen Schmerzen zuzufügen, abnehmen.[15] Gegenstand dieser von *Milgram* in den 1960er Jahren durchgeführten Untersuchungen war allerdings der Gehorsam gegenüber Autoritäten, die nach dem experimentellen Design von mit Laborkitteln bekleideten (angeblichen) Wissenschaftlern verkörpert wurden. Im Zusammenhang mit Wirtschaftsdelinquenz mag die Autoritätsergebenheit gegenüber vorgesetzten Personen ebenfalls eine Rolle spielen; stärkerer Motor für

---

13 Siehe ZEIT ONLINE vom 22. April 2014, abrufbar unter <www.zeit.de/wirtschaft/2014-04/rana-plaza-jahrestag-hilfsfonds>; ZEIT ONLINE vom 13. Oktober 2014, abrufbar unter <www.zeit.de/wirtschaft/2014-10/textilindustrie-fairtrade-siegel>: „140 Firmen sind nach Branchenangaben allein bei der Produktion und Lieferung eines simplen Männer-Oberhemds beteiligt.".

14 Pressemitteilung des Gesamtverbands textil+mode vom 10. Oktober 2014, abrufbar unter <www.textil-mode.de/presse/detailseite/news/deutsche-textil-und-modeindustrie-teilt-ziele-des-buendnisses-fuer-nachhaltige-textilien>; kritisch dazu ZEIT ONLINE vom 13. Oktober 2014, abrufbar unter <www.zeit.de/wirtschaft/2014-10/textilindustrie-fairtrade-siegel>.

15 *Milgram*, Obedience to Authority: an Experimental View (1974).

Verhaltensweisen, die Dritte gefährden oder verletzen könnten, scheint aber das ökonomische Gewinndenken zu sein. Die von *Milgram* gewonnenen Erkenntnisse lassen sich dennoch für die hier interessierenden Sachverhalte fruchtbar machen: Wenn schon die Verlegung des Opfers vom Handlungsort in einen noch in Hörweite gelegenen Nebenraum die Bereitschaft, Leib und Leben der anderen Person zu beeinträchtigen, deutlich erhöht, wird dies in ungleich bedeutenderer Weise für Fälle gelten, in denen sich die (potentiell) Betroffenen in fernen Ländern auf anderen Kontinenten befinden. Gesteigert wird dieser Effekt dann, wenn diejenigen, die verantwortliche Managemententscheidungen treffen, aufgrund der komplexen Produktions- und Lieferketten nicht einmal mehr wissen, an welchen Orten ihre Waren hergestellt werden.

IV. Fazit

Der Einsturz der Textilfabrik in Sabhar ist nur ein Beispiel für die verheerenden Auswirkungen, die unverantwortliches Handeln im globalen Wirtschaftssystem haben kann. Dieses System ist durch ein hohes Maß an Verantwortungsdiffusion, aber auch -konfusion gekennzeichnet.

Die in westlichen Ländern ansässigen auftraggebenden Unternehmen wie auch deren Kunden profitieren von den fehlenden Standards der sozialen Absicherung sowie des Arbeits- und des Umweltschutzes an den ausländischen Produktionsstandorten. Ihr Mangel bildet gerade den Grund für die niedrigen Produktionskosten und damit für die Verlagerung von Arbeitsplätzen ins Ausland. Es erscheint nicht nur moralisch fragwürdig, diese Missstände gezielt zur Kostenreduktion und Profitsteigerung zu nutzen, sich aber von jeglicher Verantwortung für etwaige Schäden zu distanzieren. Dabei ist die faktisch geringe Handlungsmacht der potentiell betroffenen Personen offenbar Teil des unternehmerischen Kalküls.[16]

Es ist allerdings unwahrscheinlich, dass strafrechtliche Neuregelungen insoweit für Verbesserungen sorgen. Vordringlich sind – jedenfalls zunächst – nichtstrafrechtliche Ansätze wie etwa eine wirksame Verpflichtung hiesiger Unternehmen zu mehr Transparenz und Verantwortung in-

---

16 Siehe ZEIT ONLINE vom 22. April 2014, abrufbar unter <www.zeit.de/wirtschaft/2014-04/rana-plaza-jahrestag-hilfsfonds>: „Am Ende, so das Kalkül, hätten Näherinnen wie Shila Begum nicht die Macht, die Unternehmen herauszufordern.“.

nerhalb der Produktions- und Lieferketten. Mithilfe weitergehender Kennzeichnungspflichten bezüglich Herkunft und Herstellungsbedingungen von Waren würden auch die Verbraucher stärker in die Pflicht genommen; sie könnten bei Bekanntwerden von Missständen ihre eigene Mitverantwortung weniger leicht negieren.

Diese Überlegungen bilden damit zugleich Ansätze für die Prävention von gefährdendem und schädigendem Wirtschaftsverhalten. Durch eine bessere Aufklärung über die Vorgänge in den Ländern, in denen Waren des täglichen Konsums hergestellt werden, können soziale Sichtbarkeit erzeugt und Hemmschwellen erhöht werden. Das Verantwortungsbewusstsein von Entscheidungsträgern in Unternehmen, aber auch der Verbraucher selbst ließe sich auf diese Weise stärken.

Diskussionsbericht

Janosch Kuner

Rechtsanwalt Wolfgang *Kaleck* eröffnete die Diskussion mit der Frage, ob eine Konzentration der kriminologischen Betrachtung auf sog. *high conflict zones* nicht die Gefahr einer Unterstützung westlicher ideologischer Konzepte berge. Bei einem solchermaßen gestalteten Zugang könne der Eindruck entstehen, Völkerrechtsverbrechen beträfen nur „die Wilden" im globalen Süden, nicht aber westliche Staaten und Akteuere. Demgegenüber gäbe es genügend Bespiele von Ländern mit schwerwiegenden Menschenrechtsverletzungen, welche keine *failed states* seien, wie etwa Sri Lanka, Pakistan oder Israel. Im Zusammenhang mit Menschenrechtsverletzungen in Irak und Afghanistan dürfe nicht vergessen werden, dass hier insbesondere auch westliche staatliche Akteure und Wirtschaftsunternehmen aktiv an Verbrechen beteiligt waren und sind.

Professorin *Susanne Karstedt* nahm hierzu Stellung, indem sie darlegte, sie habe versucht, eine weniger normative Perspektive einzunehmen. Die kritisierten Terminologien seien sicher diskussionswürdig, jedoch auch sinnvoll, wenn es um Daten und deren Darstellung gehe. Sie wies im Folgenden darauf hin, dass sich am Beispiel Afghanistan/Irak zeige, dass in sog. *failed states* eben auch für das U.S.-Militär oder Unternehmen die Gelegenheit eröffnet werde, Völkerrechtsverbrechen zu begehen. Dem Einwand, dass in Ländern wie China oder Russland Korruption doch zum Staatsmodell gehöre, es sich bei diesen aber offenkundig nicht um *failed states* handele, hielt *Karstedt* entgegen, dass der Zusammenhang zwischen Staatsversagen und Korruption keineswegs deterministisch sei. Allerdings zeige sich der Bezug zwischen Korruption und staatlichen Verletzungen der Menschenrechte (z.B. Folter) eindeutig gerade auch für die genannten beiden Länder. Auf Nachfrage erläuterte *Karstedt*, dass sich der im Vortrag und auf ihren Folien verwendete Begriff auf vier Formen illegaler Staatsgewalt beziehe: Anwendung illegaler tödlicher Gewalt durch Polizei und Justiz, Folter und Misshandlungen, Verschwindenlassen von Personen, und Inhaftierung und Freiheitsentzug für politische Gegner (politische Gefangene). In Bezug auf Israel erläuterte sie ein grundlegendes Paradoxon von Staatsstärke und Staatsschwäche. Sowohl sehr starke Staaten, als auch Staaten mit äußerst schwach ausgeprägten Strukturen wiesen in empirischen Studien gleichermaßen besonders hohe Werte im Bereich der Korruption und der massiven Gewaltanwendungen auf.

Rechtsanwalt Dr. *Bernd Wagner* wies auf eine Problematik hin, die ihm in der praktischen Tätigkeit als Wirtschaftsstrafverteidiger, insbesondere im Korruptionsstrafrecht, oftmals begegnet sei. Laut *Wagner* bestehe eine Tendenz, das Strafrecht zu nutzen, individuelles Versagen in den Vordergrund zu rücken und Systemversagen zu verdecken. Auf diesem Wege könne etwa die Verantwortung von einem korrupten Unternehmen auf Einzelpersonen abgewälzt werden. Der einzelne korrupte CEO sei dann bloß mehr Sündenbock, welcher geopfert werde. Individualisierung könne daher auch zur Verdeckung systematischer Verfehlungen führen. Im Endeffekt könne dies zu einer Schwächung der juristischen Maßnahmen zur Bekämpfung von Missständen in Unternehmen führen. So gebe es in den USA Versuche, durch den Verweis auf das Fehlverhalten einzelner Mitarbeiter einer Verbandsstrafbarkeit des Gesamtunternehmens zu entgehen. *Wagner* fragte, ob *Karstedt* derartige Tendenzen auch bei einer kriminologischen Betrachtung des Wirtschaftsstrafrechts erkennen würde. Hierzu Stellung nehmend erwiderte *Karstedt*, ihr seien direkt keine diesbezüglichen Untersuchungen bekannt. Eine weitreichendere gesellschaftliche und wissenschaftliche Diskussion um den strafrechtlichen Umgang mit Finanzinstituten finde in den USA aber statt, so etwa durch Veröffentlichungen wie auch Datenbanken zur Einstelllung der Strafverfolgung von großen Unternehmen durch Verhandlung mit den Staatsanwaltschaften, die dann mit der Zahlung exorbitanter Geldsummen ihren Abschluss fänden. Schlagwort sei hier „too big to jail“. Dies sei kürzlich der Fall gewesen bei einem Verfahren gegen die Bank BNP wegen Verstößen gegen die Sanktionen, die gegen den Sudan verhängt worden waren. Dabei sei festzustellen, dass Unternehmen in den USA auch bei juristisch zweifelhaften Strafverfahren häufig aus Angst vor einem Reputationsverlust kooperierten, so dass der Verdacht geäußert werde, dass Staatsanwälte derzeit diese Instrumente als Einnahmequelle missbrauchten.

Bezugnehmend auf die im Vortrag beschriebene Sanktionspyramide äußerte Professor *Klaus Marxen* sich ähnlich wie *Wagner*. Es sei für ein Unternehmen durchaus naheliegend zu versuchen, eine Gesamtverantwortung auf einige Individuen abzuwälzen. Historisches Modell hierfür könne der aus dem deutschen Presserecht bekannte „Sitzredakteur“ sein. *Wagner* ergänzte hierzu, eine Individualisierung könne letztlich zur Erhaltung der „bösen Machtstruktur“ führen.

Diese Überlegung entspräche nicht ihrer Wahrnehmung der US-amerikanischen Praxis, hielt *Karstedt* entgegen. Unternehmen würden bisher keine Individuen vorschicken, vielmehr würden sie, wie bereits angedeutet, eher exorbitante Strafzahlungen leisten. Weder *Enron* noch *Anderson* hätten trotz individueller Verurteilungen des Managements überlebt. *Wagner* unterstrich demgegenüber noch einmal seine Einschätzung, die Möglichkeit individueller Strafverfolgung würde entsprechende Verteidigungsstrategien von Unternehmen fördern. In den USA habe diese Möglichkeit bisher schlicht nicht bestanden. *Karstedt* erwiderte, die Sanktionspyramide sehe unterschiedliche Maßnahmen für Unternehmen einerseits, für Individuen andererseits vor.

Wirtschaftsstrafrechtswissenschaft

Globales Wirtschaftshandeln als Gegenstand des Straf- und Strafverfahrensrechts: Eine Bestandsaufnahme

Ingeborg Zerbes

Der folgende Aufsatz soll nicht mehr sein als eine Bestandsaufnahme jener grundsätzlichen – und als solche gar nicht mehr neuen[1] – Fragen, mit denen die moderne, hochtechnisierte, arbeitsteilige, global agierende, global wirkende und durchaus auch global zerstörerisch wirkende Wirtschaft das Strafrecht konfrontiert. Der gewählte Ansatz ist dabei allgemeiner und breiter als das Thema des vorliegenden Tagungsbandes: Er soll lediglich das Feld strukturieren, auf dessen Basis auf die Perspektiven eines (deutschen) Wirtschaftsvölkerstrafrechts zugespitzt werden kann.

I. Ausgangslagen

Was macht die Wirtschaft mit dem Strafrecht, so dass sie praktisch in einem eigenen Fach behandelt wird? Welche Probleme legt sie zur Lösung vor – und warum bringt sie damit unser „gutes altes Kernstrafrecht"[2] so sehr an seine Grenzen?

Unser StGB stammt aus den 1870er Jahren, das Prozessrecht ist ebenso alt, und die Vorformen, Wurzeln und viele basisgebende Denkmuster sind sogar einer noch früheren Zeit entnommen. Ihr Zuschnitt entspricht ihrer Entstehungszeit: auf jene Art von Auseinandersetzungen, Übergriffen, sozial unerträglichen Verhaltensformen, die *damals* bekannt und als strafwürdig erachtet wurden, und, im Prozessrecht, auf jene Beweisprobleme,

1 Siehe bereits *Stratenwerth,* Zukunftssicherung mit den Mitteln des Strafrechts?, ZStW 105 (1993), S. 679 ff.; *Krauß,* Gift im Strafrecht, Abschiedsvorlesung (1999), abgedruckt in Heine/Pieth/Seelmann (Hrsg.), Wer bekommt Schuld? Wer gibt Schuld? Gesammelte Schriften von Detlef Krauß (2011), S. 125 ff.

2 Die Charakterisierung stammt von *Lüderssen,* Zurück zum guten alten, liberalen, anständigen Kernstrafrecht?, in: Böllinger/Lautmann (Hrsg.), Vom Guten, das noch stets das Böse schafft (1993), S. 268 ff.

Verteidigungsanliegen etc., die damals zu lösen bzw. durchzusetzen waren.

Freilich kommen die im 19. Jahrhundert in Straftatbestände gegossenen Verhaltensformen auch heute noch vor. Manche halten wir nicht mehr für strafwürdig, Ehebruch z.B. oder überhaupt solche, die vor allem die Moral schützen. Viele davon gehören aber durchaus noch immer unangefochten zum Kernstrafrecht, und wir finden sie genau wie damals im Zentrum unserer aktuellen Lehrbücher und unseres Prüfungsbetriebs: Raub, Diebstahl, Tötung etc.

Was aber unterscheidet die Wirtschaft als Akteur einer *modernen* Zeit von den Konstellationen, von denen die *damals* etablierte und noch heute geltende Zurechnungslehre ausgegangen ist? – Anders gefragt: Von welchen Konstellationen geht unser Strafrecht zumindest in seinem Kern aus und welche legt ihm im Gegensatz dazu die Wirtschaft vor?

1. Komplexe Machtstrukturen

Die Straftatbestände und die ausdifferenzierte Lehre zum Verbrechensbegriff haben im Wesentlichen eine Tatbegehung von Angesicht zu Angesicht vor Augen.[3] *Ein* Täter schlägt *einem* anderen die Nase blutig, aber selbst wenn sie weniger schlicht ablaufen, lassen traditionelle Fälle gut erkennen, wer welchen Grad an Macht über das Tatgeschehen hat. Zum einen lässt sich der Kreis von Tätern und Teilnehmern klar abstecken; zum anderen hat derjenige, der unmittelbar zuschlägt, i.d.R. auch die Macht über das Tatgeschehen, in Worten der Dogmatik: die Tatherrschaft. Er ist daher Täter. Es gibt zwar Willensdefizite des unmittelbar Handelnden, die zu einer anderen Bewertung führen – aber diese wenigen Fallkonstellationen sind eindeutig begrenzte Ausnahmen. Die Verantwortungszusammenhänge verlaufen linear und sind damit klar greifbar.

Wirtschaft läuft hingegen mehrdimensional ab. Sie ist von Arbeitsteilung, Hierarchien und Delegationen gekennzeichnet, von geteilten Verantwortungen, vom Zusammenspiel verschiedener Personen mit verschiedenen Kompetenzen. Wenn es nun aufgrund eines derartigen Ablaufs zu einem Schaden gekommen ist – es muss nicht einmal ein Schaden i.e.S.

3 Das ist bereits einer der Ausgangspunkte *Stratenwerths*, Zukunftssicherung mit den Mitteln des Strafrechts?, ZStW 105 (1993), S. 679 ff. (680).

sein, es mag teilweise ein insgesamt inakzeptabler Fehlverlauf genügen –, dann ist nicht ohne weiteres klar, auf welche der zusammenwirkenden Personen welche strafrechtliche Zurechnungskategorie zutrifft: Wer ist Täter, wer ist Anstifter, wer ist Gehilfe? – Und wer hat, obwohl ebenfalls kausal geworden, keine strafrechtlich relevante Verantwortung auf sich geladen? Wie ist es zu beurteilen, wenn ein gesamtes Gremium nach Mehrheitsprinzip eine inkriminierte Entscheidung getroffen hat? Jeder Einzelne könnte doch behaupten, dass er ohnedies überstimmt worden wäre. Und löst nicht der Betrieb eines Unternehmens überhaupt eine Dynamik aus, die über die Summe der Einzelhandlungen hinausgeht?[4] Löst nicht die Abwicklung von Geschäftstätigkeit schon allein deswegen, weil sie in einem arbeitsteiligen Verband abgewickelt wird, ein Risiko im Hinblick auf die Begehung von Straftaten durch die Angehörigen dieses Verbandes aus, ein Risiko, das den Betreiber dieses Unternehmens zu besonderen Vorsorgemaßnahmen verpflichtet?

Wer ist verantwortlich, wenn diese Vorsorge nicht geleistet wird und sich das Risiko verwirklicht? – Ist die begangene Straftat tatsächlich nur demjenigen zurechenbar, der sie eigenhändig ausgeführt hat? Unser Strafrecht ist für Fragen, die über eine handfeste Zurechnung an Einzelne hinausgehen, kaum gerüstet.

2. Komplexe Auswirkungen

Die traditionelle, bislang entwickelte Strafrechtsdogmatik geht außerdem von einer Feststellbarkeit des Erfolges aus, von der Zuordnung dieses Erfolges zu einer bestimmten Tathandlung und von individualisierbaren Opfern: A schlägt B, wodurch dieser einen Nasenbeinbruch erleidet. Selbst wenn die Zusammenhänge schwieriger beweisbar sind und wir vielleicht sogar Sachverständige zur Aufklärung brauchen, so ist es zumindest strukturell klar, was diese feststellen müssen.

Moderne, kompliziert ablaufende wirtschaftliche Vorgänge liefern hingegen komplexe Kausalzusammenhänge, Stichwort: strafrechtliche Produkthaftung.[5] Welche Schäden auf welche Produkte zurückzuführen sind, ist nicht ohne Weiteres feststellbar. Die Opfer- und Schadensseite kann

---

4 Fragt *Stratenwerth* bereits Anfang der 1990er Jahre, ebd., S. 679 ff. (684 f.).

5 Zum Umweltstrafrecht, aber mit genereller Aussagekraft *Stratenwerth,* ebd., S. 679 ff. (684 f.).

überhaupt diffus sein, sowohl im Hinblick auf die geschädigten Personen als auch im Hinblick auf den Schaden. So gibt es eine Vielzahl von wirtschaftlichen Fehlverläufen, bei denen der eigentliche Schaden kaum fassbar ist; zu denken ist an missbräuchliche Geschäfte an der Börse oder an Kartelle: Wer ist hier eigentlich geschädigt? Und wie lässt sich der Schaden manipulierter Aktienkurse respektive manipulierter Preise abstrakt definieren, und, noch schwieriger!, wie lässt er sich berechnen?[6]

3. Grenzüberschreitende Entscheidungsmacht

Eine Strafrechtstradition, die auf naturwissenschaftlich nachvollziehbare Kausalität und auf individualisierbare Betroffene abstellt, geht freilich auch von einem bestimmten Handlungs- und einem bestimmten Ort des Erfolges aus. Tathandlung und Erfolg müssen zwar nicht im gleichen Staat zustande kommen – aber sowohl Handlung als auch Erfolg sind lokalisierbar.

Es liegt auf der Hand, dass bei grenzüberschreitend tätiger Wirtschaft diese Eindeutigkeit aufgehoben ist. Sie ist es insbesondere dann, wenn die Zentren der Macht vom Ort des eigentlichen Übergriffs weit entfernt sind. Genau das ist die typische Konstellation der reichen, industrialisierten Welt gegenüber den Schwellen- und Entwicklungsländern: Die Mutterfirmen befinden sich etwa in Deutschland, in der Schweiz etc., die Rohstoff- und die eigentlichen Produktionsstätten jedoch in ärmeren, demokratisch weniger stabilen Ländern.

Wenn es nun dort, räumlich weit entfernt von Deutschland, zu kriminellen Übergriffen kommt – z.B. wird dort durch eine Tochterfirma schädlicher Müll in rauen Mengen einfach völlig unabgeschirmt vergraben und dadurch werden ganze Landstriche verseucht –, sind dann auch die Entscheidungsträger des letzten Endes den Ton angebenden Mutterunternehmens strafrechtlich mitverantwortlich? Immerhin steht die Tochterfirma, unter deren unmittelbarer Leitung der Dreck weggekippt wurde, in einer gewissen hierarchischen und wirtschaftlichen Abhängigkeit zur deutschen Mutterfirma.

---

6 *Lüderssen,* Symbiose von Markt und Staat – auseinanderdividiert durch Strafrecht?, StV (1997), S. 318 ff. (320), zeigt auf, dass sich der hypothetische Preis, der in einem gesunden Wettbewerb entstanden wäre, gerade nicht feststellen lässt.

Das deutsche Strafrecht steht damit vor der Frage, ob und unter welchen Umständen derartige Machtzusammenhänge erstens überhaupt zur Zuständigkeit der deutschen Justiz führen. Zweitens muss überlegt werden, inwiefern den im Inland tätigen Entscheidungsträgern die im Ausland gesetzten Taten zurechenbar sind.

4. Diffuse Verdachtslagen

Die soeben umrissene Komplexität wirtschaftsstrafrechtlicher Sachverhalte führt zum Strafprozessrecht und gibt Hinweise zur Frage, was die Ermittlungen in diesem Bereich denn eigentlich so besonders und so besonders schwierig macht. Vertreter der Wirtschaftsstaatsanwaltschaften monieren nämlich ständig, dass sie nicht oder nur schleppend weiterkommen, während man das von den anderen Staatsanwälten nicht hört. Was unterscheidet den Aufklärungsprozess in diesen Strafverfahren von der Aufklärung von Tötungsdelikten, Raub oder Diebstahl?

Bei Tötungsdelikten, Raub oder Diebstahl läuft alles mehr oder weniger eindimensional ab: Eine Leiche mit einem Messerstich im Bauch wird gefunden; es lässt sich leicht feststellen, aus welcher Position zugestochen wurde. Daher wird als Beweis natürlich ein Messer gesucht und im Umfeld des identifizierten Opfers nach Personen mit entsprechender Kraft und Größe etc., kurzum: Es gibt relativ schnell eine handfeste und klare Vorstellung davon, wie die Tat abgelaufen sein muss. Von dieser Vorstellung ausgehend beginnen die Ermittlungen, diese Vorstellung gibt den Ermittlungen ihre Richtung. Gesucht werden entsprechende Beweise, insbesondere das Messer, und gesucht werden Verdächtige mit konkretisierbaren Eigenschaften.

Die typische Ausgangslage im Wirtschaftsstrafrecht entsteht hingegen, wie zuerst skizziert, einerseits durch Handlungsabläufe, die als solche und deren Auswirkungen ausgesprochen schwierig rekonstruierbar sind, und andererseits durch Normen, bei denen man gerade bei der Beurteilung dieser komplexen Handlungsabläufe häufig in unscharfe Grenzbereiche gerät. Diese Unsicherheit schlägt auf die Situation durch, vor der die Ermittlungsbehörden stehen: Wer, wann, wo, mit welchen Mitteln, in welcher hierarchischen Einbindung und mit welchen Auswirkungen gehandelt haben könnte, lässt sich zu Beginn der Ermittlungen kaum bis gar nicht konkretisieren.[7] Der Anfangsverdacht, so schwerwiegend er quantitativ sein mag, ist daher *qualitativ* häufig nur diffus. Das betrifft sowohl die Personen, die als Verdächtige zu führen sind, als auch den Ablauf der Tathandlung.

Zu denken ist etwa an einen Verdacht auf Insiderhandel. Anlass können allein auffällige, durch legale Aktivitäten nicht erklärbare Marktbewegungen sein. Wer aber durch welches und durch wie weitergegebenes Wissen gehandelt hat, das ist vorerst völlig ungewiss. Ein anderes Beispiel: Ein Ex-Manager wird zu einem so genannten Whistleblower, indem er auf systematische Bestechungen in einem Konzern hinweist. Oder: Ein Banker macht wegen einer krass ungewöhnlichen Transaktion, die in eine ganz ungewöhnliche Konten- und Stiftungsstruktur eingebunden ist, eine Meldung wegen Geldwäsche. Und irgendwie entflicht man die Kontenstruktur, stößt auf einen letzten Endes darin verwickelten Konzern und gewinnt den Verdacht, dass über diese Konten Bestechungszahlungen abgewickelt werden. Bestechungszahlungen werden nicht sauber deklariert und in der Buchhaltung abgelegt, sondern geschickt verschleiert. Sie gehen in einer Vielzahl von Einzelverträgen und Transaktionen auf, die Handlungen, über die letzten Endes eine illegale Zahlung vorgenommen wird – die eigentliche Tathandlung –, ist von außen nicht als solche erkennbar. Überweisungen als solche sind *prima vista* nicht sozial inadäquat gefährlich. Sie heben sich nicht von den vielen einzelnen Geschäftsvorgängen ab, die einen unternehmerischen Alltag ausmachen.

Bei derartigen Fällen hat man vom Ablauf der konkreten Handlung, die dann unter ein Strafgesetz als Tathandlung zu subsumieren ist, vorerst bestenfalls eine ungefähre Vorstellung. Welchen Vorgang will man eigentlich rekonstruieren? Es ist also gerade *nicht* so, wie im Prozesslehrbuch suggeriert und im obigen Beispiel einer Tötung durch Messerstich bestätigt wird, dass man *zuerst* konkrete Tatabläufe vor Augen hat und davon ausgehend *dann* die Gegenstände sucht, die eben diese Abläufe beweisen. Nein, der Ermittlungsprozess läuft typischerweise gerade umgekehrt ab: Die Behörden brauchen *zuerst* Beweisgegenstände – vor allem: Dokumente –, und erst von ihnen ausgehend können sie eine Vorstellung vom möglichen Tatablauf entwickeln.

Hinzu kommt ein quantitatives Problem: In einem Unternehmen gibt es Unmengen gegenständliche und noch mehr elektronisch gespeicherte Un-

7 *Zerbes*, Unternehmensinterne Untersuchungen, ZStW 125 (2013), S. 551 ff. (553).

terlagen. Welche davon relevant sein könnten, ist jedenfalls am Beginn oft völlig unklar. Interne Anweisungen sind möglicherweise genauso aussagekräftig wie handschriftliche Notizen, E-Mails, Auftragsverträge, Gesprächsprotokolle, Leistungsnachweise von Agenten, Kontoauszüge etc. Welche dieser Papiere oder Daten tatsächlich zur Klärung beitragen, wird sich oft erst aus ihrer Auswertung ergeben. Im Zeitpunkt vor der Durchsuchung fehlen diese Kenntnisse allerdings noch.[8]

Zum Prozess lässt sich daher das Zwischenfazit ziehen, dass die Aufklärung nicht nur ohne ein konkretes Bild von der Tathandlung beginnt, sondern dass auch die Unterlagen, aus denen sich die Tathandlung rekonstruieren ließe, sich nur schwer einschränken lassen, bevor man sie durchforstet hat. Für eine derartige qualitative und quantitative Unbestimmtheit sind unsere Ermittlungsbefugnisse jedoch nicht ohne Weiteres gerüstet. Schon das einfache und gerade in Wirtschaftsstrafverfahren unentbehrliche Instrument von Durchsuchung und Beschlagnahme gerät an Hindernisse: Wie sollen Richter bzw. Staatsanwalt die entsprechende Anordnung anständig formulieren und dementsprechend begrenzen, wenn noch gar nicht genau feststehen kann, *welche Unterlagen* genau als Beweis gebraucht werden? Der rechtsstaatliche Anspruch auf Konkretisierung[9] kann lediglich mit Abstrichen erfüllt werden.

II. Bisherige Reaktionen

Wie reagieren Gesetzgeber, Praxis und Schrifttum auf diese Lage? – Welche Wege wurden eingeschlagen, um wirtschaftliches Fehlverhalten angemessen zu erfassen, und zwar die *wirklich* Verantwortlichen und *wirklich* strafwürdiges Fehlverhalten. Im Folgenden werden ohne Anspruch auf Vollständigkeit die soeben skizzierten zentralen Phänomene noch einmal aufgegriffen und beleuchtet, wie sie heute rechtlich beurteilt werden.

---

8 *Zerbes,* Zugriff auf Beweise zwischen Effizienz und Rechtsschutz, in: Lewisch (Hrsg.), Wirtschaftsstrafrecht und Organverantwortlichkeit (2012), S. 105 ff. (106).

9 Im Zusammenhang mit der Sicherstellung von elektronischen Daten *Bär,* in: Wabnitz/Janovsky/Dannecker/Bülte/Möhrenschlager (Hrsg.), Handbuch des Wirtschafts- und Steuerstrafrechts, 4. Auflage (2014), 27. Kapitel, Rn. 20.

1. Komplexe Machtstrukturen

a. Organisationsherrschaft

In früheren Fällen war die Judikatur noch recht hilflos bei der Frage, wie denn ein „Schreibtischtäter" zu erfassen ist, genauer gesagt: Wie zu erfassen ist, dass die *eigentliche* Macht und Herrschaft über ein Geschehen nicht an seiner unmittelbaren Front, sondern durch Befehlshaber im Hintergrund ausgeübt wird, durch Befehlshaber, die ein gesamtes Unrechtsregime beherrschen. Die strafrechtliche Aufarbeitung des Holocaust ist daran zumindest ein Stück weit gescheitert: Die eigentlichen Drahtzieher, die Köpfe des Systems wurden unter Umständen bloß als Anstifter beurteilt – das Konzept der mittelbaren Täterschaft wurde nicht herangezogen.[10]

Bei der Aufarbeitung der Tötungen von Flüchtlingen durch Mauerschützen an der DDR-Grenze ist der BGH jedoch einen Schritt weiter gegangen und hat § 25 Abs. 1 StGB nutzbar gemacht:[11] Auch derjenige, der einen organisierten Machtapparat (mit-)kontrolliert, einen organisierten Machtapparat, in dem der einzelne Befehlsempfänger an der „Front" wie ein austauschbares Werkzeug funktioniert, begeht die Tat „durch einen anderen" und ist damit – ungeachtet der eigenen Verantwortlichkeit des Befehlsempfängers – mittelbarer Täter.

Von hier aus ist der Weg zur in Konzernen strukturierten Wirtschaft nicht mehr weit, der BGH hat ihn in seiner Mauerschützen-Entscheidung bereits gesehen.[12] Nachdem der BGH ihn vorerst noch ohne konkreten Bezug auf den Begriff „Organisationsherrschaft" gegangen ist,[13] hat er sich

---

10 Grundlegend *Roxin*, Straftaten im Rahmen organisierter Machtapparate, GA 1963, S. 193 ff. (199 ff.); zuvor bereits kritisch *Jäger*, Betrachtungen zum Eichmann-Prozeß, MschKrim 1962, S. 73 ff. (79 f.); weiterentwickelt von *Roxin*, Organisationsherrschaft und Tatentschlossenheit, ZIS 2006, S. 293 ff.

11 BGHSt 40, S. 218 ff.; gestützt auf *Roxin*, mit zustimmender Anm. von *Roxin*, JZ 1995, S. 45 ff.

12 BGHSt 40, S. 218 ff. (236 f.).

13 Z.B. in der unten II.2.a. (Lösung von Kausalitätsproblemen) wieder zu erwähnenden Lederssprayentscheidung vom 6. Juli 1990 (BGHSt 37, S. 106 ff.); dazu *Brammsen/Appel*, Anstiftung oder Täterschaft? „Organisationsherrschaft in Wirtschaftsunternehmen", ZJS 2008, S. 256 ff. (260 ff., 264).

mittlerweile ausdrücklich dazu bekannt.[14] So können unter Umständen jene, die aufgrund ihrer „Leitungsmacht im Konzern“[15] strafbare Vorgänge beschließen und zu deren Durchführung die selbstgeschaffenen „regelhafte[n] Abläufe“[16] ausnutzen, als mittelbare Täter einer geradezu automatischen Tatausführung durch einzelne Arbeitnehmer gewertet werden. Der BGH geht dabei sogar so weit, auf die Kenntnis der Leitungsorgane über die einzelnen Tathandlungen zu verzichten. Das ist einerseits zwar durchaus angreifbar, führt es doch – neben Friktionen auf Ebene des Tatvorsatzes – zu einer beträchtlichen Ausdehnung der für die Täterschaft zentralen Denkfigur der Tatherrschaft: Herrschaft über ein konkretes Geschehen, das man in seiner konkreten Gestalt gar nicht kennt, ist schwierig vorstellbar. Andererseits ist der Rückzug des Hintermanns aus der Auseinandersetzung über die einzelnen Abläufe, die dieser quasi in Serie angeordnet hat, gerade das Typische an einer Unrechtsorganisation, die der Hintermann *als solche* beherrscht und in der er die Dynamik einer erhöhten Tatbereitschaft[17] der in seine Organisation integrierten Tatmittler ausnutzt.

Gegen diese Ausdehnung der Täterschaft wurden teilweise grundsätzliche Einwände vorgebracht,[18] teilweise wurde der – defizitär begründete – Verzicht der Judikatur auf das Merkmal der beliebigen Austauschbarkeit der einzelnen Tatmittler kritisiert,[19] teilweise wird vorgeschlagen, Organisationsherrschaft auf „Nötigungsherrschaft über einen eingeschränkt ver-

---

14 BGH, JR 2004, S. 245 ff., m. krit. Anm. *Rotsch;* BGHSt 49, S. 147 ff. („Bremer Vulkan“).

15 BGHSt 49, S. 147 ff. („Bremer Vulkan“).

16 BGH, JR 2004, S. 245 ff., m. krit. Anm. *Rotsch.*

17 *Roxin,* Organisationsherrschaft und Tatentschlossenheit, ZIS 2006, S. 293 ff. (298 ff.) in Weiterentwicklung seiner ursprünglichen Ideen; „unbedingte Bereitschaft des unmittelbar Handelnden, den Tatbestand zu erfüllen“ als Element der Organisationsherrschaft verlangt auch der BGH, NStZ 2008, S. 89 ff.

18 *Herzberg,* Mittelbare Täterschaft und Anstiftung in formalen Organisationen, in: Amelung (Hrsg.), Individuelle Verantwortung und Beteiligungsverhältnisse bei Straftaten in bürokratischen Organisationen des Staates, der Wirtschaft und der Gesellschaft (2000), S. 33 ff.; *Rotsch,* Tatherrschaft kraft Organisationsherrschaft, ZStW 112 (2000), S. 518 ff.; *Rotsch,* Neues zur Organisationsherrschaft, NStZ 2005, S. 13 ff.

19 *Rotsch,* Anm. zu BGH, JR 2004, S. 245 ff. (249), in seiner Grundsatzkritik hinsichtlich des Merkmals der Austauschbarkeit der Tatmittler als Element der Tatherrschaft.

antwortlichen Ausführenden“[20] zu beschränken. Alle diese Bedenken sind nachvollziehbar, sie ändern jedoch nichts an der grundsätzlichen Überzeugungskraft des Gedankens, den „an den Schalthebeln der Macht sitzende[n] Hintermann“[21] als Täter zu qualifizieren. Die einzelnen Kriterien dieses „an den Schalthebeln Sitzens“ sind bereits vorgezeichnet – die Judikatur hat nun die Aufgabe, sie im Rahmen des Wirtschaftsstrafrechts noch besser zu präzisieren als bisher.

b. Unternehmenshaftung nach OWiG

Komplexe Machtstrukturen als typisches Merkmal der modernen Wirtschaft führen zu der Überlegung, ob die strafrechtliche Haftung *individueller* Personen infolge krimineller Fehlentwicklungen diese Komplexität überhaupt angemessen spiegelt. Denn der Zusammenschluss in einem Unternehmen bedingt eine eigene, von der Summe der Handlungen Einzelner gelöste Dynamik, so dass intuitiv dieser Zusammenschluss als solcher verantwortlich gemacht werden könnte: das Unternehmen selbst.

Deutschland hat bekanntlich ja *noch* keine kriminalstrafrechtliche Haftung des Unternehmens eingerichtet. Bislang wurden diesem internationalen Trend die Strukturelemente des Kriminalstrafrechts entgegen gehalten, insbesondere das Schuldprinzip: Über eine juristische Person könne kein sozialethisches Unwerturteil gefällt und folglich keine Strafe ausgesprochen werden.[22] Diese kriminalpolitische Diskussion soll an dieser Stelle aber noch gar nicht aufgerollt werden, denn vorerst geht es um eine Schilderung des geltenden Rechts: Der Blick soll auf das gerichtet werden, was in Deutschland vorhanden ist – auf das Ordnungswidrigkeitengesetz. So greift § 130 OWiG unter dem Titel der *Aufsichtspflichtverletzung* den zuvor skizzierten Machtschwerpunkt hinter dem unmittelbar handelnden Täter auf, und § 30 OWiG ermöglicht eine *Zurechnung* dieser Aufsichtspflichtverletzung *an die juristische Person,* das Unternehmen.

---

20 *Brammsen/Appel,* Anstiftung oder Täterschaft? „Organisationsherrschaft in Wirtschaftsunternehmen“, ZJS 2008, S. 256 ff. (264).

21 *Roxin,* Organisationsherrschaft und Tatentschlossenheit, ZIS 2006, S. 293 ff. (295).

22 Pointiert bis polemisch, z.B. *Schünemann,* zuletzt: Die aktuelle Forderung eines Verbandstrafrechts – Ein kriminalpolitischer Zombie, ZIS 2014, S. 1 ff.

So muss sich ein Unternehmen eine betriebsbezogene Mitarbeiterstraftat – eine so genannte „Zuwiderhandlung" (§ 130 Abs. 1 OWiG) – dann zurechnen lassen, wenn diese durch „gehörige Aufsicht verhindert oder wesentlich erschwert worden wäre" (§ 130 OWiG). Vorausgesetzt wird allerdings, dass eine *konkrete der Unternehmensleitung angehörige Person* (§ 30 Abs. 1 Ziff. 1-5 OWiG), die *Inhaber-Aufgaben* zu erfüllen hat (§ 9 Abs. 2 OWiG), die ihr obliegenden Aufsichtsmaßnahmen unterlassen hat. Aufsichtsdefizite, die sich nicht mehr auf einzelne Entscheidungsträger zurückführen lassen, werden nicht erfasst.

Das führt zu einem ambivalenten Zwischenbefund: Wenn auch außerhalb des *Kriminal*strafrechts, so sieht das OWiG immerhin eine (Mit-)Verantwortung des Unternehmens vor, und es knüpft dort an, wo die *eigentliche* Macht liegt: bei jenen Personen, die das Unternehmen führen. Wenn das Unternehmen aber gleich so organisiert ist – besser gesagt: so desorganisiert ist –, dass gar niemand zur Aufsicht zuständig war oder jedenfalls nicht benannt werden kann, bleibt es haftungsfrei.

2. *Komplexe Auswirkungen*

a. Lösung von Kausalitätsproblemen

Der nächste Punkt betrifft die Auswirkungen wirtschaftlichen Fehlverhaltens. Beispielgebend für neue Wege, komplexe und daher schlecht nachvollziehbare schädliche Auswirkungen strafrechtlich zu erfassen, ist die strafrechtliche Produkthaftung. Denn wenn mit der Verbreitung eines Produkts auf dem Markt Schäden aufgetreten sind, sind die konkreten Wirkungszusammenhänge oft kaum beweisbar – die Erhebung der Daten ist zu vielschichtig und kompliziert, die Beweislage daher grottenschlecht, und das selbst dann, wenn das betreffende Produkt von einem Alltagsverständnis aus beurteilt offensichtlich der Verursacher dieser Schäden ist.

Diese Schwierigkeiten haben zu einer differenzierten Auseinandersetzung mit der Kausalität und letzten Endes zu entscheidenden Lockerungen des Kausalitätsnachweises geführt. Vorgedacht wurden diese Zugänge in der leider dann doch wieder verhungerten, aber der Sache nach beeindruckend argumentierten Contergan-Entscheidung des LG Aachen,[23] judi-

23 LG Aachen, JZ 1971, S. 507 ff.

ziert wurden sie erstmals im Lederspray-Fall,[24] und inzwischen haben sie sich durchaus gefestigt:[25] Zum einen muss die chemische Formel oder das abstrakte naturwissenschaftliche Gesetz, das zum betreffenden Schaden geführt hat, nicht nachgewiesen werden. Die *Falsifikation der in Frage kommenden alternativen Ursachen* genügt.

Zum anderen wird die schon länger bekannte dogmatische Konstruktion der *kumulativen Kausalität* bedient. Sollte nämlich das in Rede stehende gefährliche Produkt nur dann zum Schaden geführt haben, wenn auch noch zusätzliche Bedingungen vorgelegen haben wie z.B. Vorerkrankungen des Opfers oder eine bestimmte Disposition oder besondere Empfindlichkeit, führt dies nicht zum Ausschluss der Kausalität. Zu Recht: Auch die Verbreitung des schädlichen Produkts ist eine Ursache, ohne die der Erfolg nicht eingetreten wäre – und das genügt. Die Frage, ob eine Mit-Ursache derartig selten und damit völlig unvorhersehbar ist, ist erst auf der Ebene der objektiven Zurechnung zu beantworten.

Drittens fallen unternehmerische Entscheidungen, auch solche über schadensverursachende Produkte, in Gremien, die nach *Mehrheitsprinzip* entscheiden – und damit gibt es ein weiteres Kausalitätsproblem, das unser Ursache-Wirkung-Denken herausfordert: Die beliebte Formel, die dieses Ursache-Wirkung-Denken so übersetzt, dass der Täter eine *conditio sine qua non* für den Erfolg geschaffen haben muss, diese Formel scheitert. Denn *jeder*, der eine mehrheitliche Gremiumsentscheidung mit seiner Stimme mitträgt, kann nachher behaupten, dass ihn ja alle anderen ohnedies überstimmt hätten.

Diese Ausrede trägt jedoch – seit Contergan und Lederspray – nicht mehr. Die Lösung ist letzten Endes ganz einfach, denn sie geht bei *Vorsatzdelikten* jedenfalls über die Mittäterschaft.[26] Und Mittäterschaft als solche ist eine alles andere als neue Denkfigur: Sie sorgt dafür, dass jeder, der einen gemeinsamen Plan und eine gemeinsame Tatausführung mitträgt, auch die strafrechtliche Verantwortung dafür mitzutragen hat.

---

24 BGHSt 37, S. 106 ff.

25 BGHSt 41, S. 206 ff. („Holzschutzmittel"); insgesamt kritisch hierzu *Hoyer*, Die traditionelle Strafrechtsdogmatik vor neuen Herausforderungen – Probleme der strafrechtlichen Produkthaftung, GA 1996, S. 160 ff.; *Unger*, Kausalität und Kausalitätsbeweis produktverursachter Gesundheitsschädigungen (2001).

26 Denkbar aber auch hier ein Zugang über die Kausalität, vgl. hierzu ebenfalls die Ledersprayentscheidung vom 6. Juli 1990 (BGHSt 37, S. 106 ff.).

Nun geht es in den Fällen von strafrechtlicher Produkthaftung zwar in aller Regel um *Fahrlässigkeitsdelikte,* und bei diesen ist die Anwendung der Mittäterschaft nach wie vor umstritten.[27] Ganz unbefangen gelesen gibt es in der Sprache des Gesetzes – dem § 25 Abs. 2 StGB geht es schlicht um das gemeinschaftliche Begehen einer Straftat – jedoch *nichts*, was heute dagegen spricht, auch bei einer gemeinschaftlich begangenen bloßen *Sorgfaltswidrigkeit* eine Mittäterschaft aller Mitglieder dieser Gemeinschaft zu bejahen. Wer also eine Gremienentscheidung zu gemeinschaftlichem sorgfaltswidrigem Handeln (mit-)trifft, dem könnten die Tatbeiträge der jeweils anderen Mit-Entscheidenden zugerechnet werden; es müsste kein Kausalitätsnachweis seines Beitrages zum gesamten Geschehen geführt werden.

Der BGH hat diesen Weg – die Anerkennung einer fahrlässigen Mittäterschaft – zwar noch nicht gewählt. Er löst derartige Fälle jedoch mit einer weiteren Lockerung des *Kausalitätsnachweises* und klammert hypothetisch auch die Reserveursachen aus – hier: die ebenfalls sorgfaltswidrige Entscheidung der anderen Gremiumsmitglieder.[28]

b. Abstrakte Gefährdungsdelikte

Die Schwierigkeiten der Schadensfeststellung führen zu einer weiteren Reaktion auf die typischerweise komplexen Auswirkungen wirtschaftlichen Fehlverhaltens. Es handelt sich um einen *gesetzgeberischen* Trend: den Verzicht des Gesetzgebers bei Einführung neuer oder beim Ausbau bestehender Straftatbestände auf den Eintritt eines tatbestandlichen Schadens. Stattdessen wird das strafbare Verhalten in abstrakten Gefährdungsdelikten erfasst. Drei Beispiele werden im Folgenden angerissen: Insiderstrafrecht, Korruptionsstrafrecht, Embargostrafrecht.

Abstrakte Gefährdungsdelikte werden zwar nach wie vor heftig, teilweise auch polemisch kritisiert. Basis dieser Kritik ist, will man die verschiedenen Argumente kursorisch zusammenfassen, der Verlust der Bindung des Strafrechts an ein klar abgrenzbares und schützenswertes Rechts-

---

27 Vgl. zum Streitstand *Heine/Weißer*, in: Schönke/Schröder, 28. Auflage (2010), Vor §§ 25 ff., Rn. 110 ff.

28 Die dogmatische Einordnung dieser Konstruktion ist umstritten, übersichtlich zum Streitstand *Tiedemann*, Wirtschaftsstrafrecht – Einführung und Allgemeiner Teil, 4. Auflage (2014), Rn. 284 ff.

gut.[29] Es werde, so die Kritiker, allein die Einhaltung einer Verhaltensregel strafrechtlich geschützt, aber nicht, so wie es rechtsstaatlich geboten wäre, die – schädliche oder konkret gefährliche – Wirkung auf ein Rechtsgut, das sich einem oder mehreren konkreten Interessensträgern zuordnen lässt.

Die Kritik ist einerseits zutreffend, wenn man sich solche abstrakten Gefährdungsdelikte vor Augen führt, bei denen der strafrechtliche Schutz schlicht allzu weit vorverlegt wurde. Bestes Beispiel sind die Delikte, in denen bereits der Zusammenschluss in einer Gruppe bestraft wird, wie insbesondere bei der Bildung einer kriminellen Vereinigung oder einer terroristischen Vereinigung. Das Rechtsgut hinter derartigen Tatbeständen ist eines, dessen strafrechtlichen Schutz als solchen niemand kritisieren will: Es geht um Handfestes wie um die körperliche Unversehrtheit, um das Leben, um das Eigentum, um die Freiheit.

Dieser strafrechtliche Schutz setzt jedoch nicht erst ein, wenn die körperliche Unversehrtheit u.s.w. tatsächlich verletzt oder zumindest i.S. einer konkreten Gefährdung fast verletzt wurde, sondern viel früher: bereits dann, wenn sich mehrere Personen mit dem Vorsatz zusammenschließen, um eine solche Verletzung in Zukunft zu begehen. Derartige Tatbestände leiden tatsächlich unter rechtsstaatlichen Defiziten, denn sie legalisieren staatliche Eingriffe, noch bevor eine Rechtsgutsverletzung droht oder zugefügt wurde.[30] Sie missachten damit letzten Endes die Ur-Grenze der „Bürgerfreiheit". Wer nämlich – so wird diese Grenze auf den Punkt gebracht – „weder einer Straftat ‚verdächtig' noch für eine bestimmte Gefahr verantwortlich [...] war, sollte darauf vertrauen dürfen, [...] vom Staat in Ruhe gelassen zu werden."[31] Davon kann im heute modernen „Kampf" gegen Organisierte Kriminalität und Terrorismus keine

---

29 Unter vielen *Hassemer,* z.B. Symbolisches Strafrecht und Rechtsgüterschutz, NStZ 1989, S. 553 ff. (559); *ders.,* Kennzeichen und Krisen des modernen Strafrechts, ZRP 1992, S. 378 ff. (381); *Lüderssen,* Symbiose von Markt und Staat – auseinanderdividiert durch Strafrecht?, StV 1997, S. 318 ff. (320).

30 Unter vielen *Deckers/Heusel,* Strafbarkeit terroristischer Vorbereitungshandlungen – rechtsstaatlich nicht tragbar, ZRP 2008, S. 169 ff. (171 ff.); *Krauß,* vom Bürgerstrafrecht zum Feindstrafrecht?, in: Uwer (Hrsg.), Bitte bewahren Sie Ruhe. Leben im Feindrechtsstaat (2006), S. 79 ff. (88 f.); m.w.N. *Zerbes,* Spitzeln, Spähen, Spionieren. Sprengung strafprozessualer Grenzen durch geheime Zugriffe auf Kommunikation (2010), S. 297 ff.

31 *Denninger,* Prävention und Freiheit, in: Huster/Rudolph (Hrsg.), Vom Rechtsstaat zum Präventionsstaat (2008), S. 90 ff.

Rede mehr sein. Dieses letzten Endes einem modernen Sicherheitsdenken geschuldete Strafrecht ist tatsächlich: unverhältnismäßig freiheitsbeschränkend.

Dies zur Triebfeder eines Rundumschlags gegen abstrakte Gefährdungsdelikte zu machen, ist andererseits zu pauschal gedacht. Das zeigt sich gerade an den *wirtschaftsstrafrechtlichen* Tatbeständen, und damit an den angekündigten Beispielen: Insiderstrafrecht, Korruptionsstrafrecht, Embargostrafrecht. Hinter diesen Gebieten stehen nämlich nicht unmittelbar individuelle Interessen, deren Schutz schlicht auf einen frühen Zeitpunkt vor dem Entstehen einer Gefahr vorverlagert wird. Vielmehr werden ganz andere Rechtsgüter geschützt: solche, deren Verletzung nicht unbedingt eine konkrete Person treffen und sich daher gerade nicht „von den Individualrechtsgütern her funktionalisieren lassen",[32] die aber Voraussetzungen einer demokratischen, fairen und friedlichen Ordnung des Zusammenlebens sind. Und auf den Schutz dieser Ordnung – gewährleistet durch den Schutz ihrer Voraussetzungen – hat letzten Endes das gesamte Kollektiv Anspruch, einschließlich jener Mitglieder, die bei einem Angriff gegen diese Voraussetzungen nicht unmittelbar getroffen werden.[33] Wer dies außer Acht lässt und „Einzel- und Kollektivinteressen gegeneinander ausspielt, [...] sieht [...] nicht, daß es darum gehen könnte, Lebenszusammenhänge als solche zu schützen, ohne daß sich dieses Bedürfnis auf die realen Interessen irgendwelcher Beteiligter zurückführen ließe."[34]

---

32 Fundamental ablehnend daher *Hassemer,* Kennzeichen und Krisen des modernen Strafrechts, ZRP 1992, S. 378 ff. (383); ebenso kritisch *Lüderssen,* Symbiose von Markt und Staat – auseinanderdividiert durch Strafrecht?, StV 1997, S. 318 ff. (320), während die Vorverlagerung für ihn rechtsstaatlich weniger bedenklich ist.

33 Statt vieler *Dannecker,* in: Wabnitz/Janovsky (Hrsg.), Handbuch des Wirtschafts- und Steuerstrafrechts, 4. Auflage (2014), 1. Kapitel, Rn. 106; bereits früh *Tiedemann,* Handhabung und Kritik des neuen Wirtschaftsstrafrechts – Versuch einer Zwischenbilanz, in: Festschrift Dünnebier (1982), S. 519 ff. (521 f.); *ders.,* Tatbestandsfunktion im Nebenstrafrecht (1969), S. 117 ff., mit differenzierter Auseinandersetzung zum Problem vieler wirtschaftsstrafrechtlicher Tatbestände, dass sich „Gefährdungen und Verletzungen... erst durch ein kompliziertes Zusammenwirken und Weiterentwickeln zahlreicher Einzelumstände" (S. 124) ergeben.

34 *Stratenwerth,* Zukunftssicherung mit den Mitteln des Strafrechts?, ZStW 105 (1993), S. 679 ff. (692), zwar auf die Rechte zukünftiger Generationen auf den bereits heute zu gewährleistenden Erhalt der natürlichen Lebensgrundlagen bezogen, der von ihm entwickelte Grundgedanke lässt sich jedoch auf den hier zur Debatte stehenden Rückgriff auf abstrakte Gefährdungsdelikte im Wirtschaftsstrafrecht übertragen.

So geht es beim *Insiderstrafrecht* um das Funktionieren des Kapitalmarktes, holzschnittartig beschrieben um die Garantie, dass, wenn große Kapitalmassen verschoben werden, dieser Vorgang nicht durch die Manipulation einzelner, allein durch ihre Insiderposition überlegener Marktteilnehmer im eigenen Interesse verzerrt wird. Daran sind alle interessiert, nicht nur Großinvestoren, denn der Markt dieser Kapitalverschiebungen ist – auch wenn man diese Entwicklung ablehnend bewertet – eine Basis unserer Wirtschaft und unseres Wohlstandes; man denke nur daran, dass Pensionen und Sozialleistungen mittlerweile (auch) dort gesichert sind.

Zweites Beispiel: *Korruptionsstrafrecht.* Hier ist noch deutlicher, dass das mit Strafandrohung bewehrte Verbot, Amtsträger zu bestechen, die Objektivität der Amtsführung und damit nichts geringeres sichert, als dass der Staat – vermittelt durch seine Amtsträger – unparteilich entscheidet: Dass die Sachlichkeit staatlicher Entscheidungen – die Sachlichkeit, auf die sich, normativ gedacht, *alle* verlassen –, nicht durch Einzelinteressen torpediert wird. Das Argument, dass es bei Bestechung im geschäftlichen Verkehr ja eigentlich nur Nutznießer gibt – den Amtsträger, der sich ein Zubrot verdient und denjenigen, der sich nun einmal durch das raffinierteste Angebot als der in einem verzerrten Sinn „beste" Bewerber gezeigt hat –, ist zynisch, wenn nicht sogar dumm, zumindest aber kurzsichtig. Es ignoriert schlicht, dass die Verlässlichkeit der Objektivität staatlicher Entscheidungen die Basis des Zusammenlebens und sogar von Sicherheit ist. Dass der Staat in seiner Funktion als Normgeber und als Entscheider bei Interessenskonflikten seine Autorität sachlich und nicht von persönlichen Interessen geleitet ausübt, darauf muss jeder vertrauen können. Und dieses Vertrauen ist es, das strafrechtlich durch die Bestechungstatbestände geschützt wird – unabhängig davon, ob und wem *unmittelbare* Nachteile durch die bestechungsmotivierte Entscheidung entstehen.[35]

Drittes angekündigtes Beispiel ist das *Außenwirtschaftsstrafrecht* und die einigermaßen drastische Strafdrohung für Embargoverletzungen. Hier ist die Suche nach dem Rechtsgut, dessen Schädigung das gesamte Kollektiv trifft, wohl am schwierigsten: Eine Embargoverletzung stellt eine außenpolitische Entscheidung Deutschlands und der Völkergemeinschaft in Frage. Hier, in Deutschland, verändert sich unser Leben dadurch nicht.

35 Die auf den privaten geschäftlichen Verkehr zugespitzte Kritik *Achenbachs*, Strafrechtlicher Schutz des Wettbewerbs: Ein Nachweis normativer Fehlregulierung des Marktes, KritV 2009, S. 296 ff. (297 ff.), trifft daher auf die Amtsträgerbestechung nicht zu.

Es besteht jedoch durchaus ein Anspruch der Allgemeinheit, dass auch die wirtschaftlich Mächtigsten diese politische Entscheidung respektieren, und er lässt sich bei näherem Hinsehen auch nicht marginalisieren. Mit der Verhängung eines Embargos soll ein Staat wirtschaftlich boykottiert und dadurch gezwungen werden, z.B. systematisch und breitflächig menschenrechtswidriges Vorgehen im eigenen Land abzustellen. Die Völkergemeinschaft entschließt sich damit, zu einer bestimmten Krise Stellung zu nehmen und einzugreifen. Wenn einzelne mächtige Konzerne sich darüber hinwegsetzen und dadurch große Gewinne lukrieren, hintertreiben sie diesen Versuch.

Kein Deutscher ist unmittelbar geschädigt, aber es gibt nicht nur Deutsche. Die Chance, von außen und ohne kriegerischen Eingriff gegen schwerwiegendes staatliches Unrecht zu wirken, wird verzerrt bis zerstört. Auch das schädigt, wenn auch nur mittelbar und von Deutschland aus oft nicht so genau und direkt beobachtbar, einzelne Personen aus den betreffenden Krisenherden. Das ist keine bloße Lappalie: Es handelt sich um deutlichen Missbrauch wirtschaftlicher Macht und damit durchaus um ein Thema das Strafrechts. Dass mit bis 15 Jahren Strafdrohung das Augenmaß, die politische Gelassenheit, verloren gegangen ist, tut diesem grundsätzlichen Befund keinen Abbruch.

Zwischenergebnis ist daher: Wirtschaftliches Fehlverhalten durch abstrakte Gefährdungsdelikte und unter Verzicht des Eintritts eines konkretisierbaren Schadens zu erfassen, ist kein rechtsstaatliches Unding, soweit man erstens das Rechtsgut klar benennen kann, zweitens dieses als strafrechtlich schützenswert und – gegen entsprechend schwerwiegende Angriffe – als strafrechtlich schutzbedürftig qualifiziert[36] und man drittens von drakonischen Strafen Abstand nimmt.

---

36 Hierzu bereits *Stratenwerth*, Zukunftssicherung mit den Mitteln des Strafrechts?, ZStW 105 (1993), S. 679 ff. (687 f.); gerade die Strafbedürftigkeit ist allerdings zumeist umstritten, siehe dies z.B. beim Thema des strafrechtlichen Schutzes des privaten Wettbewerbs kritisch abgehandelt von *Achenbach*, Strafrechtlicher Schutz des Wettbewerbs: Ein Nachweis normativer Fehlregulierung des Marktes, KritV 2009, S. 296 ff. (297 ff.).

3. Grenzüberschreitende Entscheidungsmacht

Dass sich Konzerne natürlich nicht an Landesgrenzen halten, sondern ihre Tätigkeiten über Tochterfirmen oder Auftragnehmer räumlich fern liegende bis globale Auswirkungen haben, führt einerseits zu Problemen des Strafanwendungsrechts: zur Konstruktion des Handlungs- und des Erfolgsortes. Im oben skizzierten Beispiel hat eine deutsche Mutterfirma eine Tochterfirma z.B. in Abidschan, und diese Tochterfirma kippt Giftmüll ungeschützt ins Meer oder vergräbt ihn. Dadurch kommt es zu großen Umwelt- und Personenschäden durch Verseuchung des Grundwassers. Niemand aus der deutschen Mutterfirma ist bei diesem Vorgang anwesend.

a. Strafanwendungsrecht

Die Teilnahmeregeln und das Strafanwendungsrecht bieten immerhin ein durchaus weitgehendes Instrument für Unterstützung aus dem Inland für eine strafbare Handlung im Ausland an: § 9 Abs. 2 Satz 2 StGB, nach dem jede in Deutschland gesetzte Teilnahmehandlung an einer Auslandstat in Deutschland unabhängig vom Tatortstrafrecht nach den deutschen Strafgesetzen strafbar ist. Wenn es also einen *Befehl* oder eine konkrete *Unterstützung* aus dem deutschen Mutterhaus gegeben hat, hat das deutsche Strafrecht eine Lösung: Es handelt sich um eine in Deutschland begangene Anstiftung oder zumindest um eine Beihilfe (§§ 26 oder 27 StGB), es liegt damit ein deutscher Handlungsort vor, das Territorialitätsprinzip ist erfüllt.

b. Begrenzte Zurechnung aufgrund von Unterlassen

In vielen Fällen wird eine solche direkte Mitwirkung jedoch nicht nachzuweisen sein.[37] Und im Mutterhaus wird häufig vielleicht bekannt gewesen sein, was in ausgelagerten Betriebsstätten passiert, aber man wird dort einfach weggeschaut haben und untätig geblieben sein. – Ist damit eine Teilnahmehandlung gesetzt? Es geht um eine Konstellation, die mit „dem im-

---

37 *Saage-Maaß*, Ahndung wirtschaftsverstärkter Kriminalität – Geschäftsherrenhaftung als Ansatz zur Strafverfolgung leitender Manager für Menschenrechtsverletzungen im Konzern?, NK 2014, S. 228 ff. (235).

mer fragwürdigen Regelwerk einer Unterlassungsstraftat belastet ist",[38] denn den Entscheidungsträgern des Mutterhauses wirft man vor, gerade *nichts* gegen das aktive Vorgehen der Mitarbeiter eines fernen Tochterhauses unternommen zu haben. Und, was die innere Einstellung dieser deutschen Entscheidungsträger betrifft, gönnen sie sich eine Art *willful blindness*: Ganz genau *wollen* sie gar nicht wissen, was passiert, und ganz genau wissen sie es daher auch nicht. Jedenfalls wissen sie nicht *wann genau, wo genau* und *wie viel genau* passiert.

Strafbarkeit wegen Unterlassung verlangt *Garantenstellung.* Eine solche ergibt sich nur für Personen, die eine Verpflichtung eingegangen sind, den verursachten Schäden entgegenzuwirken, genauer: Sie kann aus dem Mutterhaus nur jemanden treffen, der erstens auf die im Ausland abgewickelte Geschäftstätigkeit und zweitens auf den von dort eingesetzten Personen verübten konkreten Übergriff bezogene Aufsichtspflichten übernommen hat. Im einleitenden Beispiel müsste demnach jener Entscheidungsträger im Mutterhaus gefunden werden, der zur Aufsicht über die Giftmüllbeseitigung in Abidschan zuständig ist, und seine diesbezügliche Pflicht müsste beinhalten, der rechtswidrigen Beseitigung durch die im dortigen Tochterhaus Angestellten entgegenzuwirken.

Die Frage der Zurechnung fremden Verhaltens führt zur Frage nach der Reichweite einer „Überwachungsgarantenstellung über die Gefahrenquelle Mensch",[39] und im Kontext mit der globalen Wirtschaft bietet sich eine Zuspitzung auf die strafrechtliche *Geschäftsherrenhaftung* an. Demnach können Personen in leitender Stellung eines Betriebes mitunter für das Nichtverhindern von Straftaten verantwortlich gemacht werden, die hierarchisch untergeordnete Arbeitnehmer oder Beauftragte begehen.[40] Aus-

38 *Krauß*, Probleme der Tatherrschaft im Unternehmen, Referat (1988), abgedruckt in: Heine/Pieth/Seelmann (Hrsg.), Wer bekommt Schuld? Wer hat Schuld? Gesammelte Schriften von Detlef Krauß (2011), S. 109 ff. (115).

39 *Saage-Maaß,* Ahndung wirtschaftsverstärkter Kriminalität – Geschäftsherrenhaftung als Ansatz zur Strafverfolgung leitender Manager für Menschenrechtsverletzungen im Konzern?, NK 2014, S. 228 ff. (233). Die Garantenstellung leitender Vorgesetzter lässt sich durchaus auch anders einordnen, und zwar nicht als Überwachungs-, sondern als Schutzpflicht des Unternehmens gegenüber Dritten, die auf den Entscheidungsträger übertragen wird, dazu *Dannecker,* Die „Verteilung" der strafrechtlichen Geschäftsherrenhaftung im Unternehmen, JZ 2010, S. 981 ff. (983 f.).

40 Eine Leitentscheidung dazu hat der 5. Senat des Bundesgerichtshofs (BGHSt 54, S. 44 ff.), gefällt („Berliner Stadtreinigung/Leiter der Innenrevision"); die Rechts-

gangspunkt ist eine das hier ansässige Unternehmen treffende Pflicht zur Überwachung des Risikos, das durch Geschäfte im Ausland wie insbesondere den Betrieb einer Tochterfirma eröffnet wird.[41] Zweiter Schritt ist die Übertragung dieser Überwachungspflicht des Unternehmens auf den betreffenden individuellen Entscheidungsträger auf Grundlage seines Dienstvertrages.

Wie weit aber reicht diese vom Unternehmen abgeleitete Überwachungspflicht? Einerseits ist sie vom Grad der rechtlichen Selbständigkeit der betreffenden Tochterfirma, der beauftragten Firmen, der in Anspruch genommenen Agenten etc. im Ausland abhängig. Je geringer dieser Grad ist, desto stärker werden die Überwachungspflichten über die betreffenden Personen bzw. Institutionen sein. Sie sind bei einem im Ausland eingesetzten eigenen Mitarbeiter eindeutig gegeben, hängen beim Betrieb einer formalrechtlich eigenständigen Tochterfirma von der konkreten konzernrechtlichen Struktur ab und sind bei Joint Ventures mit ausländischen Geschäftspartnern deutlich abgedämpft.

Besteht nach diesen – arbeits- und konzernrechtlichen – Parametern eine Überwachungspflicht über die ausländischen Mitarbeiter, Tochterfirmen, Geschäftspartner etc., so ist zweitens der dazugehörige Kernbegriff die *Betriebsbezogenheit:* Die unternehmerische Garantenstellung ist auf die Verhinderung betriebsbezogener Straftaten beschränkt, d.h. nach herrschender Definition, dass diese Straftaten „einen inneren Zusammenhang mit der betrieblichen Tätigkeit des Begehungstäters oder mit der Art des Betriebes" aufweisen müssen. Nicht verantwortlich ist der leitende Angestellte für Taten ihm unterstellter Mitarbeiter, die nicht Ausfluss der dem

---

figur ist jedoch, auch wenn nicht explizit als Geschäftsherrenhaftung bezeichnet, schon länger anerkannt, dazu Nachweise etwa bei *Dannecker,* Die „Verteilung" der strafrechtlichen Geschäftsherrenhaftung im Unternehmen, JZ 2010, S. 981 ff. (Fn. 1). Siehe auch BGH, HRRS 2012 Nr. 74 („Mobbingfall"). In der Schweiz sind der Fall Bührle, BGE 96 IV 155 aus 1970 (verbotene Ausfuhr von Kriegsmaterial durch ein Rüstungsunternehmen; siehe insbesondere Erwägung II.4) und ferner BGE 105 IV 172 aus 1979 (Duldung des Vertriebs strafrechtswidriger harter Pornographie) repräsentativ. Zu ihnen kritisch *Krauß,* Probleme der Täterschaft im Unternehmen, Referat (1988), abgedruckt in Heine/Pieth/Seelmann (Hrsg.), Wer bekommt Schuld? Wer gibt Schuld?, Gesammelte Schriften von Detlef Krauß (2011), S. 109 ff.

41 Oder – nach a.A. (*Dannecker,* Die „Verteilung" der strafrechtlichen Geschäftsherrenhaftung im Unternehmen, JZ 2010, S. 981 ff.) – zum Schutz Dritter, die durch das Tochterunternehmen geschädigt werden könnten.

Betrieb „spezifisch anhaftenden Gefahren sind, sondern [die] sich außerhalb [...] [des] Betriebes genauso ereignen könnten".[42]

Damit gelangt man gerade mit Blick auf die hier thematisierten durch die globale Wirtschaft verstärkten[43] Menschenrechtsverletzungen an entscheidende Grenzen der Geschäftsherrenhaftung: Das bisher enge Verständnis der *Betriebsbezogenheit* lässt bloß *betriebsveranlasste* Übergriffe nicht ausreichen.[44] An diese Grenze stößt etwa auch der aktuelle Fall um die deutsch-schweizerische *Danzer-Group*. Er dient immer wieder als Beispiel für eine sozialethische Mitverantwortung europäischer Unternehmen an Menschenrechtsverletzungen in fernen Krisenregionen, die zur Investition, zur Produktion und als Rohstoffreservat genutzt werden. In diesem Fall haben Mitarbeiter des kongolesischen Tochterunternehmens *Siforco* einen brutalen, willkürlichen, gewaltexzessiven Überfall der lokalen Sicherheitskräfte auf ein kongolesisches Dorf in Auftrag gegeben, unterstützt und bezahlt, es war eine Racheaktion gegen die Dorfbewohner, die zuvor die von der *Danzer*-Tochter zugesagten Sozialprojekte eingefordert hatten.[45] Ein betriebsbezogener Machtmissbrauch der *Siforco*-Mitarbeiter? – Nicht im Sinn eines „inneren Zusammenhang[es] mit der betrieblichen Tätigkeit des Begehungstäters".[46] Die *Siforco*-Mitarbeiter waren zwar durch das als Aufsässigkeit empfundene Verhalten der betreffenden Dorfangehörigen gegenüber der Firma motiviert, dort einen Angriff anzuzetteln, aber diese Tat steht in keiner Verbindung zu den betrieblichen Abläufen selbst.

Es haben sich zwar längst durchaus hohe transnationale *soft law* Maßstäbe etabliert, die das unternehmerische Verhalten auch bei Auslandsinvestitionen an die Einhaltung von Menschenrechten, von menschenwürdi-

---

42 BGH, HRRS 2012 Nr. 74 („Mobbingfall").

43 *Naucke*, Der Begriff der politischen Wirtschaftsstraftat – Eine Annäherung (2012), S. 10 f.

44 *Krauß*, Probleme der Täterschaft im Unternehmen, Referat (1988), abgedruckt in Heine/Pieth/Seelmann (Hrsg.), Wer bekommt Schuld? Wer gibt Schuld? Gesammelte Schriften von Detlef Krauß (2011), S. 109 ff. (117 f.).

45 Eingehend *Saage-Maaß*, Ahndung wirtschaftsverstärkter Kriminalität – Geschäftsherrenhaftung als Ansatz zur Strafverfolgung leitender Manager für Menschenrechtsverletzungen im Konzern?, NK 2014, S. 228 ff. (235 f.); das ECCHR hat bei der Staatsanwaltschaft Tübingen Strafanzeige gegen leitende Mitarbeiter des deutschen Mutterunternehmens wegen Teilnahme an Vergewaltigung, Körperverletzung etc. durch Unterlassung eingereicht.

46 BGH, HRRS 2012 Nr. 74 („Mobbingfall").

gen Arbeitsbedingungen, von Sozialstandards, von Umweltschutzstandards etc. binden; dazu gehören allen voran die OECD-Leitsätze für multinationale Unternehmen[47] und die UN-Leitprinzipien für Wirtschaft und Menschenrechte.[48] Derartige Standards erreichen für die Unternehmen nicht die Verbindlichkeit von Gesetzen, aber ungeachtet dessen haben sie die Bedeutung von – auch strafrechtlich relevanten – Sorgfaltsmaßstäben: Aus ihnen lässt sich ableiten, welche Vorgangsweisen im Zusammenhang mit der Ausweitung der Geschäftstätigkeit insbesondere in Krisengebiete als sozial inadäquat gefährlich im Hinblick auf dortige Menschenrechtsverletzungen, Verletzung von Arbeitsbedingungen etc. gilt. Die Verletzung dieser Sorgfaltsregeln könnte daher grundsätzlich zu einer strafrechtlichen Haftung z.B. wegen Körperverletzung führen.[49]

Die oben skizzierten Defizite auf der Ebene der Betriebsbezogenheit kompensieren sie jedoch nicht, anders und genauer formuliert: Die OECD- und UN-Regelwerke genügen für sich genommen nicht, um Entscheidungsträger eines hier ansässigen Unternehmens für die Unterlassung des Einschreitens gegen Straftaten von Mitarbeitern eines ausländischen Tochterunternehmens verantwortlich zu machen. Nur dann, wenn es sich dabei um betriebsbezogene Straftaten handelt, auf die sich die Überwachungspflicht des betreffenden Entscheidungsträgers erstreckt, lassen sich (auch) aus den transnationalen Leitprinzipien die Handlungen ableiten – das Erteilen von Weisungen, die Ausnutzung wirtschaftlicher und politischer Macht und dergleichen –, deren Nicht-Vornahme als strafrechtliche Teilnahme an der betreffenden Auslandstat durch Unterlassen bewertet werden kann. Je unabhängiger das Tochterunternehmen rechtlich und wirtschaftlich gestellt ist, desto weniger wird es den Entscheidungsträgern im Mutterhaus allerdings möglich sein einzugreifen.

Zudem wirft die zuvor erwähnte innere Einstellung einer *willful blindness* Vorsatzprobleme auf: Ein Hätte-wissen-müssen erreicht zwar noch nicht die Stufe eines Eventualvorsatzes. Die Grenze ist allerdings fließend. Wenn der Betreffende Hinweisen auf strafbares Verhalten bewusst aus

---

47 Aktuelle Fassung aus 2011, abrufbar unter <www.oecd.org/corporate/mne/48808708.pdf>.

48 Abrufbar unter <www.globalcompact.de/publikationen/leitprinzipien-wirtschaft-und-menschenrechte-deutsch>.

49 Herausgearbeitet von *Saage-Maaß,* Ahndung wirtschaftsverstärkter Kriminalität – Geschäftsherrenhaftung als Ansatz zur Strafverfolgung leitender Manager für Menschenrechtsverletzungen im Konzern?, NK 2014, S. 228 ff. (231 ff.).

dem Weg geht, wird er wohl bereits ein solches ernstlich für möglich halten – wie sollte er sonst *bewusst* ausweichen? Selbst wenn Vorsatz mangels Konkretheit der Vorstellungen ausgeschlossen werden muss, bleibt bei menschenrechtswidrigen Übergriffen freilich der Vorwurf von Fahrlässigkeit.

Als etwas zögerliches Zwischenfazit lässt sich erstens festhalten, dass aktive Teilnahmehandlungen an strafbaren Handlungen im Ausland aus dem deutschen Mutterhaus jedenfalls strafrechtlich erfasst sind, und Deutschland ist unabhängig vom Tatortstrafrecht zur Verfolgung zuständig. Zweitens ist jedoch in den typischen Fällen eine Unterlassung des Eingreifens seitens der Führungsebene des deutschen Mutterhauses zu beurteilen, und damit ist das Eis, das eine etwaige Strafbarkeit tragen soll, recht dünn. Eine strafrechtliche Geschäftsherrenhaftung ist zwar nicht ausgeschlossen. Dazu gehört in erster Linie eine Garantenstellung des betreffenden Geschäftsherren, die jedoch betriebsbezogen abzustecken ist. Strafrechtlich relevante Übergriffe, in denen sich *keine* betriebsbezogene Gefahr realisiert hat, sondern für die der Geschäftsbetrieb bloß Anlass und Gelegenheit gegeben hat, sind dem Geschäftsherrn folglich nicht zuzurechnen, mögen sie noch so breitflächig, machtmissbräuchlich, systematisch und grausam sein.

4. Diffuse Verdachtslagen

Zum Strafprozess. Die Komplexität der Fakten, aber auch die Kompliziertheit der materiellen Rechtslage, spiegelt sich auch im Prozess. Wirtschaftsstrafprozessrecht könnte ein eigenes Tagungsthema sein, hier und jetzt kann bloß kurz und stichwortartig darauf eingegangen werden.

a. Absprachen

Die schwierig bis sogar unmöglich – so wird jedenfalls immer wieder behauptet – bis ins Letzte aufklärbare Sachlage in komplexen Wirtschaftverfahren hat zur Praxis der Urteilsabsprachen geführt. Die dafür schließlich mit § 257c StPO geschaffene Rechtsgrundlage wurde mittlerweile halbherzig vom BVerfG bestätigt.[50] Das Urteil spiegelt das Problem der Vorschrift wieder: Ihre Grenzen werden in der Praxis nicht beachtet; es fehlen Transparenz und Dokumentation, und sie fehlen deswegen, weil es zu rechtswidrigen Absprachen über den Schuldspruch und über den Rechtsmittelverzicht kommt.[51] Ernüchtert lässt sich resümieren, dass sich die Praxis selbst geholfen hat, damit aber in eine verfassungswidrige Anwendung der Norm hineingeschlittert ist.[52]

b. Private Beweislieferanten

Einleitend wurde darauf hingewiesen, dass die Strafverfolgungsbehörden in Wirtschaftsstrafverfahren vor besonderen Schwierigkeiten stehen. Sie müssen hochkomplexe, kaum überschaubare und in ihren Wirkungen nur unter hohem Aufwand nachvollziehbare Vorgänge rekonstruieren. Die Strafverfolgungsorgane stehen am Anfang ihrer Ermittlungen daher typischerweise vor einem sehr *diffusen* Verdacht, so schwerwiegend er sein mag. Und sie stehen *quantitativ* vor einem Berg von Unterlagen, bei dem auch *qualitativ* vorerst völlig unklar ist, welche Art von Dokumenten und welche Teile davon relevant sind.[53]

Auf der anderen Seite einer solchen diffusen Verdachts- und Beweislage steht das in Verdacht geratene Unternehmen. Wird es mit Hinweisen auf systematisch illegale Geschäftstätigkeit im eigenen Haus konfrontiert, gerät es unter immensen Druck, einerseits unter den Druck von Öffentlichkeit und Medien. Andererseits stehen die Strafverfolgungsbehörden schon in den Startlöchern,[54] nicht nur die deutschen: Große international operierende Unternehmen sind i.d.R. an der amerikanischen Börse notiert und

---

50 BVerfGE 133, S. 168 ff.; Anmerkung hierzu z.B. *von Heintschel-Heinegg*, BVerfG segnet „Handel mit der Gerechtigkeit" grundsätzlich ab, JA 2013, S. 474 ff.; *Stuckenberg*, ZIS 2013, S. 212 ff.

51 Zu möglichen Fallgruppen *Dießner*, Der „Deal" nach „alter Schule" im Lichte des Verständigungsgesetzes – eine strafrechtliche Risikoanalyse, StV 2011, S. 43 ff.

52 Konkretisierend die aktuelle verfassungsgerichtliche Rechtsprechung, (zur so genannten Negativmitteilung) BVerfG, NStZ 2014, S. 592 ff. m. Anm. *Hunsmann*; BVerfG, NJW 2014, S. 3506 ff.

53 *Zerbes,* Durchsuchung und Beschlagnahme in Wirtschaftsstrafsachen, ÖJZ 2012, S. 845 ff. (851 f.).

54 *Gerst,* Unternehmensinteresse und Beschuldigtenrechte bei Internal Investigations – Problemskizze und praktische Lösungswege, CCZ 2012, S. 1 ff. (5).

somit mit der amerikanischen Börsenaufsicht (SEC) und mit dem Department oft Justice (DoJ) konfrontiert.[55] Es drohen großflächige Durchsuchungen, komplizierte Verfahren, hohe Bußen.

Lassen sich diese schwerwiegenden Folgen abfedern? – Der Weg, den die Unternehmen zunehmend einschlagen, ist ihre geradezu exzessive Kooperation mit den Strafverfolgungsbehörden, indem sie sogar die Aufklärung selbst in die Hand nehmen. Dazu beauftragen sie auf eigene und teure Rechnung Profis – eine spezialisierte Rechtsanwaltskanzlei oder auch Wirtschaftsprüfer –, und diese personell und fachlich gut ausgerüsteten *forensics* sollen den Verdacht *vollständig* klären. Ihnen wird daher zum einen der Zugang zu den Geschäftsräumen und zu sämtlichen Unterlagen gewährt. Zum anderen führen sie Befragungen – genannt Interviews – mit jenen Mitarbeitern durch, die möglicherweise etwas zu den Vorwürfen wissen oder die gar selbst verwickelt sein könnten.

Dieses *privat* gesammelte Material wird sodann den Strafverfolgungsbehörden herausgegeben. Damit sollen einerseits großflächige, lahmlegende und peinliche Durchsuchungen der Firmenräume vermieden werden, andererseits soll auf einen schonenderen Ausgang des Strafverfahrens (§ 153a StPO) hingewirkt werden; insbesondere in einem Verfahren vor den US-amerikanischen Behörden winken dem beschuldigten Unternehmen drastische Strafrabatte für seine aufwendige Mitwirkung dieser Art.[56]

Diese freiwillig organisierten und selbst bezahlten Untersuchungen sind auch den deutschen Strafverfolgungsorganen willkommen. Ein Zugriff auf deren Ergebnisse erspart eine so gut wie nicht konkretisierbare Durchsuchung, erspart eine allzu umfassende Beschlagnahme von Unternehmens-

---

55 *Momsen,* Internal Investigations zwischen arbeitsrechtlicher Mitwirkungspflicht und strafprozessualer Selbstbelastungsfreiheit, ZIS 2011, S. 508 ff. (510); Wagner, „Internal Investigations" und ihre Verankerung im Recht der AG, CCZ 2009, S. 8 ff. (9).

56 Vertiefend zur Arbeitsweise der SEC und des DoJ *Rödiger*, Strafverfolgung von Unternehmen, Internal Investigation und strafrechtliche Verwertung von „Mitarbeitergeständnissen" (2012), S. 196 f.; *Wewerka,* Internal Investigations (2012), S. 35 ff.; *Jahn,* Ermittlungen in Sachen Siemens/SEC, Legitimer Baustein des globalisierten Wirtschaftsstrafverfahrens oder rechtswidriges Parallelverfahren zur Strafprozeßordnung. Eine Problemskizze, StV 2009, S. 41 ff.; nach *Arzt,* „Siemens – Vom teuersten zum lukrativsten Kriminalfall der deutschen Geschichte" in: Jahn/Kudlich/Streng (Hrsg.), Festschrift Stöckel (2010), S. 15 ff. (26), nichts anderes, als „eine Pflicht, sich selbst zu überführen". Die obigen Absätze sind teilweise aus *Zerbes*, Unternehmensinterne Untersuchungen, ZStW 125 (2013), S. 551 ff., entnommen.

unterlagen, hilft entscheidend bei der Auswertung der Unterlagen und gilt daher mittlerweile als geradezu unentbehrlich, um ein kompliziertes Wirtschaftsstrafverfahren in angemessener Zeit zu Ende zu bringen. Also wurde neben den Urteilsabsprachen auch mit internen Untersuchungen ein durchaus praktischer Weg gefunden, um große Wirtschaftsstrafverfahren irgendwie zu bewältigen. Auffällig ist bei beiden Phänomenen der Mangel an gesetzlicher Verankerung: Absprachen werden an ihrer Rechtsgrundlage vorbei getroffen, für interne Untersuchungen gibt es in unserem System der ausschließlich *staatlichen* Strafverfolgung (noch) überhaupt keinen gesetzlichen Platz.

So effizient das alles klingen mag – private statt staatliche Ermittlungen werfen eine Fülle rechtsstaatliche Probleme auf. Diese Andeutung beschließt die punktuelle Bestandsaufnahme über bereits gefundene *Lösungen* zu den Fragen, die die Wirtschaft aufgeworfen hat. Der nächste Schritt wendet sich den noch *ungelösten* oder zumindest unbefriedigend gelösten Themen zu.

III. Ungelöstes und Ansätze zu Lösungen

Ausgehend von den soeben vorgestellten Reaktionen des Strafrechts[57] und deren Grenzen werden im Folgenden die noch unzureichend gelösten Probleme der Wirtschaftsstrafrechtswissenschaft näher ausgeleuchtet.

1. Kriminalstrafrechtliche Haftung des Unternehmens

Es ist längst evident, dass das klassische Individualstrafrecht die Unternehmenskriminalität – das „wirtschaftskriminelle Verhalten einer natürlichen Person, die für ein Wirtschaftsunternehmen bzw. im Rahmen eines Unternehmens handelt“[58] – nicht erschöpfend erfasst: Es blendet aus, dass bei der arbeitsteiligen Zusammenarbeit in einem Unternehmen die Handlungen Einzelner typischerweise entscheidend von einer *kollektiven* Dyna-

57 Siehe II.1.-4.

58 *Schünemann*, Unternehmenskriminalität und Strafrecht (1979), S. 13 f.

mik (mit-) gesteuert werden, die auf keine konkrete Person zurückgeführt werden kann.[59]

Das Wissen um die kriminogene Wirkung einer solchen „kriminelle[n] Verbandsattitüde'"[60] hat in Deutschland jedoch nicht dazu geführt, das Strafrecht um eine Haftung des Unternehmens zu erweitern. Diese Konsequenz – der Einsatz von *Kriminal*-Strafrecht gegen Unternehmen – ist zwar keineswegs die einzig vorstellbare. Sie entspricht aber seit etwa 20 Jahren einem starken internationalen Trend. Dieser Trend zeichnet sich einerseits in den vielen internationalen Übereinkommen ab, die den mitunterzeichnenden Staaten jeweils bestimmte Verpflichtungen zur Schaffung von Straftatbeständen auferlegen: Überwiegend wird dabei auch eine Haftung juristischer Personen vorgesehen. Zwar gibt es bis heute kein ausdrückliches internationales *hard law* zur Einführung einer *kriminalstrafrechtlichen* Haftung, aber in dem ein oder anderen Monitoring Prozess zu den verschiedenen Konventionen verdichtet sich die Auslegung in diese Richtung, z.B. im Zusammenhang mit der *OECD Convention on Transnational Bribery*. Die meisten Länder um Deutschland herum haben daher längst gesetzliche Grundlagen zur kriminalstrafrechtlichen Verantwortlichkeit von Unternehmen geschaffen, nicht zuletzt Österreich mit seinem Verbandsverantwortlichkeitsgesetz aus 2005. In Deutschland werden allerdings noch immer die Strukturelemente des Kriminalstrafrechts entgegen gehalten, insbesondere das Schuldprinzip: Der damit traditionell verbundene persönliche Vorwurf setze ein selbstbestimmtes Verhalten voraus, das nur natürliche Personen, nicht aber Kollektive als solche leisten könnten.

Ist diese Bindung wirklich zwingend? – Das Schuldprinzip, unverzichtbare Zurechnungsvoraussetzung, hat sich zwar in einem Strafrecht entwickelt, das allein einen individuellen Täter vor Augen hatte. Daher sind sämtliche gängigen Definitionen der Schuld auf individuelle Zurechnung

---

59 *Schünemann,* Unternehmenskriminalität und Strafrecht (1979), S. 22 ff.; *Krauß,* Probleme der Täterschaft im Unternehmen, Referat (1988), abgedruckt in Heine/Pieth/Seelmann (Hrsg.), Wer bekommt Schuld? Wer gibt Schuld? Gesammelte Schriften von Detlef Krauß (2011), S. 109 ff. (119 f.); *Pieth,* Risikomanagement und Strafrecht, in: Sutter-Somm/Hafner/Schmid/Seelmann (Hrsg.), Risiko und Strafrecht (2004), S. 597 ff. (598); *Pieth.,* Europäisches Unternehmensstrafrecht?, in: Kempf/Lüderssen/Volk (Hrsg.), Unternehmensstrafrecht (2012), S. 395 ff.

60 *Schünemann,* Unternehmenskriminalität und Strafrecht (1979), S. 18 ff.; die kriminologische Aktualität dieses Befundes zeigt *Kölbel,* Corporate Crime, Unternehmenssanktion und kriminelle Verbandsattitüde, ZIS 2014, S. 552 ff.

beschränkt: Vorwerfbar im Sinne von Schuld handelt ein Täter nur, wenn er „die rechtlichen Sollensanforderungen hätte erkennen und sich nach ihnen [hätte] richten können".[61] Die dahinterstehende Prämisse der Strafrechtsordnung, „den Menschen als ein selbstbestimmtes, zur freien Entscheidung fähiges Wesen" anzusehen, ist eine normative Zuschreibung, die „jedes Recht und jede zwischenmenschliche Sollensanordnung voraussetzt". Sie bezieht sich ausschließlich auf *Menschen* und verlangt, „den Täter auch in komplexen Zusammenhängen mit seiner Verantwortung zu isolieren, um ihm seine Schuld geben (!) zu können".[62] Insofern ist sie tatsächlich nicht auf Kollektive als solche übertragbar; insofern ist die oben hinterfragte Bindung tatsächlich zwingend.

Nicht zwingend ist jedoch die soeben angesprochene und im Strafrecht *bisher* axiomatisch vorausgesetzte Isolierung der jeweiligen Einzelverantwortungen auch in einem komplexen Geschehen, präziser formuliert: Eine derartige Isolierung erfasst ein im Zusammenwirken von Einzelhandlungen gebildetes Geschehen mitunter nicht vollständig, und die kollektiven Prozesse, die diese singulären Beiträge mitgefördert und mitbestimmt haben und über die Summe der singulären Beiträge hinausgehen, können und dürfen ebenfalls Gegenstand eines legitimen Strafrechts sein. Ein darauf bauendes Verbandsstrafrecht verlangt allerdings ein „kollektivtypisches" Pendant zum traditionellen persönlichen Schuldvorwurf – sonst wäre es reines Erfolgsstrafrecht.

Ausgangspunkt ist hierfür, dass immer *natürliche* Personen *für* einen Verband handeln und der Verband insofern nicht selber handelt. Es ist auch richtig, dass Straftatbestände stets eine Handlung beschreiben, die der Verband daher ebenfalls nicht selber setzt. Die Kriterien eines legitimen Verbandsstrafrechts müssen daher nachvollziehbar machen, dem Verband das Handeln einer natürlichen Person strafrechtlich zuzurechnen. Zum einen wird man das schuldhafte Handeln eines *obersten Entscheidungsträgers* als Anknüpfungspunkt heranziehen, und zwar dann, wenn er dadurch genau solche Pflichten verletzt, die das Unternehmen treffen. In einem solchen Fall lässt sich nämlich sagen, dass der Entscheidungsträger

---

61 *Stratenwerth/Kuhlen,* Strafrecht, Allgemeiner Teil, 6. Auflage (2011), § 10 Rn. 4.

62 Sämtliche Zitate von *Krauß,* Schuld im Strafrecht. Zurechnung der Tat oder Abrechnung mit dem Täter? Antrittsvorlesung, Berlin, 3. Juni 1992, S. 5 ff. (17), abrufbar unter <edoc.hu-berlin.de/humboldt-vl/krauss-detlef/PDF/Krauss.pdf>; *Zerbes,* Schuldausschluß bei Affekttaten (1999), insbes. S. 31 ff.

geradezu *als* der Verband, den er vertritt, handelt. Sein schuldhaftes Verhalten *ist* daher gleichzeitig das schuldhafte Verhalten des Verbandes.

Straftaten werden aber häufig gar nicht durch die oberste Entscheidungsebene, sondern durch *sonstige Mitarbeiter* begangen. Diesfalls wird man den individuellen Täter nicht mit dem Verband identifizieren können: Er ist ja gerade nicht in der Rolle eines Vertreters. Das macht ein weiteres „verbandstypisches" Zurechnungskriterium notwendig, und in diesem Punkt hat sich der Begriff der „organisierten Unverantwortlichkeit"[63] festgesetzt. Demnach haftet das Unternehmen für eine rechtswidrige Straftat eines seiner Mitarbeiter dann, wenn die technischen, personellen oder organisatorischen Maßnahmen fehlen, die genau diesen betriebstypischen Straftaten entgegenwirken würden. Mittlerweile wird eine solche „Sanktionierung von Organisations- und Aufsichtsmängeln [...] geradezu als gemeinsames Rechtsprinzip der europäischen Strafrechtskultur"[64] eingestuft. Sie entspricht z.B. auch dem Zugang der österreichischen Verbandsstrafbarkeit (§ 3 Abs. 3 öVbVG).

Auch die §§ 30, 130 OWiG rechnen Mitarbeiterstraftaten aufgrund von Organisations- und Aufsichtsmängeln zu. Man könnte daher vorschlagen, dieses Konzept, so wie es ist, *de lege ferenda* in eine *kriminalstrafrechtliche* Verantwortung zu übernehmen. Dabei stößt man allerdings auf eine entscheidende Grenze, sie wurde bereits skizziert: Die Haftung des Unternehmens ist an die Feststellung der konkreten Aufsichtsperson gebunden, die bei der Ausübung ihrer Pflichten versagt hat. Nicht erfasst werden hingegen Aufsichtsdefizite, die auf nicht mehr individuell zurechenbare „systematische Fehlentwicklungen" der Unternehmenskultur zurückzuführen sind, auf eine „Desorganisation an sich"[65] oder eine entsprechend „strukturelle Unverantwortlichkeit".[66] In internationalen Monitoring-Prozessen zur Umsetzung von Strafrechts-Konventionen wird das Ordnungswidrig-

---

63 *Schünemann,* Unternehmenskriminalität und Strafrecht (1979), S. 34, der diesen Begriff allerdings nicht zur Begründung der Notwendigkeit einer kriminalstrafrechtlichen Unternehmenshaftung einsetzt; so allerdings der Entwurf eines Gesetzes zur Einführung der strafrechtlichen Verantwortung von Unternehmen und sonstigen Verbänden des Landes Nordrhein-Westfalen; Gegenstand von kritischen Auseinandersetzungen insbesondere in der ZIS 2015, S. 1.

64 *Tiedemann,* Wirtschaftsstrafrecht AT, 4. Auflage (2014), Rn. 381.

65 *Pieth,* Braucht Deutschland ein Unternehmensstrafrecht?, KJ 2014, S. 276 ff. (278, 280).

66 *Kotzur,* Ausbau der wirtschaftsverwaltungsrechtlichen Unternehmenshaftung, in: Kempf/Lüderssen/Volk (Hrsg.), Unternehmensstrafrecht 2012, S. 379 ff. (386).

keitengesetz daher immer wieder kritisiert: Die Zurechnung über eine originäre Verbandsschuld und die damit verbundene Loslösung von einer individualisierbaren Aufsichtspflichtverletzung wären erforderlich, um dem internationalen Standard gerecht zu werden.[67]

Welchen Zugang man hierfür auch immer findet: Die Rechtsform einer *kriminalstrafrechtlichen* Unternehmensstrafbarkeit lässt sich kriminalpolitisch nicht mehr tabuisieren. Schwere Missbräuche wirtschaftlicher Macht – und um solche geht es in einem „Wirtschaftsvölkerstrafrecht" – sind echtes Strafrecht und keine ethisch neutrale Verwaltungssache. Sie lassen sich häufig nicht allein durch die Zurechnung an Einzelpersonen adäquat erfassen, sondern die Dynamik eines unternehmerischen Kollektivs ist wesentlicher Bestandteil – und diese Dynamik wird durch die Strafbarkeit (auch) dieses Kollektivs um vieles besser gespiegelt.

2. *Bestimmtheitsgebot*

Eine der Kernschwächen des modernen Wirtschaftsstrafrechts ist ein Bestimmtheitsmangel auf Tatbestandsebene. Zum einen ist das gute alte Kernstrafrecht – und allen voran: die Untreue (§ 266 StGB) – sprachlich zu breit angelegt, so dass die Grenzen zwischen strafloser wirtschaftlicher Fehlentscheidung und strafbarem Missbrauch nicht mehr vorhersehbar sind. So scheinen von Entscheidung zu Entscheidung die Konturen des § 266 StGB noch mehr zu verschwimmen.[68]

Zum anderen sind die modernen Tatbestände heillos unklar und kasuistisch, man denke ans Kartell- oder ans Börsenstrafrecht und vor allem an dynamisch verweisende Blankettstraftatbestände. Sollten neue Regeln für ein Wirtschaftsvölkerstrafrecht geschaffen werden, wird man darauf genau zu achten haben. Es müsste glasklar konkretisiert werden, welche wirtschaftlichen Unterstützungstätigkeiten bei Menschenrechtsverletzungen strafbares Unrecht sind.

---

67 M.w.N. *Pieth,* Braucht Deutschland ein Unternehmensstrafrecht?, KJ 2014, S. 276 ff. (278, 280 f.).

68 In Österreich ist daher ein diesbezüglicher Reformprozess im Gange. Der Untreuetatbestand (§ 153 öStGB) soll auf Befugnismissbräuche beschränkt werden, durch die „in unvertretbarer Weise gegen solche Regeln" verstoßen wird, „die dem Vermögensschutz des wirtschaftlich Berechtigten dienen" (Initiativantrag 1110/A vom 23. April 2015, XXV.GP).

3. Zurechnung in grenzüberschreitenden Konzern- und Zusammenarbeitsstrukturen

Nur defizitär gelöst ist eines der Kernprobleme bei der Aufarbeitung wirtschaftlichen Machtmissbrauchs: die Mit-Verantwortlichkeiten im hier ansässigen Mutterunternehmen für Straftaten, die von wirtschaftlich genutzten Personen oder Institutionen im Ausland begangen oder gefördert werden, sei es von Tochterfirmen, von deren Entscheidungsträgern, sei es von Agenten, sei es von beauftragten selbständigen Firmen. Es ist nach wie vor unklar, wie in dezentral strukturierten Großbetrieben die nach einem intuitiven Verständnis „eigentlich Schuldigen", weil eigentlich Mächtigen, strafrechtsdogmatisch einwandfrei miterfasst werden können. Je komplexer die Kompetenzaufteilung organisiert ist, desto schwieriger ist die Zurückführung der Verantwortlichkeit vom unmittelbar ausführenden Arbeiter auf einzelne hochrangige Entscheidungsträger.[69]

Es wurde skizziert,[70] dass eine *konkrete Teilnahmehandlung* aus Deutschland an einer im Ausland vorgenommen Straftat nur in Einzelfällen festzustellen sein wird. Dem bloßen Aufrechterhalten einer Geschäftsbeziehung im Wissen über – oder auch im bewussten Wegsehen vom – Fehlverhalten des ausländischen Geschäftspartners fehlt wohl in den meisten Fällen die Qualität einer aktiven Unterstützungshandlung i.S. der strafrechtlichen Teilnahmelehre.

Der im Ausland gesetzte strafrechtliche Übergriff kann zwar grundsätzlich zu einer Strafbarkeit hier ansässiger Entscheidungsträger wegen Unterlassung eines Einschreitens gegen diesen Übergriff führen. Eine solche Geschäftsherrenhaftung ist allerdings an das Konzept der unechten Unterlassungsdelikte gebunden, und dieses ist, wie ausgeführt,[71] einigermaßen eng: Es bedarf erstens einer Garantenpflicht, die sich gerade auf die ausländische Firma bezieht. Eine solche kann sich nur aus einer Geschäftsbeziehung ergeben, in der dem deutschen Unternehmen Aufsichtspflichten über die ausländischen Akteure auferlegt werden; das wird nur gegenüber

---

69 Dieser Befund ist schon alt, er wurde z.B. erkannt von *Krauß,* Probleme der Täterschaft im Unternehmen, Referat (1988), abgedruckt in: Heine/Pieth/Seelmann (Hrsg.), Wer bekommt Schuld? Wer gibt Schuld? Gesammelte Schriften von Detlef Krauß, (2011), S. 109 ff. (111 ff.) (Zitat auf S. 111), und bis heute sind wir nur in Einzelfragen weiter gekommen.

70 Oben II.3.

71 Siehe II.3.b.

eigenen Mitarbeitern oder Agenten im Ausland sowie gegenüber Mitarbeitern oder Agenten einer Konzerntochter der Fall sein, nicht aber gegenüber hierarchisch gleichgeordneten Geschäftspartnern.

Aber selbst wenn eine solche Aufsichtspflicht des deutschen Mutterunternehmens besteht und sie einem bestimmten Entscheidungsträger übertragen wurde, der damit Garantenstellung einnimmt, so erstreckt sich diese nach der bisherigen Grenzziehung nur auf betriebsbezogene Straftaten, und die Betriebsbezogenheit wird in einem engen Sinn als Zusammenhang mit der betrieblichen Tätigkeit selbst verstanden.

Auch die Verhängung einer Geldbuße nach Ordnungswidrigkeitengesetz gegen das deutsche Mutterhaus wird daher in vielen Fällen scheitern: Die dem Unternehmen möglicherweise zurechenbare (§ 30 OWiG) Aufsichtspflichtverletzung einer Führungsperson bezieht sich auf Zuwiderhandlungen „in dem Betrieb oder Unternehmen" (§ 130 OWiG) – damit ist auch sie auf Betriebsbezogenheit beschränkt und klammert Übergriffe unter bloßer Ausnutzung betrieblicher Macht aus.

Von hier aus lässt sich die Frage präzisieren, deren Antwort im „Wirtschaftsvölkerstrafrecht" offen ist: Ignorieren die herausgearbeiteten Beschränkungen der (strafrechtlichen) Zurechnung – hier: der (Überwachungs-) Garantenpflicht – nicht das große Ausmaß der sozialethischen Verantwortlichkeit, die die hier, in der reichen industrialisierten Welt ansässigen Unternehmer und Unternehmen trifft, wenn sie menschenrechtswidrig handelnde Geschäftspartner unterstützen und zum eigenen wirtschaftlichen Vorteil einsetzen? Sind – und wenn ja, wie weitgehend – diese Beschränkungen heute noch gerechtfertigt?

Die Zurechnungskriterien des Strafrechts, die diese Beschränkungen auferlegen, sind allerdings eine rechtsstaatliche Errungenschaft. Trotz der berechtigten Empörung über hier maximierten Profit zulasten der Lebensgrundlagen und Rechte von Menschen in fernen Ländern wäre es daher der falsche Weg, sie als solche aufzugeben. Also ist daran festzuhalten, dass ein Entscheidungsträger eines Unternehmens für die Unterlassung der Verhinderung schwerer Übergriffe anderer nur strafbar ist, wenn er erstens als Garant zum Handeln gegen diese Übergriffe verpflichtet ist. Zweitens ist dies streng aus seinen Überwachungspflichten abzuleiten, die sich drittens gerade auf derartige Übergriffe beziehen müssen.

Als solches ist dieses Konzept nicht anzufechten. Seine *Inhalte* sind jedoch keine statischen Größen, sondern verändern sich mit außerstrafrechtlichen – konzernrechtlichen, arbeitsrechtlichen, aber auch gesellschaftlichen – Bewertungen. So sind Garantenstellungen *heute* möglicherweise nicht mehr die genau gleichen wie in früheren Zeiten. Es lässt sich daher auch für die hier interessierende grenzüberschreitende wirtschaftliche Tätigkeit überdenken, was als Gefahrenquelle gilt, welche Gefahren es sind, die typischerweise davon ausgehen, und wie weit die Pflichten zur Überwachung dieser Gefahr und zum Einschreiten gegen ihre Realisierung reichen.

Für das in diesem Buch veranschlagte Ziel einer *Perspektive* muss noch keine und kann auch noch gar keine fertige Neubeantwortung dieser Fragen für jede Konzernkonstellation gegeben werden. Sie scheinen die materiell-strafrechtliche Hauptbaustelle eines Wirtschaftsvölkerstrafrechts zu sein. Erste Konturen für Lösungen können anhand des Betriebs einer Tochterfirma entworfen werden. *Ausgangspunkt* bleibt, dass das Betreiben einer Tochterfirma im Ausland durchaus als eine Gefahrenquelle eingeordnet wird – das ist ja nichts neues, pointiert könnte in diesem Zusammenhang von der „Gefahrenquelle Mensch“[72] gesprochen werden, der in eine betriebliche Dynamik eingegliedert mit anderen arbeitsteilig zur Gewinnmaximierung des betreffendes Betriebes eingesetzt wird.[73] Der ausländische Betrieb löst daher Überwachungspflichten aus, und der Entscheidungsträger des Mutterunternehmens, dem sie vertraglich auferlegt werden, ist Überwachungsgarant und als solcher zum Einschreiten gegen Straftaten der dort beschäftigten Mitarbeiter verpflichtet. Die wesentliche Grenze ergibt sich aus der Betriebsbezogenheit seines Überwachungsziels: Nur Straftaten, in denen sich die spezifische Gefahr der Tätigkeit „Betrieb einer Tochterfirma“ verwirklicht, lösen seine Handlungspflicht aus.

Überdacht werden kann und muss mittlerweile jedoch die Reichweite des Begriffs der Betriebsbezogenheit. Bisher[74] wurde er einigermaßen streng auf die betriebliche Tätigkeit zugeschnitten: auf das konkrete Tätigkeitsfeld der Mitarbeiter; damit wurde er auf den jeweiligen Arbeitsauftrag und den Ablauf der Produktion bzw. auf die jeweilige jeweilige Dienstleistung selbst eingeengt. Es fragt sich jedoch, ob der Betrieb einer Toch-

---

72 *Saage-Maaß,* Ahndung wirtschaftsverstärkter Kriminalität – Geschäftsherrenhaftung als Ansatz zur Strafverfolgung leitender Manager für Menschenrechtsverletzungen im Konzern?, NK 2014, S. 228 ff. (233).

73 Vgl. *Dannecker,* Die „Verteilung“ der strafrechtlichen Geschäftsherrenhaftung im Unternehmen, JZ 2010, S. 981 ff. (983) („Geschäftsbetrieb als Gefahrenquelle“), 985; *Hoyer,* Die strafrechtliche Verantwortlichkeit innerhalb von Weisungsverhältnissen. Sonderregeln für Amts- und Wehrdelikte und ihre Übertragbarkeit auf privatrechtliche Organisationen (1998), S. 3.

74 Siehe oben II.3.b.

terfirma in einem Krisengebiet, in dem machtmissbräuchliches Verhalten der Eliten gegenüber den nicht privilegierten Volksschichten zur Tagesordnung gehört, nicht ein darüber hinausgehendes Gefahrenpotential eröffnet: das Risiko, dass die Führungsspitze der Tochterfirma zur Gewinnmaximierung, eventuell gemeinsam mit staatlichen Machtträgern, Gewaltakte gegen die Arbeitnehmer oder auch andere Teile des Volkes setzt. Und es fragt sich, ob dieses Gefahrenpotential nicht fallweise ebenfalls als typisch für die Erstreckung der Geschäftstätigkeit in das betreffende Gebiet angesehen werden müsste.

Um diesem Weg Konturen zu verleihen, müsste freilich genauer abgesteckt werden, in welcher Region welche Art von Übergriffen i.S. einer Überwachungspflicht vorhersehbar sind. Derartige Risikoanalysen werden längst gemacht; sie gehören sogar zum Pflichtstoff von Compliance-Systemen, zu deren Entwicklung Unternehmen Profis beauftragen, wenn sie Investitionen in bestimmten Regionen planen. Ein Unternehmen, das ein Projekt in einer destabilisierten Region entwickelt, müsste also erstens das damit verbundene Risiko abklären lassen; es müsste quantitativ und qualitativ abklären lassen, ob und wie weitgehend damit zu rechnen ist, dass Mitarbeiter der eigenen Tochterfirma an schweren Übergriffen gegen die dortige Bevölkerung mitwirken. Zweitens müsste diese Risikoanalyse zur Grundlage eines Überwachungskonzepts gemacht werden. Betriebsbezogenheit einer Straftat wäre demnach nicht mehr eng tätigkeitsspezifisch zu verstehen, sondern in einem breiteren regionsspezifischen Sinn. Ein Zusammenhang mit dem Betrieb als Form der wirtschaftlichen Tätigkeit bleibt freilich vorausgesetzt: Die Straftaten, auf die die Überwachungspflicht ausgerichtet ist, müssen der Profitsicherung oder -maximierung dienen. Das wäre beispielsweise im geschilderten Fall *Danzer* insofern gegeben, als die Tochterfirma die störenden Dorfbewohner ruhig stellen wollte, um den Betrieb ungestört weiter aufrecht erhalten zu können.

4. Integration privat beschaffter Beweise

Auch die prozessrechtlichen Herausforderungen des Wirtschaftsstrafrechts sind noch nicht bewältigt. Oben[75] war von einer Auslagerung staatlicher Ermittlungsaufgaben auf private Akteure die Rede: Die Staatsanwaltschaft

75 Siehe II.4.

hält ihre Ermittlungsaufgabe zurück und wartet zu, während das betroffene Unternehmen die Aufklärung in eigener Sache in Auftrag gibt und bezahlt. Das ist freilich ein Weg aus der chronischen Überforderung der Staatsanwaltschaft hinaus. Aber – und es gibt einige Abers:

Erstens kann, wer in Auftrag gibt und bezahlt, auch Einfluss nehmen. Wenn also nicht nur mittleres bis unteres Management, sondern die obersten Entscheidungsträger involviert sind – das sind diejenigen, die als Auftraggeber zur internen Untersuchung auftreten –, kann das das Ergebnis verzerren: Es ist eine Verschiebung der Verantwortung nach unten zu befürchten.

Zweitens treten die internen Ermittler teilweise recht resolut auf:[76] durch nachdrückliches Verlangen einer vollständigen und vollständig wahren Aussage; durch Vorhalte aus Unterlagen oder anderen Indizien, aus denen sie bereits Hinweise haben; durch Hinweis auf mögliche oder gar drohende arbeitsrechtliche Konsequenzen bis hin zur Kündigung für den Fall fehlender Kooperation. Damit geraten wir unweigerlich in ein Spannungsverhältnis zu einem der Grundpfeiler unserer Strafrechtsordnung, zum Verbot des Zwanges zur Selbstbelastung.

Die internen Ermittler arbeiten zwar im privaten Auftrage und sind dabei folglich nicht an die StPO gebunden. Aber dieses privatrechtliche Regime ihrer Tätigkeit ist rein formal, denn das, was sie erheben, soll von vornherein den Strafverfolgungsbehörden ausgeliefert werden.

Ungelöst ist drittens die damit verbundene Frage, ob die unter dem formal privaten Regime gewonnen Ergebnisse ohne Weiteres als Beweise in den Strafprozess einfließen können, oder ob Verwendungsverbote zu beachten sind.

Dazu nur noch ganz kurz: Unternehmensinterne Untersuchungen der skizzierten Art finden anstelle eines Teils der behördlichen Untersuchung statt; private Profis ermitteln auf diese Weise nicht punktuell, sondern übernehmen eine gesamte Verfahrensphase. Sie erfüllen damit eine Aufgabe, die letzten Endes den Strafverfolgungsbehörden zukommt. Aus diesem Grund müsste die Integration ihrer Ergebnisse in das Hauptverfahren und ins Urteil nach den gleichen Standards erfolgen wie für die Integration

---

76 *Jahn,* Ermittlungen in Sachen Siemens/SEC, StV 2009, S. 41 (42); *Wastl/Litzka/Pusch,* SEC-Ermittlungen in Deutschland – eine Umgehung rechtstaatlicher Mindeststandards!, NStZ 2009, S. 68 ff. (69); *Rödiger,* Strafverfolgung von Unternehmen, Internal Investigation und strafrechtliche Verwertung von „Mitarbeitergeständnissen" (2012), S. 31.

von *behördlich* ermittelten Ergebnissen: Es müssten die gleichen Verwertungsbeschränkungen auferlegt werden. Regelverstöße, die der Sache nach die Verwertung von Ergebnissen ausschließen, müssen diese Konsequenz auch dann haben, wenn die privaten Ermittler sie begangen haben.[77]

5. Zu den Perspektiven eines Wirtschaftsvölkerstrafrechts

„Das ist für eine Wissenschaft, die sich in ihrem angestammten Gebiet seit längerem relativ behaglich eingerichtet hat und vorzugsweise das Detail pflegt, beileibe keine geringe Herausforderung".[78] Diese Feststellung aus 1993, in deren Zusammenhang damals der strafrechtliche Schutz der natürlichen Lebensgrundlagen vor gewinnorientierter Zerstörung eingefordert wurde, gilt auch für das Wirtschaftsvölkerstrafrecht: Es kann nicht bei den Grenzen stehen bleiben, die im 19. Jahrhundert entwickelt wurden. Das bedeutet nicht, den Katalog der Zurechnungskriterien aufzugeben – aber es verlangt, diese Zurechnungskriterien mit geänderten Inhalten zu füllen: Solche, die die Mitverantwortung der in der nordwestlichen Welt ansässigen Unternehmen und Unternehmer für schwere Übergriffe angemessen erfassen, wenn sie ihre Geschäftstätigkeit in destabilisierte Regionen erstrecken und davon profitieren.

---

77 *Zerbes,* Unternehmensinterne Untersuchungen, ZStW 125 (2013), S. 551 ff. (572).

78 Im Kontext mit Großrisiken für die Umwelt, aber durchaus auf unsere hier gegebene Herausforderung gültig, *Stratenwerth,* Zukunftssicherung mit den Mitteln des Strafrechts, ZStW 105 (1993), S. 679 ff. (680).

Zu Legitimation und Grenzen eines rechtsstaatlichen Wirtschaftsvölkerstrafrechts

Petra Wittig

I. Einführung

1. Allgemein

Das wirtschaftliche Handeln der Gegenwart stellt das klassische Strafrecht vor erhebliche materiell-rechtliche und prozessuale Probleme. Dies hat *Zerbes* in ihrem Beitrag überzeugend und umfassend dargelegt, sowie aufgezeigt, welche Lösungswege im deutschsprachigen Rechtsraum in Rechtswissenschaft und -praxis entwickelt wurden.[1] Obwohl das nationale Wirtschaftsstrafrecht expansive Tendenzen in Richtung einer Sonderdogmatik aufweist, handelt es sich aber letztlich um Feinjustierungen des geltenden Strafrechts. Denn auch das moderne Wirtschaftsstrafrecht muss den herkömmlichen Legitimationsanforderungen an ein modernes rechtsstaatliches Strafrecht genügen, es kann nicht ein „Feindstrafrecht" gegen wirtschaftlich Mächtige sein;[2] Strafrecht ist als eingriffsintensives und grundrechtssensibles Recht in besonderem Maße legitimationsbedürftig.[3]

---

1 In diesem Band, S. 205 ff.

2 Grundlegend zum Begriff und Konzept des Feindstrafrechts (als Gegenpol zum Begriff des Bürgerstrafrechts) *Jakobs*, Kriminalisierung im Vorfeld einer Rechtsgutverletzung, ZStW 97 (1985), S. 751 ff.; *Jakobs*, Das Strafrecht zwischen Funktionalismus und „alteuropäischem" Prinzipiendenken, ZStW 107 (1995), S. 839 ff.; *Jakobs.*, Feindstrafrecht? Eine Untersuchung zu den Bedingungen von Rechtlichkeit, HRRS 2006, S. 289 ff. *Jakobs* Konzeption ist in der Literatur auf erhebliche Kritik gestoßen, siehe nur *Greco,* Feindstrafrecht (2010), S. 60 f.; *Roxin*, AT I, 4. Auflage (2006), § 2 Rn. 126 ff.; *Saliger*, Feindstrafrecht: Kritisches oder totalitäres Strafrechtskonzept, JZ 2006, S. 756 ff.; *Hörnle*, Deskriptive und normative Dimensionen des Begriffs „Feindstrafrecht", GA 2006, S. 80 ff.; *Hefendehl*, Organisierte Kriminalität als Begründung für ein Feind- und Täterstrafrecht, StV 2005, S. 156 ff.; *Paeffgen*, in: Kindhäuser/Neumann/Paeffgen (Hrsg.), Nomos-Kommentar zum Strafgesetzbuch, Bd. 1, 4. Auflage (2013), Vorbem. zu den § 32 ff., Rn. 223 f.

3 *Roxin*, Strafrecht Allgemeiner Teil, Band I (2003), § 5 Rn. 1; *Jescheck/Weigend*, Strafrecht AT, 5. Auflage (1996), S. 3; *Wessels/Beulke/Satzger*, Strafrecht AT, 44.

Dieser Kommentar beschränkt sich auf die Frage nach der Legitimation eines Wirtschaftsvölkerstrafrechts in einem weiten Sinne. Es geht hierbei im Kern um den entgrenzten Einsatz des Wirtschaftsstrafrechts als Instrument des Menschenrechtsschutzes; um die strafrechtliche Sanktionierung schwerster Menschenrechtsverletzungen durch wirtschaftliche Akteure in einem transnationalen Zusammenhang. In einem engeren Sinne wäre Wirtschaftsvölkerstrafrecht die Anwendung des geltenden Völkerstrafrechts auf wirtschaftliche Akteure; also die Frage, inwieweit das Handeln international tätiger wirtschaftlicher Akteure z.B. durch die Anwendung von Normen aus dem Statut des Internationales Gerichtshofs oder dem nationalen Völkerstrafgesetzbuch erfasst werden kann.

Das Strafrecht ist bekanntermaßen im Grundsatz nationales, staatliches Strafrecht. Es ist auch im demokratischen Rechtsstaat in besonderer Weise in den Werten einer Rechtsgemeinschaft verwurzelt, die sich durch das Strafrecht einen Verhaltenskodex gibt, „dessen Verletzung nach der geteilten Rechtsüberzeugung als so schwerwiegend und unerträglich für das Zusammenleben in der Gemeinschaft gewertet wird, dass sie Strafe erforderlich macht".[4] Eine Erweiterung dieses Rahmens und eine Übertragung von Strafrechtskompetenzen auf internationale Institutionen sind demokratie- wie strafrechtstheoretisch rechtfertigungsbedürftig und kommen nur in Ausnahmefällen in Betracht. Dies zeigt beispielhaft die Diskussion im Rahmen des europäischen Strafrechts, soweit es um die Übertragung von Kompetenzen auf die Union zum Schutz ihrer finanziellen Interessen geht.

Ein solcher Ausnahmefall wird allerdings im Bereich des Völkerstrafrechts für die sog. völkerrechtlichen Kernverbrechen (*core crimes*) bejaht.[5] Es existiert nicht nur ein Völkerstrafrecht als nationales Strafrecht, sondern auch ein völkerrechtliches Strafrecht mit internationalen Institutionen (wie insbesondere dem Internationalen Strafgerichtshof), die die Kompetenz haben, Individuen zu bestrafen. Das Völkerstrafrecht legitimiert sich in materieller Hinsicht dadurch, dass die Kernverbrechen des Rom-Statuts so schwer wiegen, dass internationale Rechtsgüter der Völkergemeinschaft betroffen sind, und in formeller Hinsicht dadurch, dass

---

Auflage (2014), § 1 Rn. 5; *Rengier*, Strafrecht AT, 6. Auflage (2014), § 3 Rn. 4. *Schmidt-Aßmann*, in: Maunz/Dürig (Hrsg.), Kommentar zum Grundgesetz (2014), Art. 103 Abs. 2 Rn. 165.

4 BVerfGE 123, S. 267 (359 f.) („Lissabon Urteil").

5 Vgl. Art. 5 ff. IStGH-Statut; siehe auch *Ambos*, Internationales Strafrecht, 3. Auflage (2011), § 3 Rn. 95.

die vorrangig zuständige nationale Gerichtsbarkeit zur Strafverfolgung nicht willens oder nicht in der Lage ist (vgl. auch den Komplementaritätsgrundsatz in Art. 17, 20 IStGH-Statut).[6]

Für ein Wirtschaftsvölkerstrafrecht ist fraglich und klärungsbedürftig, ob auch hier diese zweifache Legitimation gegeben ist, m.a.W., ob einerseits Rechtsgüter der internationalen Gemeinschaft betroffen sind, andererseits, und darauf soll sich der Beitrag im Folgenden konzentrieren, ob die Verfolgung internationaler Wirtschaftsverbrechen auf Grundlage des geltenden Wirtschaftsstrafrechts tatsächlich versagt. Denn nur bei einem derzeit defizitären Zustand des geltenden Rechts wäre eine Ausdehnung des Wirtschaftsstrafrechts hin zu einem Wirtschaftsvölkerstrafrecht zu rechtfertigen.

2. Zuspitzung: Nauckes Begriff der „politischen Wirtschaftsstraftat"

Doch zunächst noch zur Zuspitzung des Problems durch *Naucke* und seine Annäherung an den Begriff einer politischen Wirtschaftsstraftat: *Naucke* meint, dass das Strafrecht „gegenüber einer Wirtschaft Prinzipien der Zurechnung formulieren kann – wie früher gegenüber der politischen Macht –, die, ohne ökonomisches Kalkül, zugunsten der Freiheit des Einzelnen die wirtschaftliche Macht zu Kompromissen bringt."[7] Er sieht hier einen Modellcharakter der Nürnberger Prozesse und zieht daraus weitgehende Schlussfolgerungen:

„Die Haltung der Gerichte in den Nürnberger Prozessen zum Rückwirkungsverbot und zur Verpflichtung von Privatleuten auf das Völkerrecht sind Indizien dafür, dass das in Nürnberg sich entwickelnde neue Strafrechtsgebiet unabhängig sein will von tradierten Unterscheidungen wie der Unterscheidung von positivem und nicht-positivem Recht und der Unterscheidung von nationalem Recht und Völkerrecht. Nur auf diesem Weg kann sich der Begriff der politischen Wirtschaftsstraftat ausprägen".[8]

Was *Naucke* hier vorschlägt, ist tatsächlich ein „entgrenztes" Strafrecht, ein Strafrecht, das sich aus Effektivitätserwägungen von den „Fesseln" tradierter Strafrechtsdogmatik löst, um der Freiheit des Einzelnen willen,

6 *Neubacher*, Strafzwecke und Völkerstrafrecht, NJW 2006, S. 966 ff. (967).

7 *Naucke*, Der Begriff der politischen Wirtschaftsstraftat – Eine Annäherung (2012), S. 9.

8 Ebd., S. 18.

der nicht zum Opfer freiheitsbeschränkender wirtschaftlicher Macht werden soll.

3. Problemstellung

Dieser Ansatz ist radikal, zeigt aber auch die weitgehenden Folgen eines solcherart entgrenzten Wirtschaftsvölkerstrafrechts auf. Schon *de lege lata* geht mit der Ökonomisierung und der Internationalisierung des Strafrechts ein Verlust an traditioneller Dogmatik und kohärenten allgemeinen Zurechnungsmustern einher; die Entwicklung eines Wirtschaftsvölkerstrafrechts wäre ein weiterer Schritt in diese Richtung. Ziel eines solchen entgrenzten Wirtschaftsvölkerstrafrechts wäre eine flexible Sonderdogmatik, die für sich beansprucht, auf die Bedrohungen, die durch globalisierte wirtschaftliche Makrokriminalität entstanden ist, effektiver reagieren zu können als das traditionelle, rechtsstaatlich gebundene nationale und damit zu „vorsichtige" Wirtschaftsstrafrecht.

Das wirft unweigerlich die Frage auf, wie weit aus Effektivitätserwägungen die Flexibilisierung des Strafrechts im Rahmen eines Wirtschaftsvölkerstrafrechts tatsächlich gehen darf, ohne dass es den Status als grundrechtsbeschränkendes, aber rechtsstaatliches Strafrecht verliert. Im Folgenden wird zunächst abstrakt die Legitimation des Strafrechts als Instrument zur Bekämpfung wirtschaftlicher Makrokriminalität geklärt. Danach wird beispielhaft erörtert, inwieweit *de lege lata* wirtschaftsvölkerstrafrechtliche Konstellationen bereits erfasst sind. Abschließend wird auf Aspekte eingegangen, die im Rahmen der Normierung eines Wirtschaftsvölkerstrafrechts *de lege ferenda* zu klären wären. Die Frage, ob komplexe Wirtschafts- und Finanzverläufe mit den gegebenen strafprozessualen Mitteln aufklärbar sind und inwieweit hierbei möglicherweise faktisch ein Durchsetzungsdefizit zu beklagen ist, soll in dieser Erörterung außen vor bleiben, mag auch hierin die Ursache dafür liegen, dass die gegenwärtige Rechtslage als defizitär empfunden wird.

II. Die normative Legitimation der Bestrafung wirtschaftlich mächtiger Straftäter

Ausgangspunkt der Überlegungen zur normativen Legitimation der Bestrafung wirtschaftlich mächtiger Straftäter ist die eigentlich selbstverständliche Feststellung, dass das Strafrecht auch für wirtschaftlich Mächtige gilt; dass die Täter mit den „weißen Krägen" nicht bevorzugt werden dürfen.[9] Der pauschale Einwand, der gegen das Völkerstrafrecht bisweilen geäußert wird, dass die individuelle Schuldfeststellung unterbleiben müsse, wenn das Fehlverhalten zum Normalfall werde, greift nicht durch. An diesem Befund ändert sich nichts, wenn das zum Normalfall gewordene Fehlverhalten in einen wirtschaftsstrafrechtlichen Zusammenhang eingebettet ist. Auch wenn z.B. ein politisches System ganze Bevölkerungsteile versklavt, um Kriege zu finanzieren, entbindet dies nicht das einzelne Individuum von seiner strafrechtlichen Verantwortung. Es handelt sich um eine Völkerstraftat, nämlich ein Verbrechen gegen die Menschlichkeit, die vor den nationalen Gerichten – und bei deren Versagen vor den internationalen Gerichten – zu ahnden ist. Bereichern sich die Mächtigen in einem korrupten System auf Kosten der Allgemeinheit, sind dies jedenfalls nach unserem Rechtsverständnis individuell strafbare Handlungen. Eine strafrechtliche Haftung Einzelner aufgrund individuellen Fehlverhaltens in ganzen gesellschaftlichen Subgefügen ist daher z.B. auch im Rahmen der Finanzmarktkrise möglich.[10] Das gilt dann auch mit Blick auf ökonomisch-makrokriminelle bzw. menschenrechtliche Fallgestaltungen. Insofern ist *Naucke* zuzustimmen, wenn er schreibt, dass politische Wirtschaftsstraftaten nicht durch die Berufung auf notwendige Verläufe einer bestimmten Wirtschaftsform gegen Bestrafung geschützt sind.[11] Dies bedeutet aber auch eine Absage an ein reines Interventionsrecht, welches, worauf z.B. *Lüderssen* hingewiesen hat, auf systemtheoretischer Grundlage im Hinblick auf die Selbstregulierung wirtschaftlicher Subsysteme die effektivere und angemessene Reaktionsform wäre.[12]

Auch wenn klar ist, dass wirtschaftliche Macht nicht vor Strafe schützen darf, ist mit dieser Feststellung allein die entgrenzte Schaffung neuer Straftatbestände *de lege ferenda* nicht ohne Weiteres legitimiert. Insofern ist auch der Skepsis der sog. Frankfurter Schule Rechnung zu tragen, die

---

9 *Schünemann,* in: Kühne/Miyazawa (Hrsg.), Alte Strafrechtsstrukturen und neue gesellschaftliche Herausforderungen in Japan und Deutschland (2000), S. 15 ff. (30).

10 *Schünemann,* Die sogenannte Finanzkrise – Systemversagen oder global organisierte Kriminalität? (2010), S. 80 f.

11 *Naucke*, Der Begriff der politischen Wirtschaftsstraftat – Eine Annäherung (2012), S. 19.

12 Vgl. *Lüderssen,* in: Hoyer u.a. (Hrsg.), Grundlagen des Straf- und Strafverfahrensrechts: Festschrift Amelung (2009), S. 67 ff. (80).

eine nicht fundierte, individuelle strafrechtliche Zurechnung von Problemen in anderen gesellschaftlichen Regelungssystemen – gerade auch in einem makroökonomischen Kontext – anprangert[13] und auf das fehlende Wissen hinsichtlich der strafrechtsrelevanten normativen und empirischen Zusammenhänge hinweist.[14]

III. Dogmatische Problemkreise des Wirtschaftsvölkerstrafrechts aus wirtschaftsstrafrechtlicher Sicht de lege lata

1. Einführung

Wie bereits betont, gehen die Internationalisierung, Europäisierung und Ökonomisierung des Strafrechts mit einem Verlust dogmatischer Gewissheiten einher. *Mansdörfer* konstatiert schon für das nationale Wirtschaftsstrafrecht treffend: „Die strafrechtliche Verantwortlichkeit der Wirtschaftsakteure wurde – teils unter Preisgabe einer exakten Beschreibung der Zurechnungszusammenhänge – immer weiter ausgedehnt."[15] Die mit dieser Effektivierung des Wirtschaftsstrafrechts einhergehenden Probleme könnten sich potenzieren, wenn die Bereiche des Wirtschaftsstrafrechts und des Völkerstrafrechts zu einem Wirtschaftsvölkerstrafrecht gebündelt werden.

Im Folgenden werden nur einige Problemkreise erörtert, die m.E. zur exemplarischen Darstellung der *übergreifenden* Problematik eines Wirtschaftsvölkerstrafrechts besonders geeignet sind. *Jeßberger* hat auf Probleme im Zusammenhang mit Entscheidungen in Kollegialorganen, mit der Beteiligungslehre im Hinblick auf sog. neutrale Handlungen und mit der Fahrlässigkeitshaftung hingewiesen.[16] Ich möchte mich unter dem

---

13 Vielmehr sollten primär die Steuerungselemente dieser anderen Systeme (z.B. des Privatrechts) als Lösungsansatz herangezogen werden, *Albrecht* u.a., Strafrecht – ultima ratio (1992), S. 13; *Lüderssen* in Bezug auf die Finanzkrise in: Kempf/Lüderssen/Volk (Hrsg.), Die Finanzkrise, das Wirtschaftsstrafrecht und die Moral (2010), S. 211 ff. (212).

14 *Lüderssen*, ebd., S. 211 (235); *Hassemer,* in: Kempf/Lüderssen/Volk (Hrsg.), Die Handlungsfreiheit des Unternehmers – wirtschaftliche Perspektiven, strafrechtliche und ethische Schranken (2009), S. 27 ff. (29).

15 *Mansdörfer*, Zur Theorie des Wirtschaftsstrafrechts (2011), Rn. 884.

16 *Jeßberger*, Die I.G. Farben vor Gericht: Von den Ursprüngen eines „Wirtschaftsvölkerstrafrechts", JZ 2009, S. 924 ff. (929, 931).

Blickwinkel wirtschaftsvölkerstrafrechtlicher Konstellationen auf die Unterlassungsstrafbarkeit (insb. die Geschäftsherrenhaftung), die Beihilfe durch neutrale Handlungen sowie die Fahrlässigkeitsproblematik beschränken.

Dabei soll zur Verdeutlichung maßgeblich der wegen seiner Medienwirksamkeit in die Öffentlichkeit gerückte Fall *Danzer* dienen.[17] Zur Erinnerung: Im Fall *Danzer* hatten in der demokratischen Republik Kongo lokale Sicherheitskräfte das Dorf *Bongulu* überfallen. Dorfbewohner wurden misshandelt, vergewaltigt und willkürlich festgenommen. In diesen Konflikt war das deutsch-schweizerische Holzhandel-Unternehmen *Danzer Group* verwickelt, welches durch das afrikanische Tochterunternehmen *Siforco S.A.R.L.* vor Ort Holz abbauen ließ.[18] Bei diesem Fall handelt es sich nicht um eine Völkerstraftat im engeren Sinne, so dass hier eine Konstellation vorliegt, deren Strafbarkeit sich nach dem Wirtschaftsstrafrecht richtet und die wegen des grenzüberschreitenden Sachverhalts tatsächlich als Wirtschaftsvölkerstraftat in einem weiten Sinne bezeichnet werden könnte. Bei der eingangs erwähnten und nun genauer zu untersuchenden Legitimation eines Wirtschaftsvölkerstrafrechts anhand einer defizitären nationalen Rechtslage wird im Folgenden vom deutschen Strafrecht (und dessen Anwendbarkeit) ausgegangen.

2. *Unterlassungsstrafbarkeit – Garantenstellung*

Um die Führungsebene wirtschaftlich tätiger Unternehmen strafrechtlich für Straftaten von Mitarbeitern zur Verantwortung zu ziehen, ist häufig nur eine Anknüpfung an ein Unterlassen denkbar, da direkte Anweisungen oder sonstige aktive Unterstützungshandlungen gegenüber Mitarbeitern zur Begehung der Straftat selten vorliegen bzw. nachweisbar sein werden.

---

17 Ähnliche „Musterfälle", in denen das Problem einer Wirtschaftsvölkerstrafbarkeit virulent wird, sind der „Fall Nestlé", abrufbar unter <www.ecchr.de/nestle.html> und der „Fall Lahmeyer", abrufbar unter <www.ecchr.de/lahmeyer.html>.

18 Für weitergehende Informationen bzgl. der Hintergründe dieses Konflikts, siehe <www.ecchr.de/danzer.html>; explizit zum Fall Danzer s.a. *Saage-Maaß*, Ahndung wirtschaftsverstärkter Kriminalität – Geschäftsherrenhaftung als Ansatz zur Strafverfolgung leitender Manager für Menschenrechtsverletzungen im Konzern?, Neue Kriminalpolitik (2014), S. 229 ff. (236 f.).

a. Rechtslage im nationalen Strafrecht

aa. Geschäftsherrenhaftung

Nach inzwischen gesicherter Rechtsprechung und herrschender Lehre hat der Geschäftsherr eine Garantenstellung hinsichtlich der im Unternehmen beschäftigten Personen, die einerseits mit dem Herrschaftsargument (Befehls- und Weisungsherrschaft), andererseits mit dem Gefahrenargument (Verkehrssicherungspflicht bzgl. der Gefahren, die von einem Betrieb ausgehen) begründet wird.[19] Voraussetzung einer solchen Geschäftsherrenhaftung ist jedoch stets ein innerer Zusammenhang zwischen Straftat und betrieblicher Tätigkeit.[20]

Im Fall *Danzer* verkompliziert sich die Situation zum einen dadurch, dass ein Zusammenhang zwischen Körperverletzungen, Vergewaltigungen etc. – also Taten, die keine klassischen Wirtschaftsstraftaten sind – zur betrieblichen Tätigkeit des *Danzer*-Konzerns hergestellt werden muss, und zum anderen dadurch, dass eine Kettenbeihilfe durch Unterlassen gegeben ist und die eigentlichen Haupttaten (Körperverletzungen, Vergewaltigungen) nicht durch Mitarbeiter des *Danzer*-Konzerns, auch nicht *Siforco* selbst, sondern durch lokale Sicherheitskräfte begangen worden sind. Dennoch kann die Betriebsbezogenheit in diesem Fall durchaus bejaht werden, da die betreffenden Haupttaten nicht losgelöst von der betrieblichen Tätigkeit des Holzabbaus durch die *Danzer* Group gesehen werden können, sondern vielmehr in deren Kontext gerade auch als mögliche „Strafaktion" gegen die Dorfbewohner, deren Bedürfnisse und Aktionen im Rahmen der betrieblichen Tätigkeit als hinderlich empfunden wurden, interpretiert werden müssen.

Weiterhin verkompliziert erscheint die Situation im Kontext transnationaler Konzerne. Wie gesehen knüpft die Geschäftsherrenhaftung entweder an das Herrschafts- oder an das Gefahrenargument an. In einem Konzern ist die Herrschaft über das Tochterunternehmen freilich nicht in gleichem

19 Vgl. hierzu: *Wittig*, Wirtschaftsstrafrecht, 3. Auflage (2014), § 6 Rn. 56 ff.; *Saage-Maaß*, NK 3 (2014), S. 229 ff. (236 f.); *Gaede*, in: Kindhäuser/Neumann/Paeffgen (Hrsg.), Nomos Kommentar zum Strafgesetzbuch, Bd. 1, 4. Auflage (2013), § 13 Rdn 53; *Joecks*, in: Joecks/Miebach (Hrsg.), Münchener Kommentar zum Strafgesetzbuch, Bd. 3, 2. Auflage (2012), vor § 82 Rn. 213 ff.; BGHSt 54, S. 44 ff. („Berliner Stadtreinigung"); BGHSt 57, S. 42 ff. („Bauhof").

20 BGHSt 57, S. 42 ff. (46); *Roxin*, Strafrecht Allgemeiner Teil, Band II (2003), § 32 Rn. 141.

Maße ausgeprägt wie innerhalb eines Unternehmens selbst. Dennoch können sich auch zwischen Unternehmen innerhalb eines Konzerns, die in einem Abhängigkeitsverhältnis stehen, beide Argumente als durchaus tragfähig erweisen. Zum einen besteht, je nach Ausprägung der konkreten Hierarchien im Konzern, auch zwischen selbstständigen Unternehmen innerhalb eines Konzerns ein Abhängigkeitsverhältnis und somit eine Herrschaft des Mutterunternehmens über die Tochtergesellschaften, das sich auch in der Leistungsebene der Konzerngesellschaften widerspiegelt. Weiterhin können abhängige Tochtergesellschaften Gefahrenquellen darstellen, die das Mutterunternehmen im eigenen wirtschaftlichen Interesse ins Leben gerufen hat und aufrechterhält, womit wiederum eine Sicherungspflicht in Bezug auf diese Gefahrenquellen besteht. Dies hat zur Folge, dass sich leitende Vorgesetzte der Muttergesellschaft der anerkannten Geschäftsherrenhaftung nicht endgültig durch die Umstrukturierung in einen Konzern mit abhängigen Tochtergesellschaften zu entziehen vermögen. Im Einzelfall ist aber genau zu prüfen, welche Kenntnisse und Einflussmöglichkeiten bei der Geschäftsleitung im Mutterunternehmen vorhanden waren.

Im Fall *Danzer* lässt sich die Frage nach der Garantenstellung veranschaulichen: Gegenüber der Bevölkerung vor Ort traf das Mutterunternehmen *Danzer* keine Beschützergarantenstellung. Selbst wenn man eine Beschützergarantenstellung des Tochterunternehmens *Siforco* aufgrund deren Zusage an die Bevölkerung, gemeinnützige Einrichtungen zu errichten, bejahen wollte – wobei fraglich ist, ob eine solche zivile Verpflichtung eine umfassende strafrechtliche Beschützergarantenstellung auslösen kann – trifft diese Garantenstellung nicht das Mutterunternehmen. Angeknüpft werden kann also entweder an die Herrschaftsmacht, die *Danzer* als Mutterunternehmen über die Tochtergesellschaft *Siforco* ausüben kann und die auszuüben versäumt wurde, oder an die Überwachergarantenstellung aufgrund der Gefahrenquelle „Tochterunternehmen", insbesondere da dieses Tochterunternehmen wirtschaftlich in einer *weak-governance-zone* tätig wird. Insoweit spielt das völkerrechtliche *soft law*[21] eine entscheidende

21 UN Guiding Principles on Business and Human Rights, UN Doc A/HRC/17/31; außerdem: OECD Risk Awareness Tool for Multinational Enterprises in Weak Governance Zones, abrufbar unter <www.oecd.org/corporate/mne/weakgovernancezones-riskawarenesstoolformultinationalenterprises-oecd.htm>; OECD-Leitsätze für multinationale Unternehmen abrufbar unter <www.oecd.org/daf/inv/mne/48808708.pdf>.

Rolle, da hierüber der Pflichtenmaßstab des Geschäftsherrn bzw. die Gefahrenquelle „wirtschaftlich tätiges Unternehmen in *weak-governance-zones*" konkretisiert und begründet werden kann.

Konkret hätte der innerhalb der Führungsstruktur der Muttergesellschaft zu identifizierende Geschäftsherr im Fall *Danzer* also Sicherheitsvorkehrungen in Bezug auf die wirtschaftliche Tätigkeit der Tochter *Siforco* treffen müssen, da diese in einer *weak-governance-zone* im Interesse der Konzernmutter wirtschaftlich tätig wurde. Diese Sicherheitsvorkehrungen hätten in Anweisungen an *Siforco* bestehen können, bei etwaiger Zusammenarbeit mit lokalen Sicherheitskräften – die bekanntermaßen zu gewaltsamen Handlungen neigten – einen gewaltfreien Ablauf sicherzustellen, z.B. indem eine Bezahlung bzw. andere Unterstützung wie Transportdienstleistungen von einem gewaltfreien Ablauf abhängig gemacht werden. Die Verpflichtung, solche Sicherheitsvorkehrungen zu ergreifen, korreliert mit der Freiheit der wirtschaftlichen Betätigung.

bb. Prinzip der Allzuständigkeit der Geschäftsleitung

Mit der Geschäftsherrenhaftung eng verbunden ist auch die Frage, inwieweit Führungspersonen Pflichten delegieren und sich so selbst von diesen befreien können. Aus dem Gesellschaftsrecht wird der Grundsatz der Allzuständigkeit der Geschäftsleitung hergeleitet.[22] Demnach verbleiben bei jedem Mitglied der Geschäftsleitung ungeachtet einer Ressortverteilung oder vertikaler Aufgabendelegation zumindest Überwachungspflichten. Bestehen Anhaltspunkte, dass der Gesellschaft obliegenden Pflichten durch primär zuständige Mitglieder der Geschäftsleitung bzw. nachrangige Mitarbeiter nicht Genüge getan wird, ist jedes Mitglied der Geschäftsleitung zum Eingreifen verpflichtet.[23] Die Geschäftsleitung treffende Pflichten können also nicht restlos und endgültig delegiert werden.[24]

---

22 BGH, NJW 1997, S. 130 ff. (132); BGH, NJW 2001, S. 969 ff. (971); *Schmidt-Husson,* in: Hauschka (Hrsg.), Corporate Compliance, 2. Auflage (2010), § 7 Rn. 2; *Michalski-Haas/Ziemons,* GmbHG, 2. Auflage (2010), § 43 Rn. 165; *Baumbach/Hueck-Zöllner,* GmbHG, 20. Auflage (2013), § 46 Rn. 89.

23 Vgl. *Wittig*, Wirtschaftsstrafrecht, 3. Auflage (2014), § 6 Rn. 121 f.; BGH, NJW 1997, S. 130 ff.; zur GmbH *Michalski-Haas/Ziemons*, GmbHG, 2. Auflage (2010); § 43 Rn. 165.

24 Bzgl. der GmbH ebenso *Michalski-Haas/Ziemons*, GmbHG, 2. Auflage (2010), § 43 Rn. 170 ff.

Gerade wenn im Rahmen der betrieblichen Tätigkeit des Unternehmens aufgrund Aktivität in *weak-governance-zones* durch die lokalen Gegebenheiten die Gefahr der Begehung von Straftaten besonders groß ist, ergibt sich daraus eine umfassende Überwachungspflicht der Geschäftsleitung. Gemäß den Grundsätzen der Allzuständigkeit kann sich die Geschäftsleitung dieser Pflichten eben nicht endgültig durch Delegation entledigen. Dies gilt auch, wenn eine Delegation von Aufgaben innerhalb eines Konzerns z.B. an die Geschäftsleitung einer abhängigen Tochtergesellschaft erfolgt.[25] An die trotz Delegation bei der Geschäftsleitung verbleibende Überwachungspflicht kann im Falle der Nichtbeachtung – und unter weiteren Voraussetzungen – eine Unterlassungsstrafbarkeit geknüpft werden.

cc. Zwischenfazit

Zusammenfassend lässt sich also nach deutschem Recht eine Garantenstellung der Konzernleitung sowohl über das Herrschaftsargument bzw. die Überwachungspflicht in Bezug auf im eigenen Interesse unterhaltene Gefahrenquellen begründen als auch aus den Grundsätzen der Allzuständigkeit herleiten. Es bestehen nicht endgültig delegierbare Überwachungspflichten hinsichtlich der wirtschaftlichen Tätigkeit des gesamten Konzerns. Ein abhängiges Tochterunternehmen kann als Gefahrenquelle angesehen werden, was einen erhöhten Pflichtenmaßstab begründet, wenn das Tochterunternehmen im Interesse gerade der Muttergesellschaft bzw. des gesamten Konzerns in *weak-governance-zones* wirtschaftlich tätig wird.[26]

---

25 Vgl. zur Pflichtenverteilung im Konzern auch BGHSt 49, S. 147 ff. („Bremer Vulkan").

26 Mit strukturell vergleichbaren Argumenten begründen auch die Anzeigeerstatter im Fall Nestlé/Cicolac/Romero eine Garantenstellung einzelner Personen der Konzernleitung vor dem Hintergrund des Schweizer Rechts; ECCHR, Juristischer Hintergrundbericht – Strafrechtliche Verfolgung von Menschenrechtsverletzungen durch Wirtschaftsunternehmen in der Schweiz, der Fall Nestlé abrufbar unter <www.ecchr.de/nestle.html?file=tl_files/Dokumte/Wirtschaft%20und%20Menschenrechte/Nestle%2C%20Juristischer%20Hintergrundbericht.pdf>.

b. Rechtslage im Völkerstrafrecht

Auch im Völkerstrafrecht finden sich in Art. 28 IStGH-Statut, § 4 Abs. 1, 2 Satz 2 VStGB spezifische Formen der Unterlassungs*täter*schaft des zivilen Vorgesetzten in einem Unternehmen.

In Abweichung von den allgemeinen Grundsätzen kann also eine bloße Unterstützung einer Tat eines Untergebenen durch Nichtstun als Täterschaft (und nicht nur als Beihilfe) bewertet werden.[27] Nach *Weigend* kann es jedoch im Hinblick auf die noch offenen Fragen hinsichtlich der Geschäftsherrenhaftung „nicht angehen, jeden beliebigen Arbeitgeber als Täter für Völkerstraftaten seiner Angestellten verantwortlich zu machen, wenn er diese hätte verhindern können".[28] Das Handeln in einem „einfachen" wirtschafsstrafrechtlichen Kontext ist dadurch in der Regel nicht erfasst. Der zivile Vorgesetzte in § 4 VStGB muss vielmehr strukturell mit dem militärischen Befehlshaber vergleichbar sein; d.h. eine ähnliche Machtposition gegenüber seinen Untergebenen innehaben. Daher soll die Führung von Kleinbetrieben oder Vereinen mit nur wenigen Mitgliedern mangels Macht, völkerrechtliche Positionen zu gefährden, nicht erfasst sein.[29] Da der *Danzer*-Konzern kaum als ein solches Kleinunternehmen anzusehen ist,[30] können Leitungspersonen des Konzerns durchaus als zivile Vorgesetzte i.S.d. § 4 VStGB betrachtet werden. Allerdings stellt der hier untersuchte Fall keine Völkerstraftat dar, so dass auf die nationalen Regeln zur Geschäftsherrenhaftung – wie gezeigt – zurückgegriffen werden muss.

---

27 Vgl. *Weigend*, in: Joecks/Miebach (Hrsg.), Münchener Kommentar zum Strafgesetzbuch, Nebenstrafrecht III, 2. Auflage (2013), § 4 VStGB Rn. 9, 12.

28 Ebd., Rn. 35.

29 Ebd., Rn. 36.

30 Nach einer Pressemeldung vom 3. März 2005 beschäftigte Danzer 2005 ca. 4500 Mitarbeiter und erwirtschaftete einen Umsatz von über 500 Millionen Euro; abrufbar unter <www.danzer.com/Pressemeldungen.87.0.html?&L=1&tx_ttnews[pointer]=2&tx_ttnews[tt_news]=8&tx_ttnews[backPid]=80&cHash=d5fe91196d54e97a2330e673e7b92ad9>. 2014 gibt Danzer die Beschäftigungszahlen mit ca. 2200 Mitarbeitern an und betreibt Produktionsstätten in Europa, den USA und Afrika; abrufbar unter <www.danzer.com/Fakten-und-Zahlen.58.0.html?&L=1>.

3. Beihilfe durch neutrale Handlungen

Der Begriff der neutralen Handlung ist in der Strafrechtswissenschaft wenig scharf umgrenzt und teilweise nur kasuistisch konkretisiert.[31] Nach *Roxin* sind neutrale Handlungen solche, die „im Alltag – meist im Rahmen normaler Berufsausübung – tausendfältig vorgenommen werden".[32]

Es kristallisieren sich also zwei wesentliche Elemente heraus: Die Häufigkeit, mit der eine vergleichbare Handlung vorgenommen wird, einerseits sowie der Bezug zu einem normalen Beruf andererseits, wobei freilich zu konkretisieren bleibt, wann ein Beruf normal ist. Bedenkt man, welch geringer Anteil der berufstätigen Bevölkerung beispielsweise der Lenkung international tätiger Konzerne nachgeht, fragt sich schon, ob hierbei noch von einem normalen Beruf gesprochen werden kann. So ist im Fall *Danzer* konkret fraglich, ob Tätigkeiten bzw. Unterlassungen im Rahmen der Leitung des Afrika-Geschäfts eines internationalen Rohstoffverarbeitungskonzerns noch als „alltäglich" und „normal" bezeichnet werden können. Verneint man dies, ist folglich die Fallgruppe der neutralen Handlungen gar nicht erst erfasst. Es bleibt dann die Anknüpfung an eine Unterlassungsstrafbarkeit. Andernfalls ist zu prüfen, ob die Voraussetzungen einer neutralen Handlung nach nationalem Strafrecht und Völkerstrafrecht vorliegen.

a. Beihilfe durch neutrale Handlungen im nationalen Strafrecht

Im deutschen Strafrecht ist die Möglichkeit der Bestrafung neutraler Handlungen weitgehend anerkannt, die Voraussetzungen sind aber umstritten.[33]

Nach der Rspr. ist im Einzelfall eine Gesamtbetrachtung anzustellen, die sich an subjektiven Umständen orientiert, welche aus objektiven Tatsachen gefolgert werden.[34] Der Bundesgerichtshof geht auch auf den Ver-

---

31 *Rackow*, in: von Heintschel-Heinegg (Hrsg.), Beck'scher Onlinekommentar StGB, Lexikon des Strafrechts, Neutrale Handlungen, Rn. 1.

32 *Roxin*, Strafrecht Allgemeiner Teil, Band II (2003), § 26 Rn. 218.

33 Ausführliche Übersicht bei *Roxin*, ebd., § 26 Rn. 218 ff.; *Joecks*, in Joecks/ Miebach (Hrsg.), Münchener Kommentar zum Strafgesetzbuch, Bd. 1, 2. Auflage (2011), § 27 Rn. 48 ff.

34 Zuletzt BGH, wistra 2014, S. 176 ff.

trauensgrundsatz ein, nach dem derjenige, der eine neutrale Handlung vornimmt, auch wenn er die Möglichkeit der Straftat des Haupttäters erkennt, darauf vertrauen darf, dass sein Beitrag eben nicht zur Begehung einer Straftat zweckentfremdet wird.[35] Entscheidend ist, wie hoch der Hilfeleistende das Risiko der Begehung einer Straftat durch den Unterstützten einschätzt. Dabei bleibt freilich wenig trennscharf, wann genau das erforderliche Maß an subjektivem „Für-wahrscheinlich-halten" überschritten ist. Objektiv stellt der Bundesgerichtshof auch mit *Roxin* auf den deliktischen Sinnbezug der Hilfeleistung ab;[36] also darauf, ob die Hilfeleistung für den Unterstützten schlechthin nur zur Begehung der für möglich gehaltenen Straftat sinnvoll sein kann, oder ob auch eine andere, nicht strafbare Verwendungsmöglichkeit verbleibt, der Hilfeleistende „mithin zwar den Täter, nicht aber unmittelbar dessen strafbares Tun durch seinen Beitrag unterstützt.[37]

Im nationalen Strafrecht ist also weitgehend der Vorsatz des Hilfeleistenden in Bezug auf die Haupttat entscheidend für seine Strafbarkeit wegen Beihilfe. Im Fall *Danzer* z.B. müsste also – ein konkretes Verhalten als Anknüpfungspunkt vorausgesetzt – bewiesen werden, dass der potentielle Täter erkannt und gebilligt hat, dass sein Beitrag (ggf. eine Anweisung, Aussage, Nachricht etc.) letztlich die Begehung der Haupttat fördert. Dabei ist die besondere Konstellation der Kettenbeihilfe zu beachten. Der Leiter des Afrika-Geschäfts müsste also bei einer etwaigen Handlung im Kontakt mit Mitarbeitern des Tochterunternehmens *Siforco* erkannt haben, dass es zu den Körperverletzungen, Vergewaltigungen etc. durch die lokalen Sicherheitskräfte kommen kann, und dass sein eigener Beitrag wiederum den unterstützenden Beitrag seitens des Mitarbeiters bei *Siforco* und damit letztlich die Haupttat fördert, und dies billigend in Kauf genommen haben. Ist dieser Vorsatz (wie es oft der Fall sein dürfte) nicht nachweisbar, verschiebt sich die Problematik in die Fahrlässigkeitsstrafbarkeit, der der Einheitstäterbegriff zugrunde liegt.

---

35 Zum Vertrauensgrundsatz siehe nur *Roxin*, Strafrecht Allgemeiner Teil, Band II (2003), § 26 Rn. 241 m.w.N.

36 BGHSt 46, S. 107 ff.

37 BGH, StV 2014, S. 474 ff. (475).

b. Beihilfe im Völkerstrafrecht (durch neutrale Handlungen)

Auch im Völkerstrafrecht findet sich in Art. 25 Abs. 3 (c) IStGH-Statut eine Regelung der Beihilfe, welche (wie im nationalen Recht) grds. neutrale Handlungen mit umfasst, die Strafbarkeit jedoch stark durch die subjektive Voraussetzung des Handelns „zur Erleichterung eines [...] Verbrechens" (*purpose of facilitating the crime*) einschränkt. *Ambos* hält diese Einschränkung angesichts des „konturenlosen objektiven Beihilfetatbestands" in Art. 25 Abs. 3 (c) IStGH-Statut gerade in Hinblick auf neutrale Beihilfehandlungen für konsequent.[38] *Heyer* stellt mit beachtlichen Argumenten in Frage, ob die Vorschrift im Sinne einer echten technischen Förderungsabsicht zu verstehen ist oder ob nicht vielmehr in Konformität mit der bisherigen Rechtsprechung der Ad-hoc-Tribunale und der meisten nationalen Rechtsordnungen der Beihilfetatbestand des Art. 25 Abs. 3 (c) IStGH-Statut so gelesen werden kann, dass bereits aus dem Wissen des Erfolgseintritts ein Zwischenziel des Unterstützenden in Hinblick auf das (beispielsweise wirtschaftliche) Endziel gefolgert werden kann.[39] Die Entsprechung im nationalen Recht wäre die Figur des „notwendigen Zwischenziels", über die auch im deutschen Strafrecht Vorsatz in Form der Absicht, dolus directus 1. Grades, begründet werden kann.[40]

Art. 25 Abs. 3 (d) IStGH-Statut beinhaltet schließlich eine Form der „erweiterten Beihilfe" unter Ausdehnung des subjektiven Tatbestandes gegenüber Unterabsatz (c). Objektiv wird ein sonstiger Beitrag zu einer zumindest versuchten Haupttat, die „durch eine mit einem gemeinsamen Ziel handelnde Gruppe von Personen" begangen sein muss („Kollektivtat"),[41] gefordert. *Heyer* schreibt Unterabsatz (d) damit innerhalb des Art. 25 Abs. 3 IStGH-Statut die „im Vergleich insbesondere zu Unterabsatz (c) objektiv [...] geringsten Strafbarkeitsanforderungen"[42] zu, wobei unberücksichtigt bleibt, dass Unterabsatz (d) den objektiven Tatbestand gegen-

---

38 *Ambos*, Internationales Strafrecht, 3. Auflage (2011), § 7 Rn. 42.

39 *Heyer*, Grund und Grenze der Beihilfestrafbarkeit im Völkerstrafrecht (2013), S. 111 f.

40 Vgl. *Kudlich*, in: von Heintschel-Heinegg (Hrsg.), Beck'scher Onlinekommentar StGB, § 15 Rn. 17, 19.3.

41 *Ambos*, Internationales Strafrecht, 3. Auflage (2011), § 7 Rn. 43.

42 *Heyer*, Grund und Grenze der Beihilfestrafbarkeit im Völkerstrafrecht (2013), S. 112 f.

über Unterabsatz (c) dahingehend einschränkt, dass die Haupttat von einem Kollektiv begangen sein muss.

Die Abgrenzung zur Beihilfe nach Unterabsatz (c) muss allerdings über den subjektiven Tatbestand erfolgen; denn wo Unterabsatz (c) Förderungsabsicht verlangt (s.o.), lässt Unterabsatz (d) die Hilfeleistung in „Kenntnis des Vorsatzes der Gruppe, das Verbrechen zu begehen", genügen.[43] Neben den unterschiedlichen subjektiven Voraussetzungen in den Unterabsätzen (i) und (ii) formuliert auch Unterabsatz (d) selbst eingangs, dass der Beitrag vorsätzlich sein muss. Ob damit Vorsatz i.S.d. Art. 30 Abs. 2 IStGH-Statut gemeint ist und ob dieser Formulierung neben den in den weiteren Unterabsätzen formulierten Voraussetzungen überhaupt eigenständige Bedeutung zukommt, ist umstritten.[44]

4. *Vorsatz/Fahrlässigkeit*

Wie schon angedeutet, wird es häufig problematisch sein, einen Vorsatz hinsichtlich der Förderung einer konkreten Haupttat nachzuweisen. Ist dies nicht möglich, verbleibt der Rückgriff auf eine Fahrlässigkeitsstrafbarkeit – ggf. durch Unterlassen unter den oben erörterten zusätzlichen Voraussetzungen.

Nach dem Statut des Internationalen Strafgerichtshofs ist allerdings häufig direkter Vorsatz erforderlich und auch im Völkerstrafgesetzbuch ist Fahrlässigkeit nicht ausreichend. *Naucke* weist in diesem Kontext darauf hin, dass schon in den Nürnberger Prozessen angeklungen sei, dass unter Umständen auch Fahrlässigkeit für eine Strafbarkeit genügen könnte; dieser Gedanke sei aber nicht weiter verfolgt worden.[45] Im nationalen Wirtschaftsstrafrecht ist eine Fahrlässigkeitsstrafbarkeit ebenfalls selten (z.B. Subventionsbetrug, § 264 IV StGB; Geldwäsche, § 261 V StGB; Steuerverkürzung, § 378 AO; Insolvenzverschleppung, § 15a V InsO).[46]

Eine Fahrlässigkeitsstrafbarkeit kommt deshalb nur bei Taten in Betracht, die auch fahrlässig begangen werden können (z.B. fahrlässige Kör-

---

43 Vgl. *Ambos*, Internationales Strafrecht, 3. Auflage (2011), § 7 Rn. 43.

44 Instruktiv *Heyer*, Grund und Grenze der Beihilfestrafbarkeit im Völkerstrafrecht (2013), S. 114 f.

45 *Naucke,* Der Begriff der politischen Wirtschaftsstraftat – Eine Annäherung (2012), S. 22.

46 Vgl. *Wittig*, Wirtschaftsstrafrecht, 3. Auflage (2014), § 6 Rn. 28.

perverletzung oder Tötung, §§ 229, 222 StGB), nicht aber bei solchen, die vorsätzliche Begehung erfordern (z.B. Vergewaltigung, § 177 StGB). Ist eine fahrlässige Begehung grundsätzlich möglich, mag ein fruchtbarer Ansatz die Konkretisierung des objektiven und subjektiven Fahrlässigkeitsmaßstabs durch Einbeziehung völkerrechtlichen *soft laws*[47] sein; so dass insoweit eine *Völkerrechtsakzessorietät* bestünde.

5. Fazit

Das geltende Wirtschaftsstrafrecht und das Völkerstrafrecht stellen bereits ein Instrumentarium zur Verfügung, mit dem kriminelles Verhalten in einem wirtschaftsvölkerstrafrechtlichen Kontext erfasst werden kann. Theoretischer Ausgangspunkt ist dabei, dass auch bei den von einem zukünftigen Wirtschaftsvölkerstrafrecht erfassten Konstellationen die Zurechnungsmuster nur anders ausgeprägt sein, nicht aber prinzipiell von strafrechtlichen Prinzipien abweichen dürfen. Es geht nicht primär um Strafrechtserweiterung, sondern um Strafrechtsanwendung auf neue andersartig gelagerte Fallkonstellationen. Insbesondere die Fahrlässigkeitsdogmatik und die entwickelten Grundsätze zur Geschäftsherrenhaftung bieten hier – ggf. miteinander kombiniert – Anknüpfungsmöglichkeiten, ohne dass der rechtsstaatlich gesicherte strafrechtliche Bestand in Frage gestellt werden müsste.

Sollte man bestimmte, besonders strafwürdige Fallgruppen (etwa grenzüberschreitende Umweltverschmutzung) jedoch als nicht durch das geltende positive Strafrecht adäquat erfasst ansehen, könnten *de lege ferenda* folgende Aspekte zu berücksichtigen sein, die an dieser Stelle nur thesenhaft benannt werden können.

IV. Wirtschaftsstrafrechtstheoretische Bezugspunkte für Entwicklungen de lege ferenda

1. Trennung von positivem Recht/Naturrecht und Moral

Anders als es bei *Naucke* anklingt, kann auch ein zukünftiges Wirtschaftsvölkerstrafrecht nicht auf die Trennung zwischen positivem und nicht-po-

47 Vgl. Fn. 21.

sitivem Recht (Naturrecht), zwischen Recht und Moral verzichten. Dies ist im Hinblick auf den Bestimmtheitsgrundsatz des Art. 103 Abs. 2 GG schon verfassungsrechtlich ebenso wie völkerrechtlich geboten.[48] Grundlage eines zukünftigen Wirtschaftsvölkerstrafrechts muss eine entsprechende Grundlage im positiven nationalen oder internationalen Strafrecht sein.

2. *Der Begriff der Wirtschaftsvölkerstraftat oder der politischen Wirtschaftsstraftat*

Ein zukünftiges Wirtschaftsvölkerstrafrecht in einem weiten Sinn – wie auch immer ausgestaltet – müsste zuerst einmal seinen Gegenstand benennen können und kann dabei nicht an die bestehenden Tatbestände des Völkerstrafrechts anknüpfen.

Wenig zielführend ist ein strafrechtsdogmatischer Begriff des Wirtschaftsstrafrechts, der daran anknüpft, dass das Wirtschafsstrafrecht überindividuelle Rechtsgüter oder die Wirtschaftsordnung schützt und so individuelles Wirtschaften erleichtert und die Transaktionskosten senkt.[49] Für *Naucke* ist aber gerade das ein Problem des herkömmlichen Wirtschaftsstrafrechts: „Das Strafrecht neigt zur Anpassung oder zur Resignation. Verständlich ist dies, soweit das Strafrecht selbst als Wirtschaftsstrafrecht die wirtschaftliche Macht ordnet oder schützt."[50]

Im Wirtschaftsvölkerstrafrecht handelt es sich zudem meist nicht um klassische Wirtschaftsstraftaten. Es geht nicht um den Schutz der (neoliberalen) Wirtschaftsordnung, sondern um ihre Begrenzung, allenfalls um den Schutz (oder die Beförderung) einer menschenrechtskonformen globalisierten Wirtschaftsordnung durch Erhöhung der Transaktionskosten kriminellen Verhaltens auch und gerade im Interesse der Menschen in den Entwicklungsländern.

---

48 Vgl. *Esser*, Europäisches und Internationales Strafrecht, 2. Auflage (2013), § 16 Rn. 20; *Kim,* in: Schünemann/Achenbach u.a. (Hrsg.), Festschrift Roxin (2001), S. 122 f.; *Satzger*, Internationales und Europäisches Strafrecht, 6. Auflage (2013), § 11 Rn. 84; *Schmidt-Aßmann*, in: Maunz/Dürig (Hrsg.), Kommentar zum Grundgesetz (2014), Art. 103 Abs. 2 Rn. 178 ff.

49 Vgl. *Mansdörfer*, Zur Theorie des Wirtschaftsstrafrechts (2011), Rn. 25, 54.

50 Naucke, Der Begriff der politischen Wirtschaftsstraftat – Eine Annäherung (2012), S. 9.

Auch ein strafprozessualer Begriff,[51] wie er z.B. durch § 74c GVG und die dort beschriebenen Straftatbestände vorgegeben wird, ist für ein Wirtschaftsvölkerstrafrecht (anders als für das nationale Wirtschaftsstrafrecht) unergiebig: Es handelt sich eben vielfach um keine klassischen Wirtschaftsstraftaten, wie Betrug und Untreue, sondern um Taten mit menschenrechtlicher Relevanz, z.B. Mord/Totschlag, Körperverletzung und Vergewaltigung.

Es bleibt eine Anknüpfung an eine kriminologische täterorientierte Begriffsbildung.[52] Wirtschaftsvölkerstrafrecht ist danach die strafrechtliche Reaktion auf die ggf. grenzüberschreitende Kriminalität der wirtschaftlich Mächtigen, das internationale *white collar crime*.

In diese Richtung geht auch *Nauckes* Begriffsbestimmung der politischen Wirtschaftsstraftat: „Eine Wirtschaftsstraftat ist jene Straftat, die mithilfe einer Wirtschaftsorganisation Freiheit zerstört. Politische Wirtschaftsstraftat ist eine Straftat, die als staatlich geförderte oder staatlich unkontrollierte Macht auftritt und durch ihre Stärke Freiheit überwältigen kann."[53]

Aus normativer Sicht werfen diese täterorientierten Begriffsbestimmungen Fragen auf. Denn auch im Wirtschaftsvölkerstrafrecht wird in die Freiheit des individuellen Täters eingegriffen; bestraft werden darf er nicht wegen seiner Zugehörigkeit zu einer wirtschaftlich mächtigen Institution, sondern wegen seiner individuellen Tat. Unabhängig davon hilft eine solche Begriffsbestimmung jedoch bestimmte Kriminalitätsphänomene zu identifizieren, so dass ein künftiges Wirtschaftsvölkerstrafrecht daran anknüpfen könnte.

3. *Neue Strafvorschriften*

a. Ergänzung des IStGH-Statuts / VStGB in der Tradition der Nürnberger Prozesse

Rechtstechnisch wäre ein gangbarer Weg die Einfügung neuer Straftatbestände in das Statut des Internationalen Strafgerichtshofs bzw. das Völker-

---

51 Vgl. *Wittig*, Wirtschaftsstrafrecht, 3. Auflage (2014), § 2 Rn. 21 ff.

52 Ebd., § 2 Rn. 6 ff.

53 *Naucke,* Der Begriff der politischen Wirtschaftsstraftat – Eine Annäherung (2012), S. 4.

strafgesetzbuch. *Naucke* sieht hierfür als beispielhaft § 9 VStGB (Kriegsverbrechen gegen Eigentum und sonstige Rechte) an, da diese Vorschrift im Gegensatz zu den Nürnberger Prozessen private wirtschaftliche Machthaber nicht als Täter erfasse.[54]

Fraglich ist allerdings sowohl die Notwendigkeit als auch die Wirksamkeit neuer Vorschriften im Sinne eines Wirtschaftsvölkerstrafrechts als Völkerrecht. Wie stets im Völkerrecht sähen sich solche Normen in Hinblick auf ihre zwingende Durchsetzung bekannten Problemen z.B. der Legitimation ausgesetzt, denn es gilt im Völkerrecht grundsätzlich der Nichteinmischungsgrundsatz.[55] Insbesondere ist die Schaffung neuer völkerrechtlicher Normen dann nicht geboten, wenn sich zeigt, dass nationale Strafrechtsnormen ausreichen (können), um für strafwürdig empfundenes wirtschaftliches, transnationales Handeln zu erfassen.

b. Erweiterung des nationalen Strafrechts

Inwieweit das deutsche Strafrecht schon jetzt geeignet ist, derartige Vorgänge zu erfassen, wurde bereits dargelegt. Im Folgenden soll sich der Beitrag darauf konzentrieren zu erörtern, ob eine Schaffung neuer nationaler Strafnormen sinnvoll ist.

Brennpunkt der Diskussion ist § 266 StGB, dient die Norm doch derzeit als Allzweckwaffe gegen ein weitreichendes Feld von Wirtschaftskriminalität. *Naucke* hat insoweit recht, wenn er feststellt, dass § 266 StGB zu einem Instrument geworden ist, das der Ahndung für strafwürdig befundener „politischer Veruntreuung" dient, und dabei der gegenwärtige Charakter der Untreue als Vermögensschädigungsdelikt erheblich strapaziert wird.[56] Es fragt sich also, ob neue nationale Strafnormen geschaffen werden können und sollen, die wirtschaftliche Vorgänge erfassen, welche zwar keine Vermögensnachteile, aber unerwünschte politische Folgen zei-

---

54 Ebd., S. 24.

55 Vgl. *Ambos*, Internationales Strafrecht, 3. Auflage (2011), § 2 Rn. 2 ff., § 3 Rn. 1 ff.

56 *Naucke*, Der Begriff der politischen Wirtschaftsstraftat – Eine Annäherung (2012), S. 47 ff.; ähnlich *Zerbes* mit der Schlussfolgerung, dass der Untreuetatbestand durch eine Konkretisierung des dahinterstehenden zivilrechtlichen Pflichtenkatalogs größerer Klarheit zugeführt werden muss, vgl. *Zerbes*, in: Kempf/Lüderssen/Volk (Hrsg.), Die Finanzkrise, das Wirtschaftsstrafrecht und die Moral (2010), S. 159 ff. (161 f., 176).

tigen und ob dies nötig ist, um § 266 StGB in seinem gegenwärtigen Daseinszustand zu entlasten.

Naucke bemängelt darüber hinaus die schwache Ausprägung des UN Global Compact,[57] und sieht darin ein Denken, das einer definitiven und festen Bindung an völkerrechtliche Freiheiten ausweicht, was im Vergleich zu den Nürnberger Prozessen ein Rückschritt sei.[58] Die insoweit ausgearbeiteten Grundsätze sowie Grundsätze aus den Bereichen Compliance, Wirtschaftsethik und dem Corporate Governance Kodex seien auch in das nationale Recht zu übertragen und verbindlich auszugestalten.[59]

Es sind diese Wünsche nach einem strafferen Regelkomplex, der die international agierenden wirtschaftlich Mächtigen rechtlich zur Einhaltung des in völkerrechtlichem Konsens entwickelten Verhaltenskodex zwingt, absolut nachvollziehbar – zumal es um einen Verhaltenskodex geht, der sich an Menschenrechten bemisst, die schon jetzt unabdingbar für höherwertig erachtet werden als ökonomische Effizienzmaximierung um jeden Preis.

Ohne zu verkennen, wie wichtig es ist, diesen völkerrechtlich entwickelten Regeln für wirtschaftliche *global player* zum Schutz der Menschenrechte zu weitgehenderer Geltung zu verhelfen, darf indes nicht aus den Augen verloren werden, dass auch der Rechtsstaatlichkeit und deren Ausprägungen, wie etwa dem Bestimmtheitsgebot – in nationalem Recht Güter von höchstem Rang, Art. 20 Abs. 3, 103 Abs. 2 GG – mit Achtsamkeit Rechnung zu tragen ist. Solange also das gesicherte, rechtsstaatlich legitimierte nationale Recht ausreicht, internationales Wirtschaften an die Leine der Menschenrechte und der völkerrechtlichen Zielbestimmungen zu legen, ist davon abzusehen, sich auf in rechtsstaatlicher Hinsicht gewagte Experimente einzulassen. Erst wenn definitiv klar wird, dass unter vollständiger Ausschöpfung des existenten, rechtsstaatlich legitimierten Instrumentariums – trotz aller möglichen Anstrengungen – eine zuverlässige Begrenzung globalen wirtschaftlichen Handels im Sinne völkerrechtlicher Bestimmungen nicht möglich ist, tritt ein Bedürfnis nach neuen Regelungen zweifelsfrei zu Tage. Bis dies bewiesen wäre, sind aber alle er-

---

57 *Naucke,* Der Begriff der politischen Wirtschaftsstraftat – Eine Annäherung (2012), S. 98 f. Zum UN Global Compact, abrufbar unter <www.unglobalcompact.org/Languages/german/die_zehn_prinzipien.html>.

58 *Naucke,* Der Begriff der politischen Wirtschaftsstraftat – Eine Annäherung (2012), S. 99.

59 Ebd., S. 100.

denklichen Anstrengungen darauf zu richten, das bestehende Regelwerk fruchtbar zu machen und auszuschöpfen.

V. Ergebnis

Aus meiner Sicht besteht derzeit kein Bedürfnis nach einer Ausdehnung der Strafbarkeit makroökonomischen Handelns, da *de lege lata* jedenfalls nach deutschem Strafrecht und Ordnungswidrigkeitenrecht bereits die meisten Konstellationen entweder als Völkerstraftat oder als Wirtschaftsstraftat geahndet werden können. Das Wirtschaftsstrafrecht hat bereits auf die Besonderheiten wirtschaftlichen Handelns reagiert und insbesondere im Allgemeinen Teil eine Dogmatik geschaffen, die viele Konstellationen sozialschädlichen makroökonomischen Handelns erfasst. Gerade im Bereich der Fahrlässigkeitsdogmatik bzw. der Geschäftsherrenhaftung finden sich, wie gezeigt, darüber hinaus Möglichkeiten der Integration des menschenrechtsschützenden Völkerrechts, ohne dass dabei der Boden des geltenden, rechtsstaatlich gesicherten Strafrechts verlassen wird. Eine weitere Ausdehnung hin zu einem Wirtschaftsvölkerstrafrecht würde mit ungewissen Folgen zu einer Entgrenzung des Strafrechts führen, die zumindest derzeit demokratie- und strafrechtstheoretisch schwer zu rechtfertigen ist. Sollte sich jedoch in Zukunft eine rechtlich gefasste globale Wirtschaftsordnung entwickeln, mag sich dies ändern.

Diskussionsbericht

Janosch Kuner

Professor *Tobias Singelnstein* zog als Résumé der Vorträge von Professorin *Ingeborg Zerbes*[1] und Professorin *Petra Wittig*,[2] dass die im Wirtschaftsstrafrecht aufgeworfenen Problemstellungen erhebliche Parallelen mit denen des Völkerstrafrechts aufwiesen. In beiden Rechtsgebieten stelle sich die Frage, wo rechtsstaatliche Grenzen bei der Festlegung von Strafbarkeit zu ziehen seien.

Rechtsanwältin Dr. *Miriam Saage-Maaß* setzte die von Professor *Robin Geiß* dargelegten völkerrechtlichen Entwicklungtendenzen auf dem Gebiet der Unternehmesverantwortlichkeit[3] zum Wirtschaftsstrafrecht in Bezug. Die Bestimmung der außerstrafrechtlichen Pflichten von Konzernleitung und Management, das „Pflichtenprogramm", sei die im Wirtschaftsstrafrecht maßgebliche Frage. Die Rolle der Strafrechtswissenschaft und der Strafrechtspraxis müsse darin bestehen, menschenrechtliche Verpflichtungen, wie etwa die *Ruggie*-Prinzipien oder *due dilligence* Praktiken, in das deutsche Strafrecht umzusetzen. Weiterhin sei zu klären, in welcher Weise Pflichtverletzungen des Betriebes Einzelpersonen zugerechnet werden können. Die Artikulation rechtsstaatlicher Bedenken gegenüber immer weitergehenderen Kriminalisierungstendenzen und Vorverlagerungen von Strafbarkeit seien im Grundsatz klar berechtigt. In Anbetracht sehr weitgreifender Ausweitungen strafrechtlicher Zurechnung, etwa im Bereich der Betäubungsmittelkriminalität und bei der Terrorismusunterstützung, mute es allerdings befremdlich an, dass ausgerechnet bei den Managern versucht werden soll, die „reine Lehre des Rechtsstaates" zu retten.

Zerbes stimmte teilweise zu, den gegenwärtigen Kriminalisierungsgrad am Beispiel des Betäubungsmittelstrafrechts sehe sie ebenfalls kritisch. Enge Zurechnungskriterien seien aber eine Errungenschaft des Rechtsstaates, welche zu bewahren sei. Nur weil in einem Bereich zweifelhafte Ausweitungen erfolgt sind, sollte man nicht in anderen Gebieten ebenso ver-

---

1 Siehe S. 205 ff. in diesem Band.

2 Siehe S. 241 ff. in diesem Band.

3 Siehe S. 83 ff. in diesem Band.

fahren. An der Umsetzung des menschenrechtlichen Pflichtenkataloges in das Strafrecht werde bereits gearbeitet. Die Strafrechtspraxis müsste hierauf aber tatsächlich stärker Bezug nehmen.

Auch *Wittig* entgegnete, sie würde im Bereich des Terrorismusstrafrechts in gleicher Weise argumentieren, ihr Hauptforschungsgebiet sei aber das Wirtschaftsstrafrecht. *Wittig* brachte die Idee einer Allzuständigkeit der Geschäftsleitung für die Einhaltung der Menschenrechte im Kontext wirtschaftlichen Handelns in die Debatte. Es sei daher zu erwägen, ob die Geschäftsleitung bei Anhaltspunkten für Menschenrechtsverletzungen Handlungspflichten treffen könnten. Sofern eine Delegierung der Tätigkeiten stattfand, könnten Überwachungserfordernisse bestehen. Hieraus könnte dann eine entsprechende Vorsatz- bzw. Fahrlässigkeitshaftung hergeleitet werden.

Dr. *Kim Priemel* stellte zur Debatte, inwiefern das völkerstrafrechtliche Prinzip der Vorgesetztenverantwortlichkeit auf unternehmerische Strukturen übertragen werden könne. *Wittig* erläuterte, es gebe in der Wirtschaftsstrafrechtswissenschaft Diskussionen, entsprechende Vorschriften, etwa aus Wehrstrafrecht, von militärischen Führungsstrukturen auf unternehmerische Führungsstrukturen zu übertragen. Die überwiegende Ansicht lehne diese Herangehensweise zwar ab, käme aber über die Anwendung der allgemeinen Regelungen zur Garantenpflicht (insbesondere der Geschäftsherrenhaftung) in etwa zu vergleichbaren Maßstäben.

Professor *Gerhard Werle* stellte zunächst fest, dass die im Wirtschaftsstrafrecht diskutierten Probleme durchaus strukturelle Ähnlichkeiten mit vom Völkerstrafrecht behandelten Fragestellungen aufwiesen. Weiterhin sei die Differenzierung zwischen transnationalem Wirtschaftsstrafrecht auf der einen Seite und völkerstrafrechtlichen Kernverbrechen mit Unternehmensbeteiligung auf der anderen Seite eine ganz zentrale Unterscheidung. Die von Professor *Wolfgang Naucke* konstatierte „illegitime Lücke“ durch gesetzgeberische Änderungen des Römischen Statuts oder des Völkerstrafgesetzbuchs schließen zu wollen, sei derzeit illusorisch. Trotzdem solle an *Nauckes* Überlegungen anknüpfend weitergedacht werden. Der Ansatz habe in der Sache durchaus seine Berechtigung. In diesem Zusammenhang sei es eine bemerkenswerte Entwicklung, dass ein künftiger Afrikanischer Strafgerichtshof außer für Völkerrechtsverbrechen auch für schwere Wirtschaftsverbrechen zuständig sein solle, so etwa für Korruptionsdelikte, wenn diese „von ernsthafter Natur sind und die Stabilität eines Staates, einer Region oder einer Staatengemeinschaft berühren“.

Professor *Florian Jeßberger* betonte ebenfalls die entscheidende Bedeutung der von *Werle* beschriebenene Differenzierung zwischen einem engen und einen weiten Begriff des „Wirtschaftsvölkerstrafrechts". Eng verstanden gehe es um klassische Völkerrechtsverbrechen, die durch wirtschaftliches Handeln verwirklicht würden. In einem weiteren Sinne lasse sich die Materie auch und vielleicht treffender als transnationales Wirtschaftsstrafrecht begreifen. Hier stelle sich die Herausforderung, einen menschenrechtlichen Ansatz zu integrieren. In Bezug auf die von *Zerbes* und *Wittig* beschriebenen Schwierigkeiten individueller Zurechnung wies *Jeßberger* darauf hin, dass das Völkerstraftrecht mit der Vorgesetztenverantwortlichkeit, der *Joint Criminal Enterprise* und anderen Konzepten bereits ein reichhaltiges Reservoir an Lösungsmodellen zu Kausalitäts- und Zurechnungsproblemen entwickelt habe. Was bisher fehle, sei die Anwendung dieser Prinzipien auf wirtschaftliches Handeln. Abschließend erinnerte *Jeßberger* an die Bedeutung militärischer Handbücher – als „Pflichtenhefte" der Soldaten in bewaffneten Konflikten – für die Entstehung der Normen des humanitären Völkerrechts und des Völkerstrafrechts. Hier könnte die Entwicklung und Umsetzung unternehmerischer „Pflichtenhefte" ansetzen.

Rechtsanwalt Dr. *Stefan Kirsch* kam noch einmal auf den Vortrag von *Zerbes* zurück und schlug anstatt des Begriffs der „Lösung" die Bezeichnung „Reaktion" vor. Speziell für Unternehmen sei noch auf die Sanktion des Verfalls besonders hinzuweisen. Aus einer strafrechtskritischen Sichtweise heraus bestehe die – bedenkliche – Möglichkeit, dass ein Wirtschaftsvölkerstrafrecht eine Form von Moralunternehmertum annehmen könne. Selbst wenn die durch ein derartiges Wirtschaftsvölkerstrafrecht erzeugten Narrative unzweifelhaft positiv seien, dürfe die erheblichen Sanktionsfolgen für die betroffenen Individuen nie außer Acht gelassen werden.

Zerbes erläuterte im Kontext der Differenzierung des Begriffs des Wirtschaftsvölkerstrafrechts, dass ihr Vortrag die Fassbarkeit nach deutschem Strafrecht analysiert habe. Der völkerrechtliche Deliktstypus sei insofern für sie unbeachtlich gewesen.

Abschließend wies *Wittig* noch einmal auf grundlegende Probleme bei der Internationalisierung von Strafrecht hin. Die Hauptschwierigkeiten lägen hierbei im „allgemeinen Teil", also etwa bei Fragen der Zurechnung, der Schuld und des *nemo tenetur*-Grundsatzes. Hier bestehe die Gefahr, dass juristische Parallelwelten entstünden. So könnten einerseits Bereiche entstehen, in denen weiterhin die rechtsstaatliche „reine Lehre" angewendet werde, während in anderen Bereichen wegen der Schwere der Verbrechen die Zurechnungsmaßstäbe stark gelockert würden.

Strafverteidigung

Diskussionsbericht

Janosch Kuner

Im letzten Themenkomplex befasste sich zunächst Rechtsanwalt Dr. *Bernd Wagner* mit den Perspektiven eines Wirtschaftsvölkerstrafrechts aus Strafverteidigersicht. Hierzu lieferte er einen Überblick über die vordringlichen Problemfelder unter Rechtsstaatsgesichtspunkten, welche sich bei der Anwendung deutschen Straf- und Strafprozessrechts auf Menschenrechtsverletzungen im Kontext internationalen Wirtschaftshandelns ergeben.

Einleitend verwies *Wagner* darauf, dass Strafrecht soziales Verhalten bewerte. Ausgang und Wirkung dieses sozialen Verhaltens würden in der geltenden deutschen Strafrechtsdogmatik als Handlungs- und Erfolgsort in Bezug genommen. Die Maßstäbe strafrechtlicher Bewertung seien entscheidend durch den jeweiligen örtlich bestimmbaren sozialen Raum vorgegeben. Internationale Handelsbeziehungen als soziales Phänomen hingegen seien örtlich entgrenzt, der soziale Raum der Entscheidung sei regelmäßig ein völlig anderer als der soziale Raum der Wirkung dieser Entscheidung. Die Tathandlungen fänden in den Unternehmenszentralen westlicher Industriestaaten statt, die Umsetzung dieser Entscheidungen erfolge demgegenüber in den Fabriken der Entwicklungs- und Schwellenländer. Die Beurteilungsmaßstäbe am Handlungsort und Erfolgsort seien oftmals grundverschieden. Am Ort der Entscheidung könne etwas verboten sein, was am Ort der Produktion erlaubt ist. *Wagner* verwies exemplarisch auf Kinderarbeit. Im entwickelten Westen gehe man davon aus, dass diese die kindlichen Entwicklungschancen vernichte, im Produktionsland hingegen könne sie den Hungertod vermeiden. Durch dieses Auseinanderfallen der sozialen Räume von tatbestandlicher Handlung auf der einen Seite und Erfolgsort auf der anderen Seite gerieten der Grundsatz der persönlichen Verantwortlichkeit sowie das Schuldprinzip ins Wanken. *Wagner* stellte insofern zur Diskussion, ob Strafrecht überhaupt ohne Tatort auskommen kann.

Im Bereich des Strafrechts verspreche der Rechtsstaat dem Opfer die Verfolgung und Ahndung der Rechtsverletzung. Zugleich verspreche er dem Beschuldigten die sorgfältige Überprüfung des Vorwurfs in einem fairen Verfahren. Dieses zweite Versprechen sei Ausgangspunkt für die Perspektive der Strafverteidigung. Die Institution der Strafverteidigung bekämpfe das Gesinnungsstrafrecht und streite für ein Verhaltensstrafrecht, sie bekämpfe das Täterstrafrecht und streite für ein Tatstrafrecht, und sie bekämpfe ein Feindstrafrecht und streite für die Prinzipien des strikten Schuldstrafrechts. Der Grundsatz des fairen Verfahrens bestimme die Grenzen des materiellen Rechts und des strafrechtlichen Rechtsgüterschutzes. *Wagner* warnte eindringlich davor, Straftatbestände zu schaffen, die sich der Überprüfung in einem rechtsstaatlichen Strafverfahren entziehen und begründete diese Position ausführlich im Verlauf seines weiteren Vortrags.

Zunächst beschrieb *Wagner* die spezifischen Verteidigungsmöglichkeiten in Strafverfahren mit Auslandsbezug. Er skizzierte einen grundlegenden Unterschied zwischen zivilrechtlichem und strafrechtlichem Rechtsanwendungsrecht. Das Internationale Privatrecht suche nach der jeweils passenden Norm für einen internationalen Sachverhalt, das Strafanwendungsrecht hingegen wende nationale Normen an und suche hierfür den passenden internationalen Sachverhalt. Bei der Anwendung deutschen Strafrechts auf Auslandssachverhalte dominierten deshalb die hiesigen Maßstäbe und Wertvorstellungen. Die Verteidigung sei somit angewiesen, einen an diese Maßstäbe anknüpfenden Tatverdacht unter Inanspruchnahme der Verteidigungsrechte im Rahmen eines fairen Verfahrens zu bekämpfen.

Im alltäglichen Ermittlungsverfahren seien die praktischen und rechtlichen Hürden bei Auslandssachverhalten für einen Tatnachweis oftmals zu hoch. Insbesondere seien die Beweismittel schwer zu erbringen und die (im weiten Sinn verstandene) strafrechtliche Zurechnung biete aufgrund des Auseinanderfallens von Handlungs- und Erfolgsort eine Vielzahl erfolgsversprechender Verteidigungsansätze.

Würden hingegen bedeutsamere Auslandssachverhalte vor einem verurteilungsbereiten Gericht verhandelt, so seien Verteidigungsrechte und Verteidigungsmöglichkeiten insgesamt stark eingeschränkt, wie *Wagner* ausführlich begründete. Unter anderem werde der Unmittelbarkeitsgrundsatz der Strafprozessordnung beim Zeugenbeweis sehr geschwächt, wenn unter Zuhilfenahme von Dolmetschern vernommen werde und die Aussagepsychologie somit ihre Anknüpfungstatsachen verliere. Das Beweisantragsrecht der Verteidigung werde durch § 244 Abs. 4 Satz 2 StPO ganz erheblich beschnitten. Die konfrontative Befragung als Verteidigungsrecht leide bei ausländischen Belastungszeugen, da diese weitgehend selbst entscheiden dürften, wie intensiv sie sich der Befragung der Verteidigung aussetzen. Zeugen könnten nicht mit Zwangsgewalt zum Erscheinen veranlasst werden. Es fehle zudem an einer Waffengleichheit zwischen Staatsanwaltschaft und Verteidigung, da nur erstere auf internationale Rechtshilfe zurückgreifen könne.

Wagner sah von einem noch näher zu konturierenden Wirtschaftsvölkerstrafrecht insgesamt erhebliche Risiken ausgehen. Soweit ein solches dem traditionellen Wirtschaftsstrafrecht entsprechend auf Vorsatztaten beschränkt wäre, dürfte ein Tatnachweis meist äußerst schwierig sein. Die Beweisführung, dass die in der Unternehmenszentrale in Deutschland tätigen Personen Kenntnis davon hatten, was in Asien oder Südamerika passiert, dürfte in der Praxis meist nicht möglich sein. Schwierigkeiten beim Vorsatznachweis könnten womöglich umgangen werden, wenn ein Wirtschaftsvölkerstrafrecht dem Compliancerecht entsprechend mit der Zurechnungsdogmatik der Fahrlässigkeitsdelikte operieren würde. Dann würde die Wahrheitssuche jedoch ins Ausland führen, wie *Wagner* im Einzelnen näher darlegte. So müsse etwa bei entsprechender konzernrechtlicher Abschottung auf Sorgfaltsmaßstäbe am Produktionsort abgestellt werden. Ungeklärt wäre etwa auch, wieviel Kenntnisse der in der Konzernzentrale tätige Manager von den Verhältnissen vor Ort besitzen muss, damit eine objektive Vorhersehbarkeit bejaht werden kann.

Aufgrund dieser beschriebenen vielfältigen Schwierigkeiten sei ein Wirtschaftsvölkerstrafrecht im Rahmen der geltenden deutschen Strafrechtsdogmatik in seiner praktischen Durchsetzung kaum erfolgversprechend. Mit hoher Wahrscheinlichkeit würde ein rein symbolisches Strafrecht geschaffen werden. Um eine praktische Strafverfolgung dennoch erreichen zu können, sei es naheliegend, zu versuchen, die bestehende Zurechnungsdogmatik zu lockern. *Wagner* zog insofern einen Vergleich zur Einführung der völkerstrafrechtlichen Vorgesetztenverantwortlichkeit in § 4 VStGB, welche die Dogmatik der unechten Unterlassungsdelikte verlassen habe. Er warnte eindringlich vor derart tiefgreifenden Eingriffen in die Zurechnungsdogmatik und vor der Schaffung einer wirtschaftsvölkerstrafrechtlichen Sonderzurechnung. In diesem Zusammenhang verwies er auch auf gravierende Schwierigkeiten, die sich bei der Umsetzung völker- und europarechtlicher Vorgaben auf dem Gebiet der Korruptionsbekämpfung in deutsches Strafrecht stellten.

Als Fazit konstatierte *Wagner*, die Perspektiven eines Wirtschaftsvölkerstrafrechts sehe er unter zwei Gesichtspunkten skeptisch: Ein Strafrecht, das mit den Mitteln eines fairen Verfahrens nicht durchgesetzt werden kann und die Verteidigungsrechte massiv einschränkt, habe keine rechtsstaatliche Berechtigung. Gleiches gelte für ein Strafrecht, das der Gefahr symbolischer Strafandrohung nur entkommt, wenn es die Zurechnungsdogmatik lockert und damit Eingriffe in das Schuldprinzip vornimmt. Ein Wirtschaftsvölkerstrafrecht sei nach *Wagners* Ansicht diesen beiden Vorwürfen ausgesetzt.

Im Anschluss an *Wagner* kommentierte Rechtsanwalt Dr. *Gerhard Strat*e und ging hierbei detailliert auf die völlig unzureichende strafrechtliche Aufarbeitung der Finanzkrise und die Ursachen hierfür ein.

Strate wies darauf hin, dass das Bundesverfassungsgericht bereits 1994 ausdrücklich die prinzipielle Strafbarkeit systematischer Beihilfe zur Steuerhinterziehung durch Bankmitarbeiter festgestellt hatte.[1] *Strate* warf die Frage auf, weshalb es dann noch weitere sechs Jahre bis zu einer Entscheidung des BGH[2] gedauert hat, bis die Strafrechtswissenschaft begonnen habe, sich überhaupt ernsthaft mit diesem Kriminalitätsphänomen zu beschäftigen.

Massive Kritik äußerte *Strate* insoweit an der Rolle der Strafrechtswissenschaft. Sofern diese die Verwicklung von Finanzdienstleistungsunternehmen in systematische Wirtschafts- und Steuerkriminalität überhaupt aus strafrechtlichen Gesichtspunkten gewürdigt habe, sei weitgehend eine vollständige Straflosigkeit der Verantwortlichen („professionelle Adäquanz“) vertreten worden. Offenkundiges Fehlverhalten am Finanzmarkt sei von der Wissenschaft zudem größtenteils wegen vorgeblicher „strafrechtlicher Nichterfassbarkeit“ noch nicht einmal näher untersucht worden. In den Kommentierungen zu § 266 StGB sei fast überhaupt nicht auf die Finanzkrise eingegangen worden.

Hinsichtlich der Beweggründe der kritisierten Wirtschaftsstrafrechtswissenschaftler zog *Strate* eine Parallele zur Arbeitsrechtswissenschaft und warf das Stichwort „bezahlte Wissenschaftler“ in den Raum. *Strate* äußerte die Vermutung, das mangelnde Interesse einiger Wirtschaftsstrafrechtswissenschaftler beruhe auch auf der Hoffnung, zu einem späteren Zeitpunkt Gutachtenaufträge durch mögliche Beschuldigte erhalten zu können. Die mangelnde kritische Bearbeitung der Materie durch die Strafrechtswissenschaft habe in der Folge zur Mutlosigkeit der Staatsanwaltschaft bei der Strafverfolgung geführt.

---

1 BVerfG, NJW 1995, S. 316 ff.

2 BGHSt 46, S. 107 ff.

Strates Kritik an der unzureichenden Aufarbeitung der Finanzkrise durch die Wirtschaftsstrafrechtswissenschaft aufgreifend, verwies Professorin *Petra Wittig* zunächst darauf, dass die Materie relativ abstrakt und daher publizistisch schwierig erfassbar sei. Hilfreich wäre die Konstruktion eines Musterfalles, um die Materie – etwa in einem Übersichtskommentar – juristisch leichter erfassbar zu machen.

Strate erläuterte im Zusammenhang mit einer von ihm als *Commerzbank*-Aktionär gestellten Verfassungsbeschwerde, inwiefern es innerhalb der Rechtswissenschaften ein doch recht ausgeprägtes finanzielles Interesse an Gutachtenerstellungen gäbe.

Bezugnehmend auf den Vortrag *Wagners* fragte Dr. *Carolijn Terwindt*, weshalb das Erfordernis doppelter Strafbarkeit nicht erwähnt wurde. *Wagner* verwies darauf, dass die aus Verteidigersicht problematischsten Aspekte transnationaler Wirtschaftsstrafprozesse jedenfalls nicht vorrangig im Bereich der materiellen Strafbarkeit lägen. Am Beispiel des Compliance-Rechts stelle sich die Frage, aus welchem Normenwerk die Sorgfaltsmaßstäbe zu wählen sei. So sei etwa die Bewertung von Kinderarbeit aus deutscher Sicht anders vorzunehmen als etwa vor Ort in Indien. Hier träfen verschiedene Welten aufeinander. Ein internationaler Konsens sei hier noch zu fragil, um deutsche Strafrechtssanktionen einzusetzen.

An *Strate* gerichtet erkundigte sich *Terwindt* nach den maßgeblichen Unterschieden in der Behandlung wirtschafts- und finanzmarktstrafrechtlicher Sachverhalte im Vergleich zwischen Deutschland und den USA. *Strate* berichtete aus seiner Erfahrung als Strafverteidiger in einem amerikanischen Wirtschaftsstrafrechtsverfahren. *Strate* erläuterte hieran die erheblich schärferen Vorschriften des US-amerikanischen Compliance- und Wirtschaftsstrafrechts. So seien Unternehmen zur Mitarbeit im Prozess verpflichtet, ein Recht auf Aussageverweigerung bestünde nicht. Dennoch gebe es eine Reihe von verfahrensrechtlichen Schutzmechanismen, etwa das Doppelbestrafungsverbot (*double jeopardy*), den Anspruch auf ein schnelles Verfahren (*speedy trial*) oder das Verbot unangemessener Strafen (*excessive fines*). Ein Hauptunterschied ergebe sich daraus, dass in Deutschland der Schuldgrundsatz „auf den Altar der Verfassung“ erhoben worden sei, was eine effektive Strafverfolgung unternehmerischen Handelns verhindere. In den USA seien, spätestens seit 1990, Kriterien zur Verfolgung strafbarer Handlungen aus Unternehmen heraus entwickelt worden, welche insbesondere auch konkrete Sanktionsmaßnahmen bis hin zur Auflösung des Unternehmens beinhalteten.

Professor *Florian Jeßberger* vertiefte diesen Punkt und fragte, welche Gründe neben der fehlenden Unternehmensstrafbarkeit ausschlaggebend für die erheblich stärkere Aktivität der US-Justiz seien. *Strate* erwiderte, im Gegensatz zu Deutschland würde der strafrechtliche Schuldgrundsatz nicht zur Abschirmung des Unternehmens herangezogen. Es gebe insgesamt weniger Protest gegen derartige Verfahren. Zudem sei die Anwaltschaft stärker einbezogen, da strafmildernd berücksichtigt werde, wenn Unternehmen aktiv an der Aufklärung mitwirkten. Auch aus ökonomischem Eigeninteresse würde die Anwaltschaft daher sehr viel weniger Widerstand leisten.

Professor *Klaus Marxen* stimmte *Strates* Kritik an der Strafrechtswissenschaft vollumfänglich zu und bezeichnete dies als ein „wissenschaftspolitisches Versagen“. Eine wesentliche Ursache bestehe darin, dass sich die Strafrechtswissenschaft wie die Rechtswissenschaft überhaupt als Textwissenschaft verstehe und, was die strafrechtliche Praxis angehe, sich fast ausschließlich an den leicht zugänglichen Texten veröffentlichter abschließender gerichtlicher Entscheidungen orientiere. Gescheut werde der Aufwand, der für die Erfassung sonstiger Verfahrensmaterialien nötig sei, insbesondere für die Verarbeitung komplexer wirtschaftlicher Vorgänge. Allerdings sei dieser Aufwand mit den Mitteln der üblichen universitären Ausstattung auch schwer zu leisten. Wünschenswert sei eine gezielte Förderung entsprechender Vorhaben durch Drittmittel.

Strate erwiderte, dass in Bezug auf die Finanzkrise die Sachverhalte größtenteils offen lägen. Allerdings seien diese hoch komplex. So umfasse etwa der Untersuchungsbericht zu *Lehman Brothers* ca. 3.000 Seiten. *Strate* ging noch einmal näher auf das Verfahren gegen den Vorstand der *HSH Nordbank* ein. Jedenfalls habe nun der BGH die Möglichkeit, über die Auslegung des § 93 AktG nähere Festlegungen zu treffen. Wenn der BGH entschieden habe, werde sich voraussichtlich auch die Rechtswissenschaft näher mit der Thematik beschäftigen.

Wagner schloss sich im Grundsatz ebenfalls der Ansicht an, dass in der Wirtschaftsstrafrechtswissenschaft eine gekaufte Rechtsmeinung existiere. Allerdings greife es möglicherweise zu kurz, Erklärungen allein in der persönlichen Motivation der beteiligten Wissenschaftler zu suchen. Möglicherweise handele es sich hierbei eher um Symptome grundsätzlicherer Probleme. So habe der nach der Finanzkrise von Finanzminister *Schäuble* vorgelegte Entwurf eine Strafobergrenze von fünf Jahren für den Fall vorgesehen, dass Vorstände von Versicherungs- und Bankenunternehmen pflichtwidrig ihre Institute ruinieren. Hier sei zu überlegen, welche Aussagekraft dies für die Schwierigkeit der strafrechtlichen Definierung entsprechenden sozialen Verhaltens habe und ob zur Erfassung derart komplexer Sachverhalte das Strafrecht dann tatsächlich das richtige Mittel ist.

Professor *Peter Wetzels* betonte die Erforderlichkeit einer kriminologischen Betrachtungsweise. Aus diesem Blickwinkel müsse zunächst geklärt werden, was durch Kriminalstrafe im Wirtschaftsbereich überhaupt erreicht werden kann und erreicht werden soll. Hierfür müsse auch auf empirische Forschungsansätze zurückgegriffen werden. Im bisherigen Diskussionsverlauf seien einerseits Rechtsstaatlichkeitsprobleme im Bereich des Wirtschaftsstrafrechts, andererseits große Defizite beim Vollzug des Völkerstrafrechts konstatiert worden. Zudem sei übereinstimmend festgestellt, dass diese Vollzugsdefizit des Völkerstrafrechts dessen Legitimität gefährde. In der Konsequenz müsse deshalb sehr hinterfragt werden, ob der Zugriff auf wirtschaftliche Sachverhalte mit den Mitteln des Völkerrechts tatsächlich sinnvoll ist. Die (rhetorische) Frage *Wetzels*', ob die umfänglichere Strafverfolgung in den USA weniger Menschenrechtsverletzungen durch Unternehmen zur Folge habe, verneinte *Strate*. *Wetzels* warf die generelle Frage auf, welcher Zweck durch eine individuelle strafrechtliche Zurechnung in diesem Bereich überhaupt erreicht werden solle. Es müsse geklärt werden, ob es etwa um Resozialisierung von Managern gehe, oder doch vielmehr die normbildende Kraft des Rechts im Vordergrund stehe. Weiterhin sei zu hinterfragen, ob es Evidenz gebe, dass die Durchsetzung der beschriebenen Zwecke nur mit den Mitteln des Strafrechts möglich ist. Es müsste überprüft werden, ob nicht beispielsweise die Sanktionsmittel des Ordnungswidrigkeitenrechts sachgerechter sind. Möglicherweise erfolge der Rückgriff auf das Strafrecht in erster Linie angesichts von Ratlosigkeit und moralischer Empörung. Insofern sei Skepsis angebracht.

Abschließend betonte *Wagner* die Gefahren, die durch eine Ausweitung individualstrafrechtlicher Strafverfahren entstehen könnten. Die gegenwärtigen Entwicklungen im Compliance-Bereich könnten hierdurch möglicherweise ruiniert werden. Freisprüche im (Individual-) Strafverfahren könnten eine allgemeinere rechtliche Signalwirkung haben. Die Möglichkeiten des Compliance-Systems, unternehmerische Missstände rein finanziell zu sanktionieren, könnten hierdurch im Ergebnis stark eingeschränkt werden.

III. Teil: Abschlussdiskussion

Diskussionsbericht

Janosch Kuner

Die Abschlussdiskussion leitete Rechtsanwalt *Wolfgang Kaleck* mit einer knappen Zusammenfassung der Ergebnisse der Vorträge und Diskussionen ein. Er stellte zunächst fest, dass die rechtlichen Grundlagen zur Ahndung der Beteiligung von Unternehmen und Unternehmern an Völkerrechtsverbrechen durchaus gegeben seien – im Völkerstrafrecht ebenso wie im transnationalen (Wirtschafts-)Strafrecht. Die Praxis mache von diesen rechtlichen Möglichkeiten freilich kaum Gebrauch. Als Ursache hierfür seien in erster Linie praktische Fragen der Rechtsanwendung, wie der Nachweis der Kausalität und der subjektiven Voraussetzungen der Straftaten, zu nennen. Auffällig sei, dass sich die Strafverfolgungsbehören in anderen Kriminalitätsbereichen, etwa der Betäubungsmittelkriminalität oder dem Terrorismus, offenbar leichter täten, komplexe, transnationale Verfahren zu führen.

Professor *Rainer Keller* griff die grundlegende Problematik der massiven Selektivität und des weitreichenden Anwendungsdefizits des Völkerstrafrechts auf. Als faktische Feststellung sei dies zwar zutreffend. Allerdings delegitimisiere dies nicht das Völkerstrafrecht als solches. Man müsse sich auch die Zwecke des Völkerstrafrechts vor Augen führen, welche sich nicht allein in Abschreckung und Vergeltung erschöpften. Als Legitimationsgrund des Völkerstrafrechts anzuerkennen sei auch und gerade die Skandalisierung schwerer Völkerverbrechen. Die soziale Aufmerksamkeit und das Entsetzen, die durch die öffentliche Wahrnehmung dieser Großverbrechen erregt werden, seien zweifelsohne größer als im normalen Strafrecht. Skandalisierung müsse in diesem Kontext insgesamt als ein legitimer Strafzweck unter anderen anerkannt werden. Bezugnehmend auf rechtsstaatliche Bedenken bei der Konturierung eines Wirtschaftsvölkerstrafrechts wendete sich Keller den begrifflichen Ursprüngen von „Rechtsstaatlichkeit" zu und verwies darauf, dass diese zunächst jedenfalls auf „Staatlichkcit" bezogen werde. In einer Welt, in der die Wirtschaftsmacht im Verhältnis zur Staatsmacht mittlerweile stark dominiert, dürfe sich das Strafrecht aber nicht mehr ausschließlich auf staatliche Macht beziehen, sondern müsse auch wirtschaftliche Macht strafjuristisch erfassen. Eine gewisse Relativierung rechtsstaatlicher Prinzipien, wie etwa durch die Einbeziehung des Strafzwecks Skandalisierung, sei insbesondere vor diesem Hintergrund gerechtfertigt.

Dr. *Kim Priemel* warb dafür, die im US-amerikanischen Rechtssystem entwickelten Herangehensweisen in der hiesigen Debatte zu berücksichtigen. Die USA könnte auf der Tradition eines scharfen Kartellrechts (*antitrust law*) aufbauen. Zudem seien Sammelklagen (*class action*) im dortigen Rechtssystem seit langem etabliert. Die in diesem Kontext entwickelten Konfliktlösungen könnten für die hiesige Debatte fruchtbar sein. *Priemel* hob weiterhin noch einmal die Notwendigkeit scharfer begrifflicher Unterscheidungen hervor. Man müsse differenzieren zwischen Straftaten, die durch Unternehmen begangen würden auf der einen Seite, sowie Straftaten mit ökonomischem Charakter auf der anderen Seite. Eine erhöhte begriffliche Präzision sei zudem erforderlich bei der Verwendung des Begriffs der „Wirtschaft". Im Sprachgebrauch der Bundesrepublik werde dieser Begriff oftmals gleichgesetzt mit der Privatwirtschaft. „Die Wirtschaft" werde meist verstanden als „die Unternehmen". Im Allgemeinen, aber insbesondere im Kontext eines Wirtschaftsvölkerstrafrechts, müssten diese verschiedenen „Wirtschafts"-Begriffe viel klarer differenziert werden.

Professor *Florian Jeßberger* erinnerte daran, dass die gesamte Veranstaltung als Experiment angelegt war. Durch Zusammenführung ganz verschiedener Perspektiven hätten Begriff und Gegenstand eines „Wirtschaftsvölkerstrafrechts" bestimmt werden sollen. *Nauckes* Schrift sei insofern nie Gegenstand, sondern nur Anlass des Symposiums gewesen. Die Veranstaltung sei aus seiner Sicht schon deshalb ergiebig gewesen, als sie den Blick über die enge, rein völkerstrafrechtliche Perspektive geweitet habe. Ein wichtiges Ergebnis der „Befragungen" seien begriffliche Präzisierungen gewesen. Bei der Unterscheidung von Wirtschaftsvölkerstrafrecht und transnationalem Wirtschaftsstrafrecht sollten die unterschiedlichen Schutzgüter stärker berücksichtigt werden. So gehe es dem Wirtschaftsvölkerstrafrecht nicht oder jedenfalls nicht in erster Linie um die klassischen Schutzgüter des Wirtschaftsstrafrechts (Eigentum, Vermögen, freier Wettbewerb usw.). Die Veranstaltung habe viele gute Ansatzpunkte für die weitere Diskussion aufgezeigt. *Jeßberger* griff das von *Strate* konstatierte Desinteresse der Strafrechtswissenschaft in Bezug auf die Finanzkrise auf. Im Bereich des Völkerstrafrechts gäbe es vergleichbare Defizite bei der rechtswissenschaftlichen Auseinandersetzung mit Völkerrechtsverbrechen mit Unternehmensbeteiligung. Zweck der Veranstaltung sei es gerade gewesen, Rechtswissenschaftler und Rechtspraktiker aus unterschiedlichen Disziplinen zusammenzuführen, damit diese sich mit den einschlägigen Fragestellungen auseinandersetzen. Die Veranstaltung habe insofern einen Anstoß liefern sollen für weitere Diskussionen und Publikationen.

Hannah Franzki empfahl, gedanklich noch einmal eine Stufe zurück zu gehen und zu überlegen, welche Vorstellung von politischer Ökonomie der Diskussion um ein Wirtschaftsvölkerstrafrecht überhaupt zugrunde gelegt wird. Das klassische Wirtschaftsstrafrecht diene in erster Linie dem Schutz des Marktes. Es soll verhindern, dass einzelne Marktteilnehmer unzulässige Wettbewerbsvorteile erhalten. Im Wirtschaftsvölkerstrafrecht gehe es hingegen um den Schutz individueller Freiheitsrechte, welche durch unternehmerisches Handeln bedroht werden. Die Tätigkeit des *ECCHR* verstand *Franzki* als verbunden mit einer kapitalismuskritischen Analyse. Die beobachteten Missstände würden daher nicht als bloße Folgen individueller Fehlhandlungen behandelt, sondern vom *ECCHR* auch als systemische Probleme wahrgenommen. Wie solche Fragen zusammen diskutiert werden können und welche Interpretation zum Verhältnis Staat-Wirtschaft dahinter steckt, müsse geklärt werden. Im Folgenden griff *Franzki* die Unterscheidung zwischen retributiver Gerechtigkeit und Verteilungsgerechtigkeit auf. Das Symposium habe sich im Wesentlichen mit Fragen retributiver Gerechtigkeit beschäftigt. Die Frage, inwiefern ein strafrechtlicher Zugang zum Thema Verteilungsgerechtigkeit möglich ist, sei noch nicht hinreichend erarbeitet worden.

Professor *Gerhard Werle* sprach zunächst den Veranstaltern seinen Dank für die seines Erachtens hochinteressante Veranstaltung aus. Die Vermessung des Terrains eines Wirtschaftsvölkerstrafrechts sei bei dem Symposium gut vorangekommen. Für das Völkerstrafrecht sei zu konstatieren, dass in Bezug auf Unternehmen nicht ein Mangel an rechtlichen Instrumentarien, sondern ein starkes Anwendungsdefizit das Hauptproblem darstelle. Die Einführung neuer völkerrechtlicher Straftatbestände *de lege ferenda*, also die strafrechtliche Erfassung von „Volkswirtschaftsverbrechen" sei momentan zwar nicht das vordringlichste Problem, aber durchaus auf der Tagesordnung. Hier verwies *Werle* erneut darauf, dass die Afrikanische Union bestimmte Wirtschaftsverbrechen auf das Niveau von Völkerrechtsverbrechen heben wolle.

Verzeichnis der Teilnehmerinnen und Teilnehmer

Priv.-Doz. Dr. Martin Asholt | Vertreter des Lehrstuhls für Strafrecht, Strafprozessrecht, Wirtschaftsstrafrecht und Rechtsphilosophie, Universität Passau.

Prof. Dr. Jochen Bung | Inhaber des Lehrstuhls für Strafrecht, Strafprozessrecht, Kriminologie und Rechtsphilosophie, Universität Passau.

Dr. Boris Burghardt | Wissenschaftlicher Mitarbeiter am Lehrstuhl für deutsches und internationales Strafrecht, Strafprozessrecht und Juristische Zeitgeschichte, Humboldt-Universität zu Berlin.

Hannah Franzki | Wissenschaftliche Mitarbeiterin am Sonderforschungsbereich 597 – "Staatlichkeit im Wandel", Universität Bremen.

Prof. Dr. Robin Geiß, LL.M. (NYU) | Inhaber der Professur für International Law and Security, University of Glasgow.

Dr. Julia Geneuss, LL.M. (NYU) | Wissenschaftliche Mitarbeiterin am Lehrstuhl für Strafrecht, Strafprozessrecht, Internationales Strafrecht und Juristische Zeitgeschichte, Universität Hamburg.

Carsten Gericke | Rechtsanwalt und Mitarbeiter im Programmbereich „Völkerstraftaten und rechtliche Verantwortung“ des European Center for Constitutional and Human Rights, Berlin.

Prof. Dr. Ingke Goeckenjan | Inhaberin des Lehrstuhls für Strafrecht und Strafprozessrecht, Ruhr-Universität Bochum.

Prof. Dr. Florian Jeßberger | Inhaber des Lehrstuhls für Strafrecht, Strafprozessrecht, Internationales Strafrecht und Juristische Zeitgeschichte, Universität Hamburg.

Wolfgang Kaleck | Rechtsanwalt und Generalsekretär des European Center for Constitutional and Human Rights, Berlin.

Prof. Dr. Susanne Karstedt | Inhaberin der Professur für Kriminologie und Strafrecht, University of Leeds.

Prof. Dr. Rainer Keller | em. Inhaber der Professur für Strafrecht, Strafprozessrecht und Internationales Strafrecht, Universität Hamburg.

Dr. Stefan Kirsch | Rechtsanwalt, Frankfurt am Main.

Janosch Kuner, LL.M. (UWC) | Wissenschaftlicher Mitarbeiter am Lehrstuhl für Strafrecht, Strafprozessrecht, Internationales Strafrecht und Juristische Zeitgeschichte, Universität Hamburg.

Prof. Dr. Klaus Marxen | em. Inhaber des Lehrstuhls für Strafrecht, Strafprozessrecht und Rechtsphilosophie, Humboldt-Universität zu Berlin; Richter am Kammergericht a. D.

Dieter Magsam | Rechtsanwalt, Hamburg.

Annelen Micus | Mitarbeiterin im Programmbereich Völkerstraftaten und rechtliche Verantwortung des „European Center for Constitutional and Human Rights“, Berlin.

Dr. Tim Nikolas Müller | Rechtsanwalt, Frankfurt am Main.

Franziska Oehm | Wissenschaftliche Mitarbeiterin am Lehrstuhl für Öffentliches Recht und Völkerrecht, Friedrich-Alexander-Universität Erlangen-Nürnberg.

Dr. Kim Priemel | Wissenschaftlicher Mitarbeiter am Lehrstuhl für Sozial- und Wirtschaftsgeschichte, Institut für Geschichtswissenschaften, Humboldt-Universität zu Berlin.

Dr. Miriam Saage-Maaß | Stellvertretende Legal Director des European Center for Constitutional and Human Rights, Berlin.

Thomas M. Schmidt | Doktorand am Lehrstuhl für Strafrecht, Strafprozessrecht, Internationales Strafrecht und Juristische Zeitgeschichte, Universität Hamburg.

Prof. Dr. Tobias Singelnstein | Inhaber der Juniorprofessur für Strafrecht und Strafverfahrensrecht, Freie Universität Berlin.

Dr. h.c. Gerhard Strate | Rechtsanwalt, Hamburg.

Dr. Carolijn Terwindt | Mitarbeiterin im Programmbereich „Wirtschaft und Menschenrechte" des European Center for Constitutional and Human Rights, Berlin.

Priv.-Doz. Dr. Moritz Vormbaum | Wissenschaftlicher Mitarbeiter am Lehrstuhl für deutsches und internationales Strafrecht, Strafprozessrecht und Juristische Zeitgeschichte, Humboldt-Universität zu Berlin.

Dr. Bernd Wagner | Rechtsanwalt, Hamburg.

Prof. Dr. Gerhard Werle | Inhaber des Lehrstuhls für deutsches und internationales Strafrecht, Strafprozessrecht und Juristische Zeitgeschichte, Humboldt-Universität zu Berlin.

Prof. Dr. Peter Wetzels | Inhaber des Lehrstuhls für Kriminologie, Universität Hamburg.

Prof. Dr. Petra Wittig | Inhaberin des Lehrstuhls für Strafrecht und Rechtsphilosophie, Ludwig-Maximilians-Universität München.

Prof. Dr. Ingeborg Zerbes | Inhaberin des Lehrstuhls für Strafrecht und Strafprozessrecht, Universität Bremen.

FSC
www.fsc.org
MIX
Papier | Fördert gute Waldnutzung
FSC® C083411

Kolibri 360 GmbH
Ferdinand-Jühlke-Straße 7
99095 Erfurt, Deutschland
produktsicherheit@kolibri360.de